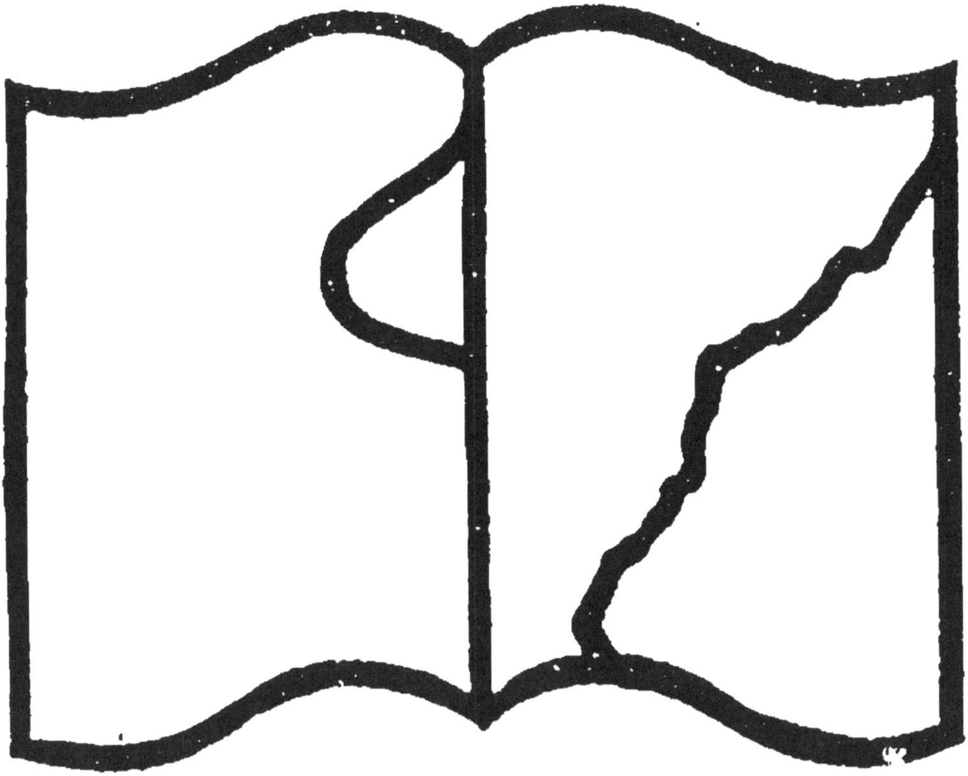

Texte détérioré — reliure défectueuse
NF Z 43-120-11

LA VIE PARISIENNE

LA VILLE & LE THÉATRE

PARISIS

(ÉMILE BLAVET)

PRÉFACE

DE

FRANÇOIS COPPÉE

De l'Académie Française

L. BOULANGER, Éditeur, 83, rue de Rennes, PARIS

LA VIE PARISIENNE

Imprimerie de Poissy — S. Lejay et Cie.

LA VIE PARISIENNE

LA VILLE & LE THÉATRE

(1884)

PARISIS

(ÉMILE BLAVET)

PRÉFACE

DE

FRANÇOIS COPPÉE

De l'Académie Française

L. BOULANGER, Éditeur, 83, rue de Rennes, PARIS

A

FRANCIS MAGNARD

Rédacteur en chef du FIGARO

PRÉFACE

A ÉMILE BLAVET.

Compagnon des jours envolés,
Donc, ami Blavet, vous voulez
  Que je vous fasse,
Pour votre livre frais éclos,
Un petit bout d'avant-propos,
  Une préface.

Eh bien, mon ami, la voilà.
Surtout n'y cherchez pas de la
  Métaphysique.
Vers avant prose, simplement,
Comme, en tête du régiment,
  Va la musique.

Tous les deux nous avons mangé
Quelque peu du bœuf enragé.
  O jours de jeûnes !
C'est oublié. Le lendemain,
On dit, en se serrant la main :
  Nous étions jeunes.

Malgré le siècle corrompu,
On a fait du mieux qu'on a pu,
  Joyeux ou triste.
Que de sentiers ! Chacun le sien :
Vous êtes un Parisien,
  Un journaliste,

Un alerte et charmant bavard,
Qui vivez sur le boulevard
  Et dans la fièvre...
Moi, par les beaux soirs constellés,
Je cherche des rimes sur les
  Bords de la Bièvre ;

Je cultive, au faubourg lointain,
Comme Candide, mon jardin,
  Trouvant bouffonne
La mode des amants pressés,
Qui s'adressent mille baisers
  Par téléphone.

Je vivrais, ne connaissant pas
Ce Paris dont j'entends là-bas
    La voix qui monte,
Ignorant tout ce qui s'y fait,
Sans votre article, ami Blavet,
    Qui me le conte.

Je lis votre prose, mon cher,
Comme un bourgeois de port de mer,
    Très sédentaire,
Parle avec curiosité
Aux marins ayant visité
    Toute la terre.

Dans mes songes bleus de fumeur,
J'admire de loin votre humeur
    Si vagabonde
Qui vous fait faire chaque jour,
Avec tant de verve et d'humour,
    Le tour d'un monde ;

Et quand ces feuillets vifs et francs
Deviennent volume à trois francs
    Sous couverture,
J'y goûte le plaisir exquis
Que donne un album de croquis
    D'après nature.

La personne et l'événement
Y sont définis lestement
   D'un mot qui cingle ;
Choses et gens des mois passés
Sont tous là, papillons fixés
   Par une épingle.

Et c'est charmant. Et grand merci
De savoir nous montrer ainsi,
   Homme intrépide,
Le grand Paris d'un seul coup d'œil,
Et de transformer mon fauteuil
   En train rapide.

FRANÇOIS COPPÉE.

LA VIE PARISIENNE

JANVIER

LE JOUR DE L'AN DE M. GRÉVY

1er janvier 1884.

J'ai, pour le début, cette bonne fortune de pouvoir présenter aux lecteurs un Président de la République complètement inédit.

L'histoire impartiale qui se plaît à marquer les chefs d'Etat d'une épithète caractéristique, — le Chauve, le Chevelu, le Sage, le Mauvais, le Pieux, l'Apostat, le Hardi, le Fainéant, le Terrible, le Bien-Aimé, — tenait en réserve, pour M. Grévy, l'épithète de Parcimonieux.

M. Grévy n'en est plus digne.

La fourmi thésauriseuse s'est métamorphosée en cigale prodigue ; le Franc-Comtois, âpre au gain, vient d'éblouir par son faste asiatique son entourage extasié.

C'est incroyable, mais c'est ainsi. Hâtons-nous

de saisir ce phénomène au passage, car tout porte à croire qu'il ne se renouvellera plus.

C'est, il y a huit jours, le soir de Noël, que s'en sont manifestés les premiers symptômes.

Le matin, au réveil, le président s'était dit :

— Alice n'est plus d'âge à mettre ses souliers dans l'âtre ; Marguerite, le cher bébé, n'a pas encore huit mois et ne peut croquer des pralines. Je pourrais abuser de ce double cas rédhibitoire pour m'abstenir de toute libéralité. Mais ça m'ennuie, à la fin, de m'entendre traiter de ladre ! Il faut démolir cette légende-là.

Et le soir, au dîner de famille, madame Wilson trouvait sous sa serviette le devis sur parchemin d'une magnifique maison — quand nous serons à cent nous ferons une croix — que M. Grévy se fait construire sur les hauteurs du Trocadéro.

Au bas du parchemin étaient écrits ces mots, d'une écriture un peu flottante, comme si la main qui tenait la plume eût éprouvé quelques hésitations :

« Pour la dot de Marguerite, de la part du petit Jésus ! »

Un petit Noël de six millions, au bas chiffre.

Il y a quelques semaines, le président écoutait, salle Favart, la *Dame blanche*, son opéra-comique de prédilection. Au moment où l'officier de fortune parle du castel acheté sur ses économies, on vit un sourire énigmatique errer sur ses lèvres.

Maintenant l'énigme est expliquée.

Cependant, les convives se regardaient avec

une stupéfaction nuancée de quelque inquiétude. M. Grévy savourait en silence leur effarement, et lorsque, sur les six heures, il prit congé de la compagnie, il avait un petit air narquois qui semblait dire :

— Ça vous épate, n'est-ce pas ? Eh bien, ce n'est pas fini !

Hier matin, de bonne heure, madame Grévy, madame Pelouze, madame Wilson, portant la mignonne Marguerite, et M. Gendre, entraient dans la chambre à coucher du président. Ils le trouvèrent debout, drapé dans son ulster gris-foncé, la calotte grecque fièrement campée sur l'oreille.

— Bonjour, mes enfants, s'écria-t-il d'une voix joyeuse... Bonne année je vous souhaite à tous !

Et, prenant sa petite fille dans ses bras, il la couvrit de caresses folles, au point que madame Wilson dut intervenir en disant :

— Prends garde, papa, tu vas faner ses belles couleurs !

Tout à coup un cri de surprise se fit entendre. Madame Grévy venait de tomber en pamoison devant une longue file de boîtes superbes d'une grande richesse et d'une ornementation exquise, portant une signature illustre : Boissier, et décorées d'élégants cartouches où se détachaient, en belles lettres gothiques, les noms des destinataires.

— Boissier !... murmurait la pauvre femme qui n'en revenait pas !... Ça vient de chez Boissier !

— Mais oui, ma bonne, répondait le président... Ces diables de journaux ont fait courir le bruit que je faisais venir mes bonbons d'Auvergne, où on me les vendait au rabais !... C'est encore une légende qu'il fallait démolir !.. Et je la démolis !

Et comme ses visiteurs ne paraissaient pas convaincus :

— Je vous comprends, continua-t-il d'un air bonhomme, ça vous paraît tellement hors de mes habitudes que vous vous dites : Il est malade pour sûr ? Eh bien, non ! jamais je ne me suis senti plus dispos... Cette matinée m'est bonne... *Il me semble que je n'ai plus que les années qui viennent !*

M. Grévy, comme on voit, était en veine de largesses : il faisait des mots, comme un simple Louis XVIII.

Les réceptions officielles vinrent heureusement couper court à ces fantaisies sardanapalesques, mais elles reprirent de plus belle, le soir venu. Le président invita tous les siens à pendre la crémaillère dans la galerie des fêtes, aménagée et restaurée selon son goût.

Cette galerie splendide était le cauchemar de M. Grévy. Construite par Napoléon III et décorée, de loin en loin, d'aigles sculptés dans la pierre, elle avait le tort de lui rappeler une époque où, modeste avocat, il ne touchait pas encore douze cent mille francs de liste civile. Aussi rêvait-il d'en modifier la physionomie déplaisante.

Cette année, au retour de Mont-sous-Vaudrey, le rêve s'est accompli. Sur ces murailles vierges de tout ton criard, ce ne sont plus que peintures crues, dorures flamboyantes. Les aigles brisés à coups de marteau ont été remplacés par des cartouches en carton-pâte avec d'énormes R. F. en cuivre doré. Cela donne l'impression de l'estaminet des Mille Colonnes... moins le billard. Mais, patience, cela viendra.

Le président contemplait son œuvre d'un air satisfait, tandis que l'orgeat, la limonade et la bière coulaient à pleins bords.

Il a dû bien dormir la nuit dernière !

M. ÉMILIO VELASCO

3 janvier 1881.

Les hasards de la bascule diplomatique vont fermer, pour cet hiver, un des salons les plus aimables et les plus hospitaliers de Paris, celui de M. Emilio Velasco, ministre plénipotentiaire du Mexique.

La grâce souriante d'une étrangère, belle, affable, le cœur sur la main, joignant à la langueur provocante des femmes de son pays la vivacité spirituelle des Françaises, avait fait de ce salon, à certains jours, un rendez-vous mondain très vivant et très recherché.

Ces réunions de choix sont trop rares, par ce

temps de République, pour que, lorsque l'une d'elles ferme ses portes, on ne la salue pas d'un regret et d'un souvenir reconnaissants.

Le gouvernement mexicain rappelle M. Velasco. Voilà trois ans qu'il était notre hôte, depuis le mois d'octobre 1880, date de la reprise officielle des relations entre la France et le Mexique. J'ai l'honneur de connaître personnellement ce galant homme ; je l'ai vu bien souvent, soit, au début, dans son modeste troisième étage du boulevard Malesherbes, n° 20, où il était, je crois, le locataire de M. Grévy, soit en dernier lieu, dans son élégant hôtel du boulevard Saint-Germain, soit enfin au cercle de la Presse, dont il était membre, et où il déjeunait encore ces jours derniers. J'ai suivi pas à pas son œuvre patiente pour le rapprochement des deux pays, œuvre dans laquelle il déploya le sens le plus droit, le plus admirable esprit de conciliation, la plus grande habileté diplomatique, et dans laquelle il se révéla non seulement comme un patriote défendant avec énergie les intérêts des siens, mais encore comme un ami sincère et presque passionné de la France.

Trente-huit ans, blond, les cheveux rares et taillés aux « enfants d'Edouard », la moustache fine et soyeuse recouvrant une lèvre spirituelle et bonne, les favoris abondants, un œil clair dont la pénétration presque inquiétante est atténuée par la douceur extrême du regard, la tenue correcte du diplomate, je ne sais quoi de fin, d'élégant et de sympathique en toute sa personne, tel est l'homme au physique. Sous des dehors réservés, presque timides, il cache une volonté ferme qui, lorsque l'intérêt ou l'honneur de son pays est en jeu, devient de la ténacité. Jurisconsulte éminent, orateur à la parole ardente, dialecticien irrésistible, il fut un des avocats les plus distingués de Mexico et un des leaders les plus écoutés du parlement mexicain. Ajoutez à tous ces titres qu'il parle notre langue avec une pureté excessive et qu'il avait reçu le baptême parisien bien avant d'avoir reçu le baptême diplomatique.

Si bien doué que soit son successeur, M. Ramon Fernandez, je doute qu'il réalise aussi complètement cet idéal qu'en langage de chancellerie on appelle *persona grata*.

Je dois à M. Velasco d'avoir rectifié mes opinions préconçues sur le Mexique. Jusqu'alors je ne connaissais guère ce pays lointain que par les récits de quelques voyageurs dévalisés, laissés nus sur les grandes routes, et par les tableaux rébarbatifs qu'on en a fait dans les *Pirates de la Savane*. Tout cela, paraît-il, est de la légende pure, et il n'a pas fait de petits, ce cynique Santa Anna, qui, devenu président, inaugura sa dictature par ce mot mémorable : « Je ne veux pas qu'il y ait au Mexique d'autres voleurs que moi ! »

Le président, là-bas, n'est qu'un citoyen comme les autres, le premier des citoyens, si l'on veut, mais rien de plus. Ce n'est pas, comme chez nous, un bonze retiré dans un sanctuaire accessible seulement à un petit nombre de privilégiés. Il est à tous, ainsi que doit être un chef d'Etat démocratique. Au lieu de l'isoler des foules, son élévation au pouvoir en fait, au contraire, l'homme des foules par excellence. Et, quand il descend du fauteuil, il rentre dans le rang, comme avant d'y monter. C'est ainsi qu'à l'heure actuelle on peut voir, à Mexico, un ancien président de la République, M. Zuloaga, vendant des cigares et des cigarettes, et sa femme, l'ex-présidente, tenant une boutique de *dulces* et débitant du chocolat.

On ne se figure pas M. Grévy trônant au comptoir de la Civette et madame Grévy poussant un chariot le long des trottoirs, en criant : « La Valence ! la belle Valence ! » Ce serait d'un bel exemple, cependant.

Vous est-il arrivé parfois d'avoir affaire à l'Elysée ? Après avoir franchi la ligne des sentinelles, plus dense encore que sous le tyran, on parvient sans trop d'encombre au général Pittié, dont on ne saurait trop louer la courtoisie et la bienveillance. Mais ce sont là les colonnes d'Hercule. Il y a comme une muraille de Chine entre le solliciteur et le président, et on ne la peut forcer qu'au prix de démarches qui rappellent les traditions si conspuées du despotisme. Au Mexique, rien de pareil. L'hôtel de la présidence, le cabinet même du chef de l'Etat, sont ouverts à tout venant. Les bureaux, ces bastilles inabordables, ces labyrinthes ténébreux, où se perd le temps et s'use la patience, n'existent pas et la lettre d'audience est un mythe. Avez-vous à causer d'affaires avec le président, à lui soumettre une question d'intérêt public ou privé, ou voulez-vous simplement lui *souhaiter le bonjour :* vous donnez votre carte à l'adjudant de service et, séance tenante, sans autre formalité préalable, vous êtes reçu et entendu. Un président qui se déroberait à ces exigences, souvent vexatoires, qui tiendrait sa porte fermée, qui, en un mot, ferait poser son monde, perdrait vite sa popularité. On le traiterait de satrape, et gare la déchéance !

M. Velasco m'a raconté, là-dessus, une bien jolie histoire de l'avant-dernier président, Porfirio Diaz.

Lorsque Lerdo, contrairement au vœu du pays, voulut conserver la présidence, Diaz, alors en exil à New-York, s'embarqua sur le paquebot *City of Habana* pour aller prendre la direction du mouvement populaire. L'entreprise n'était pas sans péril : sa tête était mise à prix et il risquait la mort sans phrases s'il tombait aux mains des réguliers. Arrivé dans je ne sais plus quel port du Mexique, le paquebot dut prendre à son bord un détachement de soldats fidèles à Lerdo. Si bien grimé que fût Diaz, on le reconnut et on l'eût fusillé comme un chien, s'il n'avait eu le courage de se jeter à la mer par une tourmente furieuse. On était alors en vue de Tampico, à quatre milles de la côte. Après cinq heures de lutte désespérée, de manœuvres hardies parmi les bandes de requins qui infestent ces parages, le général aborda.

Devenu président à son tour, une après-midi que Porfirio Diaz était dans son cabinet, on lui passe la carte d'un inconnu, avec cette mention : *extrême urgence*.

Le visiteur est aussitôt introduit, et le dialogue suivant s'engage :

— Monsieur, qu'y a-t-il pour votre service ?

— Monsieur, on m'a raconté votre évasion du *City of Habana*. Elle est bien invraisemblable...

— En effet, monsieur, mais elle est vraie.

— Vous me la garantissez ?

— Sur l'honneur !

— Excusez-moi, mais je n'y croirai qu'après en avoir entendu le récit de votre bouche.

— A vos ordres, monsieur.

Et le général, *pour la centième fois*, entama le récit de son odyssée. Présidence oblige.

Je crois qu'on serait moins bien reçu si l'on allait demander à M. Grévy le total de ses loyers.

Il y a des gens que la condescendance de Porfirio Diaz fera sourire. Ceux-là n'ont sans doute jamais eu affaire à un employé quelconque de cette administration que l'Europe nous envie.

LES DIMANCHES
DE LA PRINCESSE MATHILDE

5 janvier 1884.

Le 31 décembre 1883, une vingtaine d'intimes causaient, au coin du feu, dans l'hôtel hospitalier de la rue de Berri, n° 20. A minuit sonnant, selon l'usage immémorial, la princesse donna sa belle main à baiser à tous ses hôtes, on échangea toutes sortes de souhaits heureux pour l'année nouvelle, puis on se sépara sur ce mot qui courut de bouche en bouche, comme un mot de ralliement :

— A dimanche ! Qu'on se le dise !

On se le dit si bien, que ce petit groupe de vingt privilégiés s'était fait foule dimanche soir. Le mot n'est que juste, car on se foulait littéralement dans les salons de la princesse Mathilde, qui reprenait, ce soir-là, ses réceptions dominicales.

Ce « great event » mettait en émoi, depuis plusieurs jours, tous ces mondes ou toutes ces fractions de mondes dont l'ensemble constitue ce qu'on appelle le Tout-Paris. Une belle *première* de Dumas, de Sardou, d'Augier ou de Pailleron éveille moins de curiosités et excite moins de convoitises.

Cela tient à l'éclectisme intelligent qui préside aux choix de la princesse et à l'exclusion impitoyable de cette « empêcheuse de danser en rond » qui, semblable à la statue du Commandeur, jette un froid dans toutes les fêtes parisiennes : j'ai nommé la politique.

Cette fille de roi, cette cousine d'empereur, cette veuve de prince, cette sœur de prétendant, qui, dans le cours de son existence, en a tant souffert, de la politique, et qui n'espère que médiocrement en ses retours — si elle espère ! — a consigné sur son seuil cette fée intolérante et grognon, dont la baguette nous a changé ce pauvre et cher Paris, si raffiné, si délicat, en une arène hurlante d'aventuriers et de crocheteurs.

Elle ne vous demande pas : « Quelle est votre opinion ? A quelle chapelle appartenez-vous ? De quel groupe parlementaire faites-vous partie ? » Elle vous dit : « Aimez-vous les lettres, les sciences et les arts ? Avez-vous un nom fait ou un nom à faire ? Etes-vous épris des conversations ailées, fanatiques des nobles passe-temps, de l'esprit et de l'intelligence ?... Entrez, vous êtes chez vous ! »

On s'est demandé bien souvent pourquoi le prince Napoléon, qui déjeune *tous les dimanches* chez sa sœur, avec ses fils, lorsqu'ils sont à Paris, s'abstient d'y paraître dans la soirée.

Cette abstention s'explique par un sentiment très délicat et par le souci qu'a le prince de conserver à ces réunions le caractère neutre dont la princesse Mathilde est si jalouse.

Aussi tous les familiers, tous sans exception, qui fréquentèrent la rue de Courcelles, sous l'Empire, sont-ils restés, sous la République, fidèles à la rue de Berri. Et nul ne s'étonne de voir, parmi les recrues nouvelles, passer la silhouette de quelque républicain repentant.

Les réunions de la princesse Mathilde sont de deux et même de trois sortes :

Il y a les mercredis, tout à fait intimes, ceux-là ; il y a les soirées quotidiennes, précédées de petits dîners succulents à cinq ou six couverts, tout au plus, mais de choix ; il y a, enfin, les dimanches.

Les dimanches sont, par excellence, *les jours* de la princesse. C'est une sorte de « grande revue » où défile sous son œil bienveillant tout ce que Paris compte d'illustrations consacrées ou de gloires en herbe. Tous les princes en déplacement tiennent à y venir saluer celle qu'on a si justement baptisée « Notre-Dame des arts ». Le prince de Galles, lorsqu'il est notre hôte, est un de ses courtisans les plus assidus. Et, sur le livre d'or des habitués, j'ai relevé la nomenclature suivante :

Lord Lyons, le prince de Hohenlohe, le général Menabrea et la marquise de Val Dora, M. Morton et sa charmante femme ; les ministres de Danemark, de Suède, des Pays-Bas ; le maréchal et la maréchale Canrobert, le général et la comtesse Fleury, MM. Pinard, Béhic, Busson-Billault ; le comte Benedetti, le duc et la duchesse de Padoue, les duchesses de Malakoff et d'Isly, le duc et la duchesse de Mouchy, le duc et la duchesse d'Albufera, le duc et la duchesse de Feltre, le duc et la duchesse de

Conegliano, le duc et la duchesse de Lesparre, le comte Zamoyski et la comtesse Zamoyska, le prince Murat, M. Victor Duruy, le baron Calvet Rogniat, le duc de Montmorency, le duc et la duchesse de Grammont, la duchesse et la comtesse de Trévise, le général et la marquise d'Espeuilles, le prince et la princesse de Wagram, le comte de Turenne, le comte et la comtesse Edmond de Pourtalès, le marquis et la marquise de Massa, les baronnes Alphonse et Gustave de Rothschild, le marquis et la marquise de Bassano, le comte et la comtesse de Labédoyère, la marquise de Galliffet, le comte de Gouy, la baronne de Lareinty, le baron et la baronne Schickler, la baronne Gourgaud, le marquis et la marquise de Reverseaux, M. et madame de Thouvenel, madame Fortoul, madame Bartholoni, le prince et la princesse de Lynar, lord et lady Lytton, M. Cahen d'Anvers, M. Ephrussi, Alexandre Dumas, Labiche, Octave Feuillet, Emile Augier, Camille Doucet, E. de Goncourt, Arsène et Henry Houssaye, François Coppée, Ganderax, Paul Bourget, A. Vandal, Gérome, Cabanel, Detaille, Baudry, Bonnat, Robert Fleury, Hébert, Gabriel Ferrier, madame Madeleine Lemaire, le baron Larrey, les docteurs Ricord et Dieulafoy, M. Besnard et sa ravissante femme, née Vital-Dubray, madame Pasca, E. Caro, Raoul Duval, Levert, Gavini, Sarlande, mesdames de Girardin et Vandenberg, MM. Maurice Richard, Cottin, Lefevre, Claudius Popelin, Frédéric Masson, Abattucci, de Bourgoing, le comte Hoyos, le baron Beyens, Lavoix, Pailleron, Ernest Renan, le duc et la duchesse de la Trémoïlle, le duc de Morny, le comte Primoli, le prince Borghèse, M. Daubrée, marquis et marquise de Forget, M. et madame Chaix-d'Est-Ange, M. et madame de Marcilly, etc., — que les oubliés me pardonnent !

Victorien Sardou, lorsqu'il n'est pas à Nice, ne manque pas un seul dimanche. On sait l'affection quasi-maternelle que la princesse a toujours témoignée à madame Sardou, ainsi qu'à ses sœurs, les filles de M. Eudore Soulié.

L'hôtel de la princesse Mathilde ressemble à la maison de Socrate, en ce sens qu'elle est toujours pleine d'amis ; elle en diffère en ce sens que, fussent-ils légion, il y tiendraient fort à l'aise.

Trois salons en enfilade : sur le seuil du premier, la maîtresse du logis reçoit les visiteurs, avec l'assistance de la baronne de Galbois, sa dame d'honneur, et de mademoiselle Marie Abattucci, sa lectrice.

On passe, de là, dans le deuxième salon, un véritable musée, où, parmi des tableaux superbes de Meissonier, Gérome, etc., est accroché le beau portrait du prince impérial, par Lefèvre.

Le troisième salon, avec ses tapisseries sans rivales, est une merveille de goût et d'originalité. Cette pièce immense, où s'épanouissent les plus beaux spécimens de la flore tropicale, est occupée, au centre, par un palmier géant, et divisée, par un heureux agencement d'arbustes, en réduits d'une adorable fraîcheur, qui forment une quinzaine de petits salons dans le grand, et où se réfugient, par groupes, ceux que rapprochent des relations étroites ou des affinités de caractère et de goût. Ici encore, c'est une orgie de tableaux de maîtres, parmi lesquels se dissimulent modestement quelques toiles signées *Mathilde,* mais auxquels fait quelque tort un admirable buste en marbre de Napoléon Ier par Canova, dressé sur une belle colonne de porphyre.

A gauche du grand salon, derrière une splendide portière japonaise, est la salle à manger, où se sont assis tant de convives illustres, et dont le buffet, délicatement et royalement servi, a été dimanche le but d'incessants pèlerinages.

Les dimanches de la princesse Mathilde sont plus austères que sous l'Empire. Plus de fêtes aux flambeaux comme à l'hôtel de la rue de Courcelles ! Plus de comédie, avec le prince impérial, le prince Primoli et les enfants Du Sommerard pour acteurs et, pour régisseur, M. Lockroy, le père du député de Marseille ! C'est la causerie qui en fait presque tous les frais, causerie interrompue de temps à autre, soit par quelques beaux vers que soupire madame Pasca, soit par quelque mélodie originale que chantent sur le piano les doigts inspirés et féeriques de la princesse Brancovan !

Au coup de onze heures, tout le monde prend congé, et la maîtresse du logis qui, se levant tôt, aime à se coucher de même, rentre dans ses appartements.

LE PLUS PARISIEN
DES AMBASSADEURS

6 janvier 1884.

Pendant la dernière semaine de décembre et la première semaine de janvier, la vie mondaine fait relâche. Ces deux caps doublés, elle reprend ses droits. C'est ainsi qu'hier la princesse Mathilde rouvrait ses salons si spirituellement éclectiques et qu'aujourd'hui lord Lyons inaugure la série de ses *grands* dîners, — ne pas confondre avec les coups de fourchette *intimes* si fréquents à l'ambassade d'Angleterre.

Avez-vous jamais eu l'honneur d'y être invité ? On vous annonce : lord Lyons vient au-devant de vous jusqu'au seuil ; il vous accueille, le sourire aux lèvres, vous désigne un siège d'un geste gracieux et l'on cause. Le noble amphitryon est un causeur charmant, d'un esprit très vif, gaulois même, d'une verve intarissable, masquée sous un air d'extrême bonhomie. Il excelle à varier sa conversation suivant le caractère de ses interlocuteurs ; avec les femmes, il descend aux sujets les plus futiles, et nul mieux que lui ne sait détailler une toilette. Si vous tenez au journalisme, il vous remplira votre carnet de nouvelles, grosses ou petites, sans avoir l'air d'y toucher, car il est l'homme le mieux informé de Paris, et le plus malin des reporters ne lui va pas à la cheville. Il possède surtout cet art aimable de vous faire croire que vous êtes la personne du monde avec laquelle il a le plus de plaisir à converser.

Avec cela très réservé, très discret, ne se livrant jamais qu'à la surface, et disant — en diplomate de la vieille école qu'il est — tout juste ce qu'il lui plaît de dire.

Un exemple : le duc de C... s'entretenait un jour avec lui d'un des plus gros bonnets européens qui passe, à juste titre, pour le plus grand menteur du monde.

— Je tiens beaucoup, lui disait le duc, à connaître votre opinion sur la sincérité de M. de B...

Lord Lyons se retrancha tout d'abord derrière des réponses évasives. Mais, à la fin, poussé dans ses derniers retranchements, et à ce coup droit de son interlocuteur :

— Si M. de B... vous disait telle chose, y croiriez-vous ?

— Dame ! riposta-t-il, je ne dis pas que j'y croirais autant qu'à... l'Ecriture !

Ces préliminaires du dîner accomplis, dès qu'on annonce le dernier convive, on passe dans la salle à manger; c'est là surtout que lord Lyons déploie ses admirables qualités de causeur ; car, doué d'une sobriété lacédémonienne, il ne mange que pour encourager ses hôtes, et, détail typique, ce gourmet, qui possède la première cave du monde, ne boit et n'a jamais bu que de l'eau.

Tel est l'homme intime. S'il est quelqu'un dont la physionomie soit bien à sa place dans notre cadre, et qui, par droit de long séjour et par toutes sortes d'affinités sympathiques, ait conquis son brevet de « Parisien », c'est à coup sûr l'honorable ambassadeur d'Angleterre. Lord Lyons, en effet, occupe son poste et ne l'a pas quitté depuis 1867.

En ce temps-là, on menait une vie de quakers à l'hôtel du faubourg Saint-Honoré. Lord Cowley, gentleman austère, y avait introduit les mœurs des sociétés de tempérance : jamais de fêtes, jamais de plaisirs; quelques repas officiels cuisinés dans le voisinage et servis froids; les vins seuls y sauvaient l'honneur du maître de céans... et encore ces vins étaient-ils un héritage de lord Granville.

Un beau jour, on apprend que lord Cowley se retire et que lord Lyons le remplace. Changement à vue. Les jeunes attachés, dont la consigne était d'être moroses, retrouvent le sourire qu'ils avaient désappris. Le vieil hôtel historique perd, comme au souffle d'un enchanteur, ses froides allures de cloître, et tout y renaît, tout y rayonne d'une vie nouvelle, comme si la belle Pauline Borghèse, qui posa nue devant Canova, revenait elle-même, en cet appareil, dans son logis.

Alors commença l'ère des fêtes, des réceptions et surtout des dîners; car lord Lyons a pris pour règle de sa vie cette maxime d'un gastronome teinté de diplomate :

Que c'est par les dîners qu'on gouverne les hommes !

Il estime aussi que les dîners sont le plus sûr moyen, et le plus aimable, de semer autour de soi les sympathies, de stimuler le zèle et de chauffer les dévouements. C'est pour cela que, depuis son installation en France, il dépêche tous les matins son huissier Louis auprès de ses collaborateurs, attachés ou secrétaires. Et tous les matins, avec le même cérémonial, l'huissier Louis dit à chacun d'eux individuellement :

— Mylord prie Monsieur... de vouloir bien lui faire l'honneur de dîner ce soir avec lui.

De tous les membres du corps diplomatique, le prince Orloff est le seul qui pratique, au même degré, ces principes de haute courtoisie.

Ces royales façons — hâtons-nous de le dire — nécessitent un train qui n'est pas à la portée de toutes les fortunes. On s'en rendra facilement compte si l'on réfléchit que la maison de l'ambassadeur d'Angleterre lui coûte, bon an, mal an, 20,000 livres sterling!

Ses équipages — de beaucoup les plus beaux et les mieux tenus de Paris — entrent pour une part considérable dans ce chiffre.

Les écuries de lord Lyons sont installées rue d'Anjou, 16, dans un hôtel affecté *tout entier* à ses chevaux, ses voitures et ses gens.

Il y a douze voitures et vingt chevaux, dont chacun vaut 8,000 francs en moyenne. Les deux bêtes de l'attelage de gala sont estimées 25,000 francs.

Le premier jour de l'an, au perron de l'Élysée, lors des visites officielles, on admirait un équipage presque royal : cocher coiffé du tricorne ; deux valets de pied, les plus hauts sur pattes — 1 m. 89 de taille et de corpulence à l'avenant — livrée blanche, brodée d'argent, culotte noire, bas de soie violets ceints de la fameuse jarretière. C'était l'équipage de lord Lyons.

Son Excellence ne sortant presque jamais à pied, les fonctions d'Adam, son cocher principal, ne sont pas précisément une sinécure.

Les domestiques sont au nombre de trente, tous vieux serviteurs, car, depuis 1867, lord Lyons n'a jamais congédié personne. Tout ce personnel mercenaire l'adore, autant pour sa bonté délicate que pour sa fastueuse générosité. Mais ce qu'on apprécie et convoite le plus, c'est, quand il part en congé, ou qu'il en revient, le cordial *shake-hand* du maître, la seule chose dont il soit avare.

Après l'homme, le diplomate. M. de Bismarck le craint. Qu'en dirai-je de plus flatteur ? Partout où il a passé, il a laissé le renom d'un négociateur habile et d'un gentleman accompli, et, chez nous, il a tout fait pour mériter celui de sincère ami de la France. Ami très désintéressé, car il n'est même pas membre de la Légion d'honneur, et le cordon rouge qu'il porte dans les cérémonies officielles est celui de l'ordre du Bain.

Une anecdote montrera quel sentiment hautain de la dignité britannique lord Lyons apporte dans l'exercice de son mandat.

Lorsqu'en 1865 il remplaça sir Bulwer à Constantinople, le Sultan s'imagina de lui souhaiter la bienvenue par l'envoi de deux chevaux de race. Bien qu'hippophile passionné, lord Lyons ne permit pas que ces bêtes superbes franchissent même le seuil de ses écuries, et, séance tenante, il renvoya ses présents à... Artaxerxès.

PARIS HONTEUX

8 janvier 1884.

Bonnes gens, qui circulez le soir, sans songer à mal, du Gymnase à la Madeleine, flânant aux baraques, votre femme au bras et votre nichée de petits à vos chausses, bonnes gens, méfiez-vous !

La pornographie, cette lèpre parisienne, vous guette à tous les coins de rue, vous emboîte le pas, se fait votre ombre. Et tandis que Madame marchande quelque bibelot à bon marché, que les mioches sont en extase devant les soldats de plomb ou les ménages minuscules, et que vous attendez, les bras ballants, elle vous sussure à l'oreille, par l'organe d'un camelot crasseux :

— Monsieur, voulez-vous des cartes transparentes ?...

Ou bien :

— A vendre, dans les prix doux, un joli lot de photographies gaillardes !

J'ai vu, hier soir, de mes yeux, un paisible promeneur, écœuré par cette obsession, administrer à l'un de ces industriels une « danse » formidable. Mais ces justices individuelles, outre qu'elles ne sont pas à la portée de toutes les poignes, ne valent pas un bon coup de balai préfectoral.

Ce coup de balai, la moralité publique le réclame avec instance.

J'ai voulu savoir à quelles sentines se pourvoyait ce commerce honteux, qui empuantit la voie publique, et j'ai la joie de dire que la fabrication française en a presque complètement les mains nettes. C'est l'Allemagne qui, paraît-il, en est le grand entrepôt. Il y a de l'autre côté des Vosges une foule de Nurembergs inconnus où se confectionnent ces joujoux à l'usage des hommes affaiblis. Paris est un des principaux marchés où s'écoule cette sale marchandise, qui nargue la douane et la police des mœurs. C'est l'invasion qui continue sous un faux nez : après le chassepot, la pourriture.

Cette invasion avait déjà commencé dans les derniers jours de l'Empire, préludant à la défaite par la démoralisation. On vendait alors, non pas encore avec le cynisme actuel, mais sous le manteau, des cartes et des photographies où les plus grandes dames, même celles dont la réputation était inviolable, étaient représentées dans des attitudes outrageusement plastiques.

La Cour elle-même n'était pas à l'abri de cette dégoûtante spéculation. On sait comment s'obtiennent ces fac-simile de tableaux vivants, dont les personnages, est-il besoin de le dire? sont toujours apocryphes. Les photographes, comme les peintres, ont des modèles qui se prêtent à leurs fantaisies les plus naturalistes. La photographie obtenue, on efface la tête du modèle banal, on la remplace par la tête d'une « noble et honeste » dame qu'on adapte habilement à ce corps étranger et quelconque, et la farce est jouée.

C'était, à cette époque, une véritable épidémie. La pornographie, d'ailleurs, ne sévissait pas seulement sous forme de cartes et de photographies, mais encore sous forme de Musées. — Musées secrets, cela va sans dire, mais il en était de ces secrets-là comme de ceux de la fable où tout le monde, la curiosité aidant, finissait par être admis. Il y en eut de célèbres, celui de Dantan, entre autres. Dantan mort, qu'est-il devenu ? Le fameux marquis d'A..., le gentilhomme aux millions, en possédait un où figuraient, dans les costumes et sous les aspects les plus mythologiques, toutes les Danaës — et la liste en était longue et illustre — qui s'étaient laissé mouiller par sa pluie d'or, sans ouvrir leur parapluie ni même leur ombrelle. On y voyait notamment une reine du théâtre tragique dans l'appareil et l'occupation de Vénus, lorsqu'elle fut surprise par Vulcain. Pas n'est besoin, n'est-il pas vrai ? de soulever le masque.

Il n'y avait pas jusqu'au vertueux Sauvageot qui n'eût aussi son petit Musée secret. On sait que son admirable collection, devenue depuis propriété de l'Etat, était ouverte à tous les visiteurs, sauf ledit Musée, dont il gardait toujours soigneusement la clef dans sa poche. Par quelle fatalité l'oublia-t-il un jour sur la porte ? Toujours est-il qu'une famille d'Anglais, le père, la mère, trois jeunes misses et deux petits garçons, pénétra dans ce labyrinthe où, à défaut de fil, se trouvaient une foule d'Arianes, toutes plus court vêtues les unes que les autres. La visite ne fut pas longue : un moment après, la porte se rouvrait avec violence, et toute la smalah britannique, les petits devant, les grands derrière, les vierges au centre, défilaient à la queue-leu-leu, les mains sur le visage, en poussant des « aoh ! » et des « shoking » indignés, avec le geste de la famille de Loth fuyant la ville incestueuse. Pas un n'eut la curiosité de regarder en arrière, de sorte que le vertueux Sauvageot n'eut pas à ajouter, à sa collection de statues de bronze ou de marbre, la moindre statue de sel.

Pour en revenir aux camelots qui infectent le boulevard, que M. le préfet nous débarrasse de cette vermine. Cela vaudra mieux et sera plus pratique que d'enlever leur gagne-pain aux pauvres chiffonniers.

TROUEURS DE LUNES

11 janvier 1884.

« Madame se meurt ! Madame est morte ! » Ce cri funèbre ne produisit pas une plus poignante émotion dans le Versailles de Louis XIV, que, aux alentours de la Bourse, cette nouvelle colportée hier de groupe en groupe :

— Mary Raynaud a disparu !

Cette nouvelle, bien que reproduite avec commentaires par les journaux du matin, trouvait néanmoins beaucoup d'incrédules. Pour une fois, les incrédules avaient raison : M. Mary Raynaud n'avait pas quitté Paris ; il y est même encore.

D'où provient ce racontar à sensation ? Le proverbe : « Il n'y a pas de fumée sans feu ! » est-il applicable en l'espèce ? Je n'ai pas à m'en inquiéter. Mon rôle de chroniqueur parisien se borne à fixer au passage la physionomie d'un de ces manieurs d'argent, dont la plupart, après avoir émerveillé le monde par la rapidité de leur fortune, le stupéfient par l'éclat de leur chute. Ce n'est pas, à ce qu'on m'assure — et j'en suis heureux pour sa clientèle — le cas de M. Mary Raynaud.

Né — la date m'échappe — à Saint-Flour, il appartient à cette forte race d'Auvergnats, âpres au gain et volontaires jusqu'à la ténacité, où se recrutent plus spécialement les porteurs d'eau, les charbonniers, les marchands de marrons, et même les députés intransigeants, comme M. Amagat. Grâce à M. Mary Raynaud, aux aptitudes variées des Saint-Flouriens, on peut désormais joindre la finance.

Quand il arriva de sa province, son passeport était ainsi libellé : « Cheveux très blonds, yeux bleus, nez moyen, bouche moyenne, taille 1 m. 80, barbe rousse à double pointe. » Au physique, il a peu varié : c'est toujours le même homme d'apparence grêle, mais cachant sous une maigreur nerveuse une vigueur peu commune. Seul, le plumage s'est transformé. Au début, M. Raynaud semblait vouloir faire revivre, dans sa mise, les traditions excentriques de Timothée Trimm : feutre à larges bords, redingote amplement évasée, avec col directoire, gilet en peluche voyante, à boutons d'or, tout tintinnabulant de chaînes et de breloques, cravate multicolore, manchettes en entonnoir. Cela tirait l'œil horriblement. Aujourd'hui, la mise est plus harmonieuse, le Parisien a vaincu l'Auvergnat.

D'abord humble néophyte dans ce que Joseph Prudhomme appelle le « temple de Plutus », en quelques semaines M. Mary Raynaud y fut Dieu. Il procéda par coups d'éclairs et de tonnerre à cette divinisation et il eut bientôt pour adorateurs tous ceux qui font au Veau d'or leurs dévotions quotidiennes. Point fier, d'ailleurs, bon enfant, la main large ouverte, semant l'or avec la prodigalité d'un satrape, entraînant dans son orbite vertigineuse une nuée de satellites aux dents longues, et, à mesure qu'il gravissait l'échelle étincelante, ayant des grappes de faméliques cramponnés à ses chausses et bénéficiant de son ascension.

Très épris de la grande existence, il avait acquis de mademoiselle Moisset son hôtel du Bois de Boulogne, où il avait entassé toutes les merveilles et multiplié tous les raffinements du confort moderne, tenant table ouverte, ayant nombre de chevaux dans ses écuries, et se préparant des villégiatures opulentes, par l'achat, en Seine-et-Oise, du château de Bièvre, et, en Auvergne, du château du Saillard.

Cette fortune si rapide qu'elle fût, avait toutes les apparences de la solidité. C'est pour cela que la prétendue disparition de M. Mary Raynaud trouvait hier tant d'incrédules. Et pourtant, par cette folie de krach, ces sortes d'aventures sont devenues le comble de la banalité, et il ne se passe pas de quinzaine qu'on ne lise dans les journaux quelque note dans le goût suivant :

« Encore un sinistre financier. Un changeur de la rue..., M..., vient de prendre le train pour une *destination inconnue...* »

Ce « destination inconnue » ne trompe plus personne. Chacun sait que c'est là un euphémisme pour désigner Bruxelles, le *refugium* de tous les leveurs de pied, de tous les metteurs de clef sous la porte, de tous les boursifricotiers en déconfiture, de tous les troueurs de lunes quelconques.

Il fut un temps où une saison forcée dans cette ville charmante, hospitalière, à l'air pur, aux eaux saines, était considérée comme un... malheur. Il n'en est plus ainsi. La facilité des communications, le confortable des sleepings font de ce voyage une véritable partie de plaisir, — d'autant plus qu'on est toujours à peu près sûr de trouver d'aimables et joyeux compagnons de route en déplacement pour les mêmes raisons de... santé.

Aujourd'hui, du reste, ces petites fugues n'ont rien de trop désobligeant pour ceux qui se les permettent. Jadis, quand on s'en allait à Bruxelles, pour cause de *pouff*, on y restait. Maintenant, un peu plus tôt, un peu plus tard, on en revient. Jadis, ceux qui n'avaient pas payé leurs différences n'osaient plus reparaître à la Bourse et se résignaient à faire comme tout le monde, c'est-à-dire à travailler pour vivre. Maintenant, l'homme qui n'a pas payé fait le « plongeon », c'est-à-dire qu'il file sur Bruxelles, où il se dissimule pendant un temps proportionné à la somme qu'il fait perdre; mais finalement il remonte sur l'eau.

Et vous croyez peut-être qu'on lui tient rigueur quand il reparaît? Point. Il trouve toujours d'anciens amis pour lui faire fête. On a, pendant son absence, oublié ses défauts et on ne se souvient que de ses qualités. Nul n'ordonnait un dîner comme lui; il contait des histoires à mourir de rire; à souper, il était impayable et faisait des mots à rendre jaloux Dumas fils. Et quel com-compagnon! quel cœur! quel estomac! quel esprit! Toutes les mains s'ouvrent quand il tend la sienne :

— Eh! ce cher Z...! quel plaisir de vous revoir!... On vous croyait mort... D'où venez-vous donc ?

Lui, d'abord quelque peu gêné

— J'étais en province, j'avais un oncle malade.

— Et vous allez reprendre les affaires ?

— Je ne sais pas encore... j'hésite... Vous savez, j'avais si mal réussi!

— Raison de plus pour vous refaire. La veine aura tourné.

— C'est que...

— Bah! laissez donc! Essayez encore!... *Audaces fortuna juvat*!

Et le lendemain, à l'heure de la Bourse, Z... reparaît avec une virginité toute neuve.

Et ses créanciers?

Ses créanciers!... Bah! s'il les rencontre, il les salue poliment, et, comme une politesse en vaut une autre, ils lui rendent son coup de chapeau. Et puis, à quoi bon se brouiller avec un débiteur?... On ne sait pas ce qui peut arriver!... C'est « humain » par excellence.

Voilà donc Z... qui reprend l'air du bureau, qui flaire le vent, qui s'oriente et qui se risque. Il va petitement d'abord, parce que la confiance est encore hésitante, mais bientôt il double, il triple, il sextuple ses mises, il opère comme avant son... malheur. Le crédit lui revient, et ses créanciers eux-mêmes le recherchent :

— Ah! ça, lui disent-ils, pourquoi ne faites-vous donc plus d'affaires avec nous?

Ne croyez pas que j'exagère. Si quelque jour il vous plaît de venir faire un tour de Bourse avec moi sur les trois heures, je vous montrerai sans lorgnette une vingtaine de spéculateurs très bien cotés, qui tous ont fait « le plongeon » et pris au moins une fois le train de Bruxelles... et même le train de Poissy.

LES FEMMES ET L'ESCRIME

14 janvier 1881.

Un de nos confrères du matin raconte que M. H. de R..., attaché d'ambassade, ayant risqué quelques plaisanteries sur la tenue d'une de nos « escrimeuses » les plus intrépides, a reçu de la part de la belle une bonne paire de témoins. L'affaire n'a pas eu de suites, au moins sur le terrain où ces sortes de défis se vident d'ordinaire.

Ce racontar trouvera beaucoup d'incrédules. Vérification faite, il est parfaitement exact. La pratique des divers sports entre chaque jour davantage dans les mœurs des Parisiennes. Leur plastique et leur amour-propre y trouvent également leur compte : l'habitude de ces exercices plus spécialement masculins, en achevant de les mettre en « bonne forme », les rend plus séduisantes, et c'est, en même temps, pour elles, comme une sorte d'émancipation.

De tous les sports, le plus en faveur auprès de nos belles mondaines, après l'équitation, c'est l'escrime. Rien, en effet, de plus efficace pour combattre ce mal moderne dont elles sont toutes atteintes, plus ou moins, la névrose, pour mettre en relief les élégances d'une taille svelte ou pour réduire les corsages d'une opulence exagérée. Et puis, il y a le maillot, ce fripon de maillot, travesti délicieux, mille fois plus varié de coupe et plus seyant que les abominables « débardeurs » de plage, et sous l'étroite adhérence duquel la jolie femme apparaît dans toute sa grâce serpentine, lorsquelle se fend avec agilité, sans effort visible.

Cela seul suffirait à faire comprendre le goût des Parisiennes pour cet art raffiné. Il s'explique encore par le maniement facile du fleuret, arme légère, si bien faite pour des mains délicates, et que ses ressemblances avec l'outil féminin entre tous a fait surnommer pittoresquement « l'aiguille à tricoter ». Coudre, découdre, tout se tient. Aussi les femmes qui s'adonnent à l'escrime avec la passion qu'elles mettent à mordre dans tous les fruits défendus y deviennent-elles rapidement d'une jolie force. A défaut d'une grande vigueur, elles ont la délicatesse du doigté qui, étant donné la légèreté de l'arme, leur permet de dessiner les feintes avec précision et de tromper le fer de très près. En d'autres temps, quelques belles escrimeuses ont failli réaliser les exploits des Clorinde et des Bradamante. Au siècle dernier, la Maupin, de l'Opéra, fut une enragée bretteuse et tua cinq ou six gentilshommes en duel. Ninon de Lenclos sut aussi s'escrimer dans toutes les règles, et c'est là peut-être une des causes de son étonnante longévité. Je ne cite pas la chevalière d'Eon, toutes sortes de pièces justificatives ayant fini par établir qu'*il* n'avait de la femme que les jupes, et que cette usurpation de sexe fut de sa part une pure vanterie.

De nos jours, on peut citer parmi nos escrimeuses les plus habiles mademoiselle Fritz et la fille d'un maître d'armes parisien, mademoiselle Basset, qu'on a vue plusieurs fois, dans des assauts publics, tenir tête à des professeurs renommés ; et surtout mademoiselle Jean-Jouis, la fille du célèbre professeur de Montpellier. On l'appelait l'invincible, parce qu'elle battait haut la main tous les maîtres de régiment qui tenaient garnison dans la ville des « gentes pucelles » et qui, rougissant d'une telle défaite, demandaient presque toujours à permuter.

Les salles d'armes ne sont pas généralement l'antichambre de la mairie. Cependant mesdemoiselles Jean-Louis et Basset ont épousé chacune un de leurs élèves, et sont devenues, celle-là la comtesse de X..., celle-ci madame de Lézardière.

Sur le livre d'or des escrimeuses mondaines, je relève, en première ligne, le nom de la reine de Naples, puis ceux de madame la baronne de Vimont et de mesdemoiselles de Varigny, élèves de mademoiselle Basset, de madame la comtesse de Beaumont, de madame la comtesse de Salles, etc., etc., et, spécialement pour le pistolet, la comtesse Tyzkiewitz et la princesse Ghika, qui a laissé des cartons si prodigieux chez Gastine-Reinette.

Chez les actrices, le goût de l'escrime s'est développé plus tôt que chez les femmes du monde. C'est souvent, du reste, une nécessité de la profession. Déjazet était élève de Grisier, et l'on sait comment Létorières et Richelieu firent honneur à leur maître. Mademoiselle Vernet et Rachel furent des virtuoses de l'épée et du pistolet. Depuis l'institution d'une salle d'armes au Conservatoire — il y a quelque vingt ans — on a vu s'accroître sensiblement le nombre des comédiennes qui pourraient au besoin

<blockquote>Défendre leur vertu, la flamberge à la main.</blockquote>

Mais je ne sache pas qu'elles aient jamais abusé de leur force.

C'est l'excellent professeur Jacob qui dirige la salle d'armes du Conservatoire. L'heureux homme ! Là est sans doute le secret de sa rare amabilité. Il a formé de brillantes élèves, quelques-unes, entre autres, dont il parle avec orgueil : Marie Sass, cette douce Priola, morte si tragiquement à Marseille, Donvé, Janvier et Mary Jullien. En ce temps-là, Marie Sass avait déjà de la peine à s'effacer. Zuze un peu, depuis !

Les classes de chant fournissent les meilleurs sujets. Ces demoiselles, en général, possèdent de superbes performances, font bonne chère, ont du « plastron » et montrent des muscles plus vigoureux que nos mignonnes ingénues de comédie, roseaux charmants, mais un peu frêles.

Le Conservatoire n'est pas la seule pépinière où poussent les fines lames du théâtre. J'en pourrais nommer jusqu'à vingt qui, pour ne rien devoir à l'enseignement officiel, n'en font pas moins belle figure le fleuret au poing. Quatre suffiront : Mesdemoiselles Harding et Chalont, dont on se rappelle l'amusant assaut dans l'avant-dernière revue des Variétés, et deux jeunes divas d'opérette, l'une disparue, l'autre en plein rayonnement : Mademoiselle Humberta, l'élève favorite de Ruzé, et madame Montbazon-Grisier, l'élève de... son mari.

Le joli mariage, conclu entre deux leçons, pendant les répétitions de *Boccace*, aux Folies-Dramatiques ! Grisier, qui connaît à fond tous les coups classiques, avait compté sans le coup de... foudre. N'est-ce pas encore un argument décisif en faveur de l'escrime pour dames ?

CE QUE COUTE LA GRATUITÉ

17 janvier 1884.

Finie la quinzaine terrible ! Doublé ce redoutable cap des tempêtes, où naufragent, tous les ans, les bourses parisiennes, où s'engloutit l'épargne accumulée pendant de longs mois ! Maintenant, on se reconnaît, on se recueille, on palpe ses goussets, qui sonnent le vide, et on compte ses morts ! Quel cimetière !

Des économistes ingénieux ont établi le budget d'une femme du monde et le budget d'un homme de plaisir. Travail un peu fantaisiste, car ce qui, dans le budget d'un homme de plaisir ou d'une femme du monde, enfle prodigieusement la colonne du « Doit » et rend tous les chiffres chimériques, c'est l'imprévu. Or, sous cette rubrique, dont les économistes ont le tort de ne pas prendre souci, figurent en première ligne les choses qui ne coûtent rien, ou qui passent pour telles.

De ce nombre sont ce qu'on appelle — par antiphrase, sans doute, — les billets de faveur. Il est avéré qu'en additionnant les frais de timbres-poste, de commissionnaires, de voitures, de pourboire au concierge et... de temps perdu, le prix de la place soi-disant gratuite excède presque toujours le prix du bureau. Mais il n'est pas moins avéré que, l'amour-propre aidant, cette duperie, dont personne n'est dupe, ne décourage personne.

Etre abonné de l'Opéra, c'est un luxe très cher. Avoir — à titre gracieux — ses entrées au théâtre et sur la scène, c'est un luxe plus cher encore. L'abonné peut, à sa fantaisie, quand vient le jour de l'an, restreindre ses libéralités envers le personnel; le bénéficiaire d'une entrée gratuite doit être fastueux, sous peine de passer pour un pleutre. Un de mes amis est dans ce dernier cas. Il pouvait, étant riche, payer sa stalle ; il a trouvé plus flatteur de passer pour un ami des dieux et de recevoir leurs largesses. Mais, après en avoir savouré les joies, il vient d'en goûter les amertumes. Homme d'ordre, mon ami tient ses livres à jour avec l'exactitude d'un caissier: il m'a permis de jeter un coup d'œil sur le chapitre « Etrennes », le plus volumineux de son budget annuel, et j'en ai détaché, comme document typique, ce feuillet empreint d'une certaine mélancolie :

Ce qu'il m'en coûte, en l'an de disgrâce 1884, pour avoir mes entrées gratuites au théâtre et sur la scène de l'Opéra.

« Mercredi, 2 janvier. — Entré par le contrôle de gauche. Saluts et sourires obséquieux des contrôleurs. Déposé 50 fr. sur leur table ci.   50 fr.

» Essuyé les saluts et les sourires obséquieux des contrôleurs de droite. Comme j'entre indifféremment par l'un ou l'autre côté, déposé la même offrande. . . . . ci.   50

» A l'entrée des fauteuils, glissé discrètement, d'un air presque honteux, dans la main de Louis un billet roulé comme une cigarette. Dame! Louis, c'est le véritable directeur de l'Opéra; c'est le dispensateur des grâces; c'est lui qui vous inscrit ou vous biffe pour les premières; c'est lui qui ne vous place pas, alors même que vous avez vos entrées, si vous n'êtes pas du dernier bien avec lui. Il a, ce Louis, des : « Monsieur, vous ne pouvez pas rester là ! » qui sont d'une politesse terrible et qui vous refoulent dans le corridor! Cinq louis à Louis, c'est le strict convenable. . . . . ci.   100

A reporter. . . . . 200 fr.

Report.	200 fr.

» Pénétré sur la scène. Passé devant Guillois, le cerbère, non de l'enfer, mais du paradis. Très aimable homme, ce Guillois, qui vous garde vos lorgnettes et qui fut pendant le siège, comme restaurateur, la providence des garde-nationaux. Deux louis pour ce souvenir et pour une amabilité de 365 jours, ce n'est vraiment pas trop payé................ ci.   40

» Passé la porte de fer, la porte terrible. Un louis à la vieille dame, en bonnet rose, qui tient la clef et prononce le : Sésame ! c'est pour rien. . . . ci.   20

» Salué par l'huissier de M. Vaucorbeil, un gros personnage très correct, avec sa chaîne d'argent. Etant de la maison, vous êtes admis quelquefois dans la loge du directeur, quand il plaît à MM. Proust, Durieux et autres commanditaires de laisser une place libre. C'est l'huissier qui vous ouvre. Un louis à celui-là, c'est le moins qu'on puisse offrir................ ci.   20

» Côté cour de la scène, ou côté du roi, un machiniste, la casquette à la main, me présente une carte ainsi libellée : *MM. les machinistes de l'Opéra.* Soit 20 fr. ; même répétition du côté jardin, ou côté de la reine. . ci.   40

A reporter.	320 fr

	Report.....	320 fr.

» Monté dans la loge de mademoiselle Subra. A peine assis, le défilé commence. Voici les gaziers : 20 fr. ; voici les chauffeurs — une innovation de cette année — les vestales du calorifère : 20 fr. ; puis les feutiers, qui surveillent les feux dans les loges de ces dames : 10 fr. ; les balayeurs : 10 fr. ; les ustensiliers — profession admirable, sortie cette année encore des poussières de l'Opéra : 10 francs.................. ci.   70

» Evadé par les derrières du théâtre pour regagner plus vite le boulevard Haussmann. Jeté deux louis par le vasistas du concierge......... ci.   40

Total :   430 fr.

» Ouf! c'est fini! »

Au bas de ce feuillet instructif, j'ai copié ce renvoi philosophique :

« Un moment, j'ai voulu m'enfuir à la campagne. Mais j'ai réfléchi que c'était ajourner une échéance douloureuse, et non pas l'éviter. A moins de m'exiler pour toujours de l'Opéra, ce qu'à Dieu ne plaise ! j'étais sûr de retomber un peu plus tôt, un peu plus tard, dans les griffes de ces créanciers implacables, qui vous guettent et vous la « souhaitent bonne », aussi bien le premier avril que le premier janvier.

» J'ai donc préféré m'exécuter tout de suite. »

Amen !

LE MIDI A PARIS

22 janvier 1881.

La Comédie-Française donne ce soir la première représentation de *Smilis,* drame en quatre actes, de M. Jean Aicard.

Encore un Méridional qui se hisse, à la force des poignets, au haut du mât de cocagne parisien, et qui décroche la timbale.

Car il est du Midi — Aicard, on pourrait même dire qu'il est du Midi... trois-quarts !

L'homme. — Parmi les brouillards de la Seine, il a gardé la nostalgie du soleil natal. Aux heures lointaines des débuts, alors qu'il habitait vers les Invalides, on le voyait, emmitouflé de fourrures et coiffé de loutre, même par les tièdes matins d'avril, se promener, tout grelottant, sur l'Esplanade.

Le poète. — Il est du cru *felibresque,* et son œuvre a cette teinte de poussière grisâtre qui donne aux oliviers de Provence leur inoubliable aspect de mélancolie. S'il écrit en français, il pense en provençal, et les parfums de *Mireille* embaument sa délicieuse idylle de *Miette et Noré.*

En forçant les portes de la Comédie-Française, M. Jean Aicard accentue et consacre ce que j'appellerai, sans intention satirique — et pour cause — la conquête de Paris par les hordes méridionales.

— C'est du Nord que vient la lumière ! dit un aphorisme normand.

— Faites excuse, c'est du Midi ! répond un autre aphorisme….gascon.

Et — pour une fois — ce n'est pas une gasconnade.

Il est de fait que, depuis vingt-cinq ans, au point de vue artistique, oratoire ou littéraire, le Midi prime et opprime le Nord. Parcourez le livret du Salon, le catalogue de la Société des gens de lettres ou de la Société des auteurs, les listes des deux Chambres, et vous constaterez que, parmi les individualités marquantes, les naturels des bords de la Garonne, du Rhône ou de la Durance sont en notable majorité.

Dans un ordre d'idées plus spécial, prenez la nomenclature des *Dîners périodiques* qui pullulent dans Paris : une bonne moitié des fourchettes qui travaillent — et consciencieusement, troun dé l'air ! — dans ces gueuletons sont des fourchettes méridionales.

Paris n'est plus aux Parisiens, il est aux Méridionaux ; ils y règnent et ils y gouvernent, par droit de conquête et aussi par droit de talent. Et, sous une apparence paradoxale, il est presque d'une absolue vérité, le mot qu'on prête à Paul Arène.

A je ne sais plus quel banquet de la *Cigale*, on lui présente un jeune homme tout frais débarqué de sa province, qui rêve de se faire, dans le journalisme, une place au soleil parisien.

— Et, *comme ça*, vous êtes du Midi? lui demande l'ingénieux auteur du *Parnassiculet*.

— Non, monsieur, je suis du Havre! répond timidement le néophyte.

— Vous n'êtes pas Méridional!!! fait Arène avec un mélange de compassion et de dédain... Alors, qu'est-ce que vous venez faire à Paris?

Les invasions sont généralement transitoires et momentanées. L'invasion méridionale a pris le caractère d'une occupation permanente. Cela tient à ce que ces modernes Attilas sont unis entre eux par la plus étroite solidarité, et qu'ils excellent dans l'art, éminemment opportuniste, de se serrer les coudes et de se faire la courte échelle. S'ils sont musiciens, ils trouvent des chanteurs — du Midi — pour interpréter leurs premières œuvres; s'ils sont peintres, sculpteurs ou gens de lettres, ils trouvent des directeurs de journaux — encore du Midi — pour chanter leurs louanges ou pour encourager leurs débuts; s'ils sont orateurs, ils trouvent des présidents de Chambre — toujours du Midi — pour leur faciliter l'accès de la tribune; et s'ils ont la nostalgie de la croix, ils trouvent des ministres — de plus en plus du Midi — pour fleurir leur boutonnière.

Parmi les envahisseurs méridionaux, les plus favorisés sont les Toulousains, peut-être parce qu'ils sont les mieux doués et qu'ils poussent le patriotisme de clocher jusqu'à l'exclusivisme. Ils forment, dans le grand fouillis de races parisien, un clan à part où nul n'est admis s'il n'a reçu le baptême dans ce Jourdain français qu'on appelle la Garonne. Si vous passez, à certains jours du mois, sous les fenêtres du Café de l'Opéra, vos narines seront chatouillées délicieusement par un vague parfum de *confit d'oie* et de *cassoulet*, et vos oreilles obsédées par ce refrain, qui est comme la *Marseillaise* de l'Aquitaine :

O moun païs, ô Toulouso, ô Toulouso !

C'est le banquet mensuel de la *Luscrambo;* ce sont les Toulousains qui boivent aux Toulousains, tous Toulousains et rien que Toulousains !

Et c'est cette cohésion qui fait leur force; mais ce qui fait leur saveur, c'est cette infatuation du terroir dans laquelle ils s'épanouissent avec une adorable inconscience. En voici deux échantillons de derrière les fagots :

Aux dernières élections législatives, la Haute-Garonne et les départements limitrophes envoyèrent au Palais-Bourbon un groupe compacte de jeunes députés républicains.

Interrogés par leurs « anciens » sur l'attitude qu'ils comptaient prendre au cours de la session, ces « conscrits » répondirent :

— Nous sommes venus pour soutenir Gambetta... Mais il faut qu'il marche droit, capdédious ! Sans ça, nous le f...icherons par terre !...

En définitive, *il n'est pas plus du Midi que nous autres !*

Exquis, n'est-ce pas ? Ceci ne l'est pas moins :

A la terrasse de Peters, un Parisien de Toulouse prend l'absinthe avec un Parisien de Paris, espèce de plus en plus rare. Près d'eux, sont attablés deux consommateurs, dont l'un gesticule et parle haut, avec une mimique et des intonations ultra-pyrénéennes.

— Que dites-vous de cet *assent ?* dit au Parisien de Toulouse le Parisien de Paris.

— Peuh ! fait l'autre avec un sourire méprisant, *c'est un qui pose* pour être de chez nous !

Mais s'ils ont le dédain des autres — ce qui est un travers — les Toulousains ont, entre eux, le sentiment et le respect de la valeur hiérarchique, — ce qui est une vertu. Qu'on en juge par cette anecdote :

Le Conseil général de la Haute-Garonne a voté, sur la proposition de M. Adrien Hébrard, sénateur, directeur du *Temps*, l'érection d'un monument à Goudelin, le grand poète patois du xviie siècle.

Ce Goudelin, à qui la tradition populaire a fait, sous le nom de Goudouli, une légende analogue à celle de Rabelais, et tout aussi contestable, fut le précurseur de Jasmin, et ses poésies, d'un tour à la fois mignard et savant, familier et lyrique, font songer tour à tour à Malherbe et à Ronsard.

Le monument voté, le conseil général décida

que le devis et l'exécution en seraient confiés à six sculpteurs vivants, tous Parisiens de Toulouse, et tous prix de Rome : la statue, à M. Falguière ; les quatre bas-reliefs en bronze, représentant quatre épisodes de la vie du poète, à MM. Barthélemy, Marqueste, Idrac et Mercié, et les ornements de la frise, à M. Labattut, encore pensionnaire à la villa Médicis.

Les six sculpteurs furent d'abord désignés en bloc, mais sans attribution spéciale. Le délicat était d'attribuer la statue, car la race des statuaires n'est pas moins irritable que celle des poètes. Hébrard réunit un jour les six émules à sa table, et entre la poire et le fromage, proposa de faire trancher la question par le sort.

Alors, Mercié se levant :

— Le sort, dit-il, n'a rien à voir où il y a des titres. Falguière est notre doyen, notre maître à tous. C'est à lui que revient la statue, par droit de talent et par droit d'aînesse. Quant à nous, nous nous tenons pour trop glorieux d'être ses collaborateurs et de signer notre nom au-dessous du sien !

. . . .

En vérité, je vous le dis, ce n'est bientôt plus Paris-Capitale qu'on dira, c'est Paris-Capitole !

MADAME DE PAÏVA

23 janvier 1881.

Il y a quelque part en Allemagne, au fin fond de la Silésie, un château magnifique, perdu dans de vastes exploitations minières, où les dévots des Tuileries disparues, s'ils poussent la dévotion jusqu'à faire ce long voyage, retrouveront dans son intégrité, et vierge des outrages de la Commune, la vieille demeure de nos rois.

C'est le château de Newdeck, où s'est éteinte mardi soir, à quatre heures, la comtesse Henckel de Donnesmark, plus connue des Parisiens sous le nom, jadis célèbre, de madame de Païva.

Cette reconstitution, accomplie par l'architecte Lefuel, un des grands amis de la défunte, avec la même religion artistique que M. Violet-Leduc mit à reconstituer Pierrefonds, fut une des innombrables fantaisies royales dont cette remueuse de millions émailla son étonnante carrière.

On peut, par ce simple détail, se faire une idée de sa colossale fortune ; et, si l'on songe à l'humilité de ses débuts, on comprendra de quelle volonté féroce il fallut qu'elle fût armée pour la conquérir.

La volonté fut, effectivement, la qualité maîtresse de madame de Païva, je pourrais dire sa vertu, si je ne craignais que, dans l'espèce, ce mot ne fît quelque peu sourire.

Elle s'appelait, de son nom de famille, Pauline-Thérèse Lachmann, et elle était née dans une province de la Russie. Le 11 août 1836, entre la vingtième et la trentième année — on ne sait pas au juste — elle épousait un pauvre tailleur de Moscou, nommé François Villoing. Ce mariage, sans amour, ne fut pour elle qu'une première étape vers la vie libre. Un beau matin, laissant là son pauvre diable de mari, qui tirait l'aiguille, et son fils, qui braillait dans ses langes — car elle était mère depuis quelques mois — elle partit à la conquête du monde.

Paris était son objectif. Paris est la flamme qui fascine tous ces jolis papillons et qui les consume lorsque, comme l'acier, il ne s'y trempent pas. Mais la chance, qui sourit aux belles filles, lorsqu'elles sont décidées à tout, lui fit d'abord grise mine. Elle eut froid, elle eut faim, et, par une glaciale soirée de décembre, on la ramassa, mourante, dans l'avenue des Champs-Elysées, en face du Jardin d'hiver. Le passant providentiel qui, généreux comme le sont les artistes, accomplit ce sauvetage, était un illustre virtuose du piano. Cette rencontre fut l'ébauche d'un roman qui tomba bientôt dans les banalités de la vie réelle, car, à quelque temps de là, des « faire-part » répandus à profusion dans Paris, annoncèrent le mariage de M. H. H... avec mademoiselle P. T. L... Mariage on ne peut plus apocryphe, car François Villoing tirait encore l'aiguille et la tira jusqu'en 1849, date officielle de sa mort.

Cependant, madame H... prenait au sérieux son rôle de femme légitime : elle eut un état de maison, accompagna son « mari » dans toutes ses tournées artistiques, et n'eut de repos — car elle était ambitieuse — qu'il ne l'eût conduite à la cour. Faiblesse stupide, dont ils devaient cruellement se repentir l'un et l'autre. La beauté radieuse de madame H... avait surexcité bien des jalousies ; on avait, en consultant l'état civil, acquis la preuve que ce ménage charmant était un faux-ménage, et quand la belle irrégulière fit son entrée triomphante dans la salle des Maréchaux, un aide de camp s'approcha d'elle, et lui dit tout bas :

— Madame, vous vous êtes trompée de porte !

Elle comprit et tourna les talons, traînant après elle le pauvre H..., tout honteux et tout décontenancé. Et tandis qu'ils regagnaient leur logis, pelotonnée dans un coin de la voiture, elle disait, mordillant ses dentelles :

— Les imbéciles ! J'étais la plus distinguée entre les pécores qui se trouvaient là ! S'il y avait des éliminations à faire, c'est par moi que l'on devait finir et non pas commencer !

Désormais, H... n'était plus pour elle un pavillon suffisant; elle rompit sans un regret, sans une larme. Elle ne voulait pas seulement la fortune, elle avait encore la nostalgie de la considération et du respect Désespérant de les trouver à Paris, elle partit pour Londres. Là, commença pour elle une vie de lttes, de déceptions et d'angoisses, qui se serait infailliblement dénouée par le suicide, si la propriétaire de son humble garni ne l'en eût dissuadée :

— Vous avez, lui dit-elle, tous les dons du ciel, la jeunesse, l'intelligence et la beauté. Mais vous ignorez l'art de vo s en servir. Il vous reste quelques toilettes. J'ai pour ce soir une loge à Covent-Garden, allez-y, montrez-vous à nos gentlemen dans cette jolie toilette blanche qui vous sied à ravir et vous rend irrésistible. Que risquez-vous ? Si l'amorce ne prend pas, il sera toujours temps de vous tuer demain !

La ci-devant madame H... écouta les conseils du « mauvais ange », et le lendemain elle avait dix fortunes à ses pieds.

Elle en fit deux parts, croquant l'une à belles quenottes et emmagasinant l'autre avec la prévoyance d'une fourmi. Cela fait, elle revint en France, où elle avait une revanche à prendre, et elle s'installa somptueusement place Saint-Georges, en face de l'hôtel de M. Thiers, dans cette curieuse maison à sculptures gothiques, aujourd'hui remplacée par un immeuble de rapport, mais qui, en 1840, lorsque l'architecte Renaud l'avait bâtie, avait fait sensation dans la capitale. L'argent purifie tout, et, en très peu de temps, son salon où, la première, elle sut réunir tous les raffinements du confort moderne, devint un des plus recherchés de Paris.

La revanche commençait : elle ne fut complète que lorsque, le tailleur Villoing étant mort, sa veuve put se payer le luxe d'épouser en secondes noces, le 5 juin 1851, un véritable « grand de Portugal », comme on dit dans *Tête de Linotte*, le marquis Fr. Araujo de Païva.

C'est surtout au mariage qu'elle tenait. Quant au mari, dont elle ne se souciait guère, il disparut bientôt de son existence. Après une courte excursion à Lisbonne, elle revint seule et reprit, cette fois, dans une maison voisine de l'Arc-de-Triomphe, ses dîners et ses réceptions, dont l'illustre Delacroix, Emile de Girardin, Arsène Houssaye, Lefuel, le bibliophile Jacob, Ponsard, Emile Augier, Théophile Gautier et le comte Henckel de Donnesmark, son troisième mari — en perspective — étaient alors les hôtes les plus assidus.

Elle les y attirait par son esprit aimable, par son intelligence des choses artistiques, par sa grâce familière, et par ses allures de « bon garçon » fidèle à ses amitiés dont elle ne s'est jamais départie.

Un soir qu'Arsène Houssaye, contrairement à ses habitudes, s'était enfoncé dans un fauteuil, tout rêveur :

— Qu'avez-vous donc, cher ami ? lui dit-elle. Méditeriez-vous quelque sonnet ?

— Hélas, non ! répondit l'auteur des *Grandes dames*, je songe que, si j'avais cent mille francs, j'empêcherais peut-être le Jardin d'hiver, cette merveille d'élégance, de devenir la proie des entrepreneurs de maçonnerie !

— Êtes-vous bête ! fit la marquise.

Et, prenant dans son secrétaire un carnet de chèques, elle écrivit sur un des coupons :

Bon pour cent mille francs.

Puis, le tendant au poète :

— Tenez, ajouta-t-elle, faisons l'affaire à nous deux. Vous m'aiderez, de cette façon, à réaliser un vœu que j'ai fait il y a bien longtemps. Le soir où ce pauvre H..., m'a ramassée, mourante, devant le Jardin d'hiver, je me suis juré que, lorsque je serais riche — elle ne disait pas « si jamais je suis riche, » tant était grande sa foi dans l'avenir — je ferai construire un hôtel en cet endroit. Vous voyez que le hasard lui-même se fait mon complice !

Houssaye prit le chèque, et au dos d'une lettre il traça ces quelques mots :

« Reçu de la marquise de Païva cent mille francs que je lui rendrai dimanche prochain. »

La marquise jeta les yeux sur le papier, le froissa dans ses doigts roses et l'approcha d'une bougie, en disant :

— Ce diable d'Houssaye, il sait tout, même faire les reconnaissances !

C'est par ces façons qu'elle conquérait son monde et que, dans ce bel hôtel de l'avenue des Champs-Elysées dont l'escalier d'onyx rivalise avec celui de l'Opéra, et qu'illustrent les chefs-d'œuvre de Baudry, de Cabanel, de Gérôme, etc., elle sut grouper jusqu'à la guerre de 1870 l'élite des beaux esprits contemporains.

Ses dîners sont restés célèbres. Les serres de Pontchartrain, cet admirable domaine où régna La Vallière, et qu'elle avait acquis du comte d'Osmond, ne « travaillaient » qu'à fournir à ses convives des pêches au mois de janvier.

N'y était pas admis qui voulait. Jamais la finance — et ce fut un de ses grands griefs contre la marquise — ne réussit à forcer les portes si bien closes de cet Eldorado, dont nul n'a pu dire : *Qui paye y va !*

Elle ne voulut autour d'elle que des amitiés solides, et elle réussit à réaliser ce rêve ambitieux. Aussi faut-il reléguer dans la légende ce vers qu'on accuse Emile Augier d'avoir écrit sur son album :

<blockquote>Ainsi que la vertu le vice a des degrés...</blockquote>

par allusion à son escalier splendide, et cette prétendue réponse de Théophile Gautier, qu'on interrogeait sur l'avancement des travaux de l'hôtel :

— Ça va bien... on a déjà posé le trottoir !

On sait le reste. La guerre de 1870 rompit cette chaîne sympathique, et rien ne la put ressouder. Le vide se fit autour de celle qui, dans l'intervalle, était devenue la femme du comte Henckel de Donnesmark, le cousin du chancelier de fer, l'ex-proconsul d'Alsace-Lorraine. Ceux de ses fidèles qui n'avaient pu, malgré tout, oublier vingt ans d'hospitalité charmante, n'allèrent plus chez elle qu'à la dérobée, en manteaux couleur de muraille. Elle ne fit plus à Paris que de courtes apparitions, et s'exila, mélancolique, au fond de son château de Silésie, dont l'architecture lui rappelait les années heureuses. Elle y est morte à l'âge de soixante-douze ans.

LE BAL DE L'OPÉRA

26 janvier 1884.

C'était la nuit dernière.

Tous les ans, quand janvier ramène ces sabbats nocturnes, je songe involontairement à l'immortel dialogue de Gavarni :

Le Chicard. — Baste ! quand tu me donnerais un peu de sentiment pour ce soir...

Le Débardeur. — Ça l'use !

Ça l'a tellement usé qu'à l'heure présente il n'en reste plus du tout. Je n'ai pas l'esprit morose et dédaigne ce passe-temps littéraire qui consiste à souffleter systématiquement ce qui est avec ce qui fut. Je suis de mon temps et j'estime que, s'il a ses tristesses, il a aussi ses gaietés propres. Mais ces gaietés-là se sont déplacées, en suivant l'évolution des mœurs contemporaines, et elles ne s'épanouissent plus dans le même cadre... peut-être parce que ce cadre est aujourd'hui disproportionné. Ainsi des gaietés du Bal de l'Opéra. Ceux de ma génération n'en ont plus qu'un souvenir vague, et le dernier écho s'en retrouve dans le premier chapitre de *Splendeurs et Misères des Courtisanes*, de Balzac. Il y a vingt ans déjà que les Goncourt ont prononcé leur oraison funèbre devant le public de la Comédie-Française, qui n'a pas voulu l'entendre — vous vous en souvenez bien, car vous y étiez — et vous applaudiriez sans doute aujourd'hui ce que vous siffliez autrefois :

« Savez-vous de quoi vous me faites l'effet d'ici, mes enfants ? D'un magasin de rubans dans une hotte de chiffonnier, sauf le respect que je vous dois ! Vous avez l'air d'un feu d'artifice dans un ruisseau, parole d'honneur ! Ah ça ! pierrots que vous êtes, vous êtes encore pas mal serins ! Comment ! vous êtes la fleur de Paris, et voilà comment vous représentez le peuple le plus spirituel de la terre, *la gaieté française* et le vin de Champagne ! Mais, saperlotte ! *Ayez au moins l'air de vous amuser !* »

Si le grand Musard revenait au monde, il se trouverait quelque peu dépaysé dans ce milieu presque sévère, et le spectacle de cette folie sage lui paraîtrait bien anodin à côté de son galop infernal « dansé, gesticulé, hurlé par quatre mille pieds, quatre mille bras et quatre mille bouches. » Musard a cassé son bâton, et je ne le regrette pas, car un bâton de chef d'orchestre, ça se remplace toujours. Mais ce que je regrette, et ce qu'on ne remplacera pas, c'est la cravate blanche du père Isaac Strauss.

Il faudrait être Scarron pour chanter dignement cette cravate légendaire dont la place est marquée dans notre bric-à-brac historique, près de la canne d'Arouet, du lorgnon de Balzac, de la mèche de Girardin et des lunettes de M. Thiers.

On nous rendra la sécurité publique, on nous rendra la considération de l'Europe, on nous rendra peut-être nos provinces, mais cette cravate immortelle, qui tournait comme un phare et qui marquait les étapes de la grande bacchanale, qui nous la rendra ?

Jadis, dans ces fêtes de nuit, il y avait deux chronomètres pour rappeler aux cabrioleurs des deux sexes, que les bals, comme la vie, n'ont que la durée d'un rêve : l'horloge du foyer et la cravate du père Strauss.

On pourrait inscrire au-dessus du foyer cette maxime prohibitive : *Non licet omnibus adire Corinthum !*

Il n'est accessible qu'aux habits noirs, et l'habit noir n'est pas à la portée de toutes les bourses, aujourd'hui moins que jamais. Or, les pierrots, pierrettes, arlequins, paillasses, bébés, laitières et autres débardeurs n'ont avec l'horlogerie que des rapports purement platoniques. Ceux que le hasard a mis en possession d'une montre s'en soulagent généralement pour faire face aux frais de leurs nippes carnavalesques et du souper qui couronne leurs entrechats. Bannis du foyer pour cause de tenue incorrecte, comment, à défaut de son horloge unique, se rendre compte des heures écoulées et des heures à courir ? Ils trouvaient alors un précieux régulateur dans la cravate du chef d'orchestre.

Il faut dire que cette cravate était un chronomètre tellement perfectionné, qu'auprès de lui le canon du Palais-Royal eût passé pour battre la prétantaine. Et je ne serais pas surpris, étant donnée la date de sa disparition, que les Prussiens, si friands, en fait d'articles de Genève, n'y fussent pas absolument étrangers.

Premier quadrille. — Le nœud de la cravate. immobile sous le menton bien rasé, marquait MINUIT.

Troisième quadrille. — Ledit nœud, après une évolution circulaire, s'arrêtait sous l'oreille gauche et marquait UNE HEURE.

Cinquième quadrille. — Ledit nœud, dont le mouvement d'aiguille avait continué, stoppait sous la nuque et marquait DEUX HEURES.

Septième quadrille. — Halte dudit nœud sous l'oreille droite. TROIS HEURES.

Dernier quadrille. — Conjonction définitive dudit nœud avec le menton. QUATRE HEURES.

Apothéose, galop monstre et sortie générale sur ce motif entraînant de la *Casquette au père Bugeaud :*

> As-tu vu
> La cravate,
> La cravate,
> As-tu vu
> La cravate au père Strauss ?

Hélas ! le père Strauss, qui, pendant dix-huit années, avait conduit toutes les sauteries de l'Empire, déposa son bâton et serra sa cravate quand la République fut venue. Ce brave homme avait le culte des souvenirs. En 1873, malgré son âge, il passa la Manche pour aller suivre le convoi de l'Empereur ; et je me souviens d'un incident douloureux qui marqua la réception officielle à l'issue des funérailles. Quand l'Impératrice aperçut le vieil impresario, tout cet éblouissant passé des fêtes auxquelles il avait présidé se dressa soudainement devant elle. Elle joignit les mains avec une expression navrante, ses yeux se remplirent de larmes et sa gorge de sanglots.

— C'est que, me disait le père Strauss en nous retirant, je ne suis pas le premier venu pour l'Impératrice. Ma vie est intimement liée à la sienne et, depuis sa plus tendre jeunesse, mon nom est inséparable de tous ses souvenirs heureux. La première polka que j'ai composée en 1845 a pour titre *Eugénie-Polka* et porte cette dédicace : *A mademoiselle de Montijo*. La polka faisait alors ses premiers pas dans le monde et n'était pas encore admise dans les salons officiels. C'est l'Impératrice qui lui donna ses grandes entrées à la cour d'Espagne, où elle la dansa pour la première fois avec M. de Courpon, le fils du riche agent de change et le cotillonneur émérite des Tuileries. Plus tard, je l'ai revue à Paris, d'abord dans ce salon aristocratique où tout ce qui touchait à l'art recevait une si large hospitalité, puis dans cette splendide galerie des Fêtes où la souveraine s'effaçait derrière la femme, et où sa grâce irrésistible tempérait la roideur du cérémonial obligé. N'est-il pas bien naturel qu'en me revoyant, le contraste de ces époques bienheureuses avec sa situation présente ait provoqué chez elle cette explosion de douleur ?

Et tandis qu'il parlait, le vieux refrain me chantait dans l'oreille avec je ne sais quel accent mélancolique :

> As-tu vu
> La cravate au père Strauss ?

LA RETRAITE DES VINGT

29 janvier 1881.

Mon ami le Masque de Fer a parlé ce matin, en termes semi-discrets, d'une petite révolution qui vient de s'accomplir au Cercle de la rue Royale :

« Le Comité du Cercle a donné sa démission. »

Un Comité démissionnant en masse, à la veille d'une assemblée générale, où il a la chance de recevoir un nouveau baptême, c'est quelque chose comme M. Grévy déposant le pouvoir avant le terme légal où sa réélection n'aurait rien d'improbable. Il semblait donc que cette démission ne fût pas un événement banal, d'autant mieux que le Petit-Club compte parmi ses membres les représentants les plus en vue et les plus autorisés du high-life parisien. Eh bien, voulez-vous savoir le fin mot de l'histoire ? le voici : Tempête dans un verre d'eau !

Remontons aux origines.

Il y a belle lurette qu'on ne s'amusait guère au Cercle de la rue Royale, et c'est à peine si, de temps à autre, on y percevait quelques échos affaiblis des belles gaietés d'autrefois. Le temps n'était plus où les Gramont-Caderousse, les Paul Demidoff, les d'Evry, les Narischkine et *tutti quanti* conduisaient la joyeuse sarabande ; où ces gais vivants menaient l'émeute au *Cotillon ;* où, les soirs d'Opéra, ils faisaient des razzias de dominos quelconques, les traînaient au Grand-Seize, leur arrachaient le masque, et jetaient dans l'escalier, comme des paquets de linge sale, tous ceux dont les charmes étaient par trop défraîchis ; où un sculpteur célèbre s'en allait au bal des artistes, dans le costume vaporeux et avec les attributs pharmaceutiques de l'Amour... malade, et se faisait conduire au poste, comme un simple poivreau ! Si, au lendemain de 1870, ces fantaisies gaillardes n'étaient plus de mode, ce n'était pas une raison pour se vêtir de crêpe et pour porter un deuil éternel. Les jeunes du Cercle éprouvaient le besoin de rire un brin et de secouer l'ennui qui suintait le long de ses lambris vénérables. Ils comprenaient la nécessité de suivre le courant moderne où d'autres clubs rivaux avaient précédé le Petit-Club, et de se retremper dans des fêtes dont ils seraient à la fois les impresarii, les metteurs en scène, les acteurs et les bénéficiaires. Mais le local ne se prêtait pas à cette grandiose conception. Entre le vote du Comité, sa ratification par l'assemblée générale, les devis des architectes, la tâche des maçons, des années s'écoulèrent ; et c'est l'an dernier seulement qu'on put inaugurer cette admirable salle de spectacle où le jeune duc de Morny fit des débuts si pleins de promesses dans l'emploi des Essler et des Cerrito.

Bâtir n'est rien, le cruel c'est de payer la carte. Elle s'éleva, toutes réductions faites, à 180,000 francs. Et il n'y avait que 200,000 francs dans la caisse du Cercle. Pour comble de malheur, la *partie* languissait, la multiplication des tripots ayant fait table rase des banquiers et des pontes. Les duels homériques de Khalil et du baron de Plancy n'étaient plus qu'un lointain souvenir. On les évoquait comme des légendes. Les anciens racontaient aux nouveaux extasiés qu'en ce temps-là les deux athlètes s'asseyaient devant le tapis vert, qu'ils restaient en présence, le carton au poing, du mercredi soir au vendredi matin, les pieds dans un bain de moutarde pour déraidir leurs membres engourdis, ranimant d'heure en heure leurs forces défaillantes à coups de bols de bouillon et de tasses de thé, et que, la bataille finie, les cadavres se comptaient par seize cents... billets de mille. Ah! la cagnotte avait alors d'opulentes rondeurs ; maintenant, elle était flasque et sonnait le vide. Si lourde que fût la cotisation, elle ne constituait pas, vu le petit nombre des membres, un appoint suffisant. L'agonie arrivait, lente, mais sûre. Un miracle pouvait conjurer cette catastrophe fatale. Le miracle eut lieu, et c'est ici que le Comité des steeple-chase de France, dont tous les membres sont membres du Petit-Club, mais qui forme une sorte d'Etat dans l'Etat, entre en scène.

Ce comité vint trouver la commission administrative du cercle, avec laquelle il a des intérêts solidaires, bien qu'ayant un but distinct, et lui tint à peu près ce langage :

— Vous êtes, pour des causes indépendantes de votre volonté, impuissants à faire prospérer la maison. Cédez-nous la place. Peut-être serons-nous plus heureux que vous. Dans tous les cas, vu la situation critique, le risque est médiocre et le salut peut sortir de cet essai loyal. Voici quels sont nos gages : nous renonçons aux 30,000 francs que vous nous allouez pour des prix annuels, et nous donnons à tous nos collègues leur entrée au champ de course d'Auteuil, soit un boni de 500 francs pour les 25 journées. La cotisation n'étant que de 450 francs, c'est encore un bénéfice de 50 francs qu'ils réalisent. De cette façon, notre Cercle devenant le Cercle le meilleur marché de Paris, il sera facile de recruter de nouveaux adhérents, et en très grand nombre. La partie refleurira, et, demeurât-elle stationnaire, la plus-value des cotisations assurera largement l'existence du Cercle. Si oui, topez là.

L'offre était tentante. On topa. Peu de temps après, le comité des steeple-chase de France prit en main l'administration du cercle, dont la nouvelle commission administrative fut ainsi composée:

Président : M. le prince de Sagan. Vice-présidents : MM. le vicomte Beugnot, de la Haye-Jousselin et de Montgommery. Membres : MM. le vicomte Aguado, le général de Biré, le marquis de Breteuil, le vicomte de Brigode,

Brinquant, du Bos, le baron Finot, le duc de Gramont, le comte Ch. de Grollier — récemment remplacé par M. de Neuflise. — Richard et Robert Hennessy, de Francisco Martin, Arthur et Fernand O'Connor, le vicomte de Trédern et le marquis de Saint-Sauveur, mort l'autre semaine.

Ces messieurs — tous membres du comité des steeple — s'adjoignirent dix autres membres du cercle : MM. le comte de Bryas, Elie Cabrol, un gentleman doublé d'un poète, le duc de Castries, le marquis de Chaponay, Delâtre, le comte J. de Gontaut-Biron, le marquis de Massa, le duc de Morny, le marquis de Meyronnet et le vicomte Vigier, mort depuis et remplacé par le comte de Nicolaï.

Tout d'abord, les prévisions heureuses se réalisèrent. Les demandes d'admission firent rage. De 400, le nombre des membres s'éleva bientôt à 550. La *partie* ressuscita de ses cendres. On revit les grandes soirées du baccara. La joie régnait au Petit-Club.

Joie, hélas! bien éphémère. Les « serpents de la jalousie » sifflèrent leur note aiguë parmi les hosannah. Ceux à qui la fortune fait grise mine voient rarement d'un bon œil les favorisés auxquels elle sourit. La commission dépossédée bouda la commission en exercice. De la bouderie, on en vint à la guerre sourde, à la guerre des chouans et des guerilleros. Des myriades d'épingles, lancées par des mains invisibles, pleuvaient sur les malheureux commissaires et les piquaient dans le vif. Le prince de Sagan surtout n'était plus qu'une pelotte abominablement hérissée. Et pif sur ses façons autoritaires ! Et paf sur sa vie intime ! Et pif sur ceci ! Et paf sur cela ! Il avait une fourmilière à ses trousses et subissait le supplice de la ruche en délire. Tant et si mal qu'à bout de patience il se rappela l'idylle de Racan et se résolut à jouer les Tircis.

Il colora, du reste, sa résolution des prétextes les plus plausibles : son titre de président du Cercle le rendait, comme président des steeple, suspect aux différentes administrations ; à la mairie d'Auteuil, par exemple, on lui reprochait de vouloir, par ses fêtes hippiques, donner surtout du relief au Petit-Club, et le faire profiter des bénéfices des courses. Bref, comme il ne se sentait plus libre dans l'organisation des steeple, et que son Comité n'était pas moins gêné que lui, le mieux était qu'il se retirât et que ledit Comité le suivît dans sa retraite.

Ainsi fut fait. Là se borne tout l'incident. Quelle en est la moralité ? Je l'ignore. En somme, cette prétendue révolution n'est qu'un retour pur et simple aux errements du passé. Désormais, comme il y a deux ans, le Comité des steeple restera complètement étranger à l'administration du Cercle. L'assemblée du 20 février nommera la commission nouvelle. Le président, suivant les prévisions, sera soit le général marquis d'Espeuilles, soit le duc de Castries. Les deux pouvoirs feront bon ménage, comme devant, tout en vivant isolés l'un de l'autre. N'avais-je pas bien raison de dire: une tempête dans un verre d'eau !

FÉVRIER

EUGÈNE ROUHER

3 février 1884.

D'autres vous montreront l'homme politique, vous peindront un Rouher en pied. Je voudrais vous montrer l'homme intime, vous peindre le Rouher en robe de chambre, — écrire, en un mot, non pas une page d'histoire, mais un simple feuillet de chronique. Ceci commente et éclaire cela.

Un géomètre aurait pu définir ainsi les trois qualités maîtresses de l'illustre défunt :

— Manières rondes, — esprit aigu, — volonté carrée.

Le secret de sa haute fortune est dans cette définition... scientifique

Mais commençons *ab ovo*.

Eugène Rouher naquit à Riom, en plein cœur de l'Auvergne. Il est un des plus glorieux enfants de cette forte race dont on a dit, avec autant de vérité que d'humour :

« L'Auvergnat est réfléchi, circonspect, temporiseur ; il n'avance pas un pied avant d'avoir assuré l'autre ; il ne craint rien tant que les *écoles*, et ne se console jamais d'avoir été dupe ; mais, s'il se prend lentement, il se prend ferme ; quand il tient à quelque chose ou à quelqu'un, soit objet d'affection, soit objet de haine, il y tient avec des crocs de boule-dogue, et rien ne parvient à desserrer ses mâchoires d'acier; il ne lâche qu'en emportant le morceau aux dents. »

Quel joli portrait de M. Rouher aux débuts! Débuts difficiles, du reste, malgré les crocs et les mâchoires d'acier; si difficiles que, lorsqu'il eut emporté d'assaut son premier portefeuille, ses compagnons des heures cruelles en montrèrent quelque surprise. En apprenant qu'il était nommé ministre, un d'eux, que l'industrie et l'esprit d'entreprise avaient poussé plus rapidement sur la voie du succès, M. Lebey s'écria :

— Eh! quoi! Rouher ministre, Rouher que j'ai vu, moi, déjeuner à treize sous chez Rouget!

Il n'en était pas plus fier, au contraire. Auvergnat il était né, Auvergnat il resta. La popularité dont il n'a cessé de jouir dans son département s'explique par cette religion du clocher et par la constante sympathie qu'il témoigna, sous toutes les formes, à ses compatriotes. Jamais le Louvre n'était fermé pour eux; à quelque heure qu'ils se présentassent et en quelque état, ils étaient toujours accueillis en camarades, non en clients ni en solliciteurs. Mithridate connaissait par leur nom tous les soldats de son armée; M. Rouher, lui, connaissait par leur nom les six cent mille habitants du Puy-de-Dôme. Eux aussi le connaissaient tous, et il n'y en avait pas un seul qui n'eût à s'acquitter envers lui de quelque service rendu. D'où cette amusante légende :

« Rien ne dépeuple une contrée comme un compatriote investi d'une grande influence.

» M. Rouher dépeuple l'Auvergne à vue d'œil.

» Il y avait à Paris, en 1848, 95,790 Auvergnats ; on en compte 200,000 aujourd'hui. Ainsi se réalise cette prophétique parole de Léon Gozlan : « N'en déplaise à Napoléon Ier, l'Eu-
» rope ne sera, dans cinquante ans, ni répu-
» blicaine, ni cosaque ; elle sera auvergnate. »

Parvenu aux sommets du pouvoir, M. Rouher aimait à se souvenir qu'il avait été petit avocat ; et, un jour qu'un de ses amis le complimentait sur son élévation rapide :

— C'est très beau, répondit-il avec sa bonne humeur habituelle, mais je n'ai pas changé de profession ; je suis toujours avocat, seulement je n'ai plus qu'un client, la France.

Je retrouve dans mes notes un croquis très exact de M. Rouher à cette apogée :

« Taillé en force, d'un buste bien assuré, vaste et carré d'épaules, il a, dans le dernier degré, ce que Plutarque demandait aux hommes d'Etat des cités anciennes, qui dominent par le droit divin de la parole : « Ample poitrine et bons flancs. »

» La tête est pure de lignes et d'un ovale parfait ; l'œil est bien fendu et a de longs cils ; le nez est irréprochable ; par malheur, les joues sont un peu grassouillettes et rondelettes ; le galbe en souffre ; le teint est d'un vrai Paros, c'est-à-dire d'un blanc légèrement rosé ; signe caractéristique : la ligne de partage du menton est trop creusée. M. Rouher a en trop au menton ce que Cicéron avait en trop au bout du nez.

» Si, comme tout homme bien élevé qui se respecte et respecte les autres, le ministre d'Etat prend soin de sa personne, nul moins que lui n'affecte le beau. La preuve, c'est que le nœud de sa cravate va et vient, plonge et surgit, fait et refait le périple du cou, sans qu'il s'en mette en peine, et que souvent, à sa boutonnière, de travers, les tiges en haut et les fleurs en bas, pend un bouquet de violettes mal accroché et montrant le fil.

» L'attitude et le pas ont plus de souplesse qu'on ne supposerait d'une taille un peu courte et prématurément épaisse. »

Et le portraitiste, dont le nom m'échappe, mettait au-dessous de cette silhouette physique cette légende morale :

« Celui-là n'est pas un donneur d'eau bénite. Sans être négatif au même degré que Colbert, il sait dire *non*. Quant à ses *oui*, ils sont sacrés. Une parole de lui vaut le meilleur des titres. En cela, il est bien de sa race. »

Il en était aussi par ses vertus de famille, qui faisaient de M. Rouher l'homme d'intérieur par excellence, des pantoufles et du coin du feu. Il n'en faut pas conclure qu'il descendît jusqu'aux détails du ménage. Un jour cependant — c'était aux environs de 1860 — cette tarentule le piqua. On le vit s'enquérir du prix de toutes choses. Vous lui parliez affaire, il vous questionnait sur la valeur des denrées, sur celle des étoffes ; il tâtait le drap de votre habit et jetait des regards profonds sur le cuir de vos bottines. Le soir, plus de bézigue ni de rubicon, ses passe-temps favoris. Au dessert, il quittait la table et sortait furtivement. Lui, sortir! Les siens n'en revenaient pas. Les médecins furent mis en campagne. On épia ses démarches ; on le vit se glisser le long des murailles et pénétrer avec précaution dans le laboratoire d'une pharmacie de la rue du Bac. Qu'allait-il faire dans cette officine ? Et quel secret terrible, quel remède mystérieux allait-il chercher parmi les cornues et les alambics ?

Il préparait — ne riez pas ! — il préparait tout simplement les traités de commerce et redevenait élève pour pouvoir, en toute connaissance de cause, établir l'échelle des tarifs. De cette façon il vit tout, apprécia tout, sut le prix de revient de chaque chose ; et ces expériences patientes le mirent à même de tenir tête à tous les savants au sujet de certaines matières employées dans l'industrie.

Et il s'est trouvé des niais pour dire que ces traités avaient été *bâclés* en une nuit, de concert avec M. Michel Chevalier, et que madame Rouher en avait furtivement copié les textes, afin de les livrer au *Moniteur*, où cette publication devait produire l'effet d'un coup de foudre ! Par bonheur, les archives du ministère du commerce sont là pour attester les immenses travaux qui servirent de prologue à la révolution industrielle. Deux vastes pièces y sont encombrées d'études et de dossiers.

Eugène Rouher n'aurait pas été l'homme d'Etat qu'il fut, et pour qui la postérité sera plus équitable que les contemporains, s'il n'avait eu des envieux. L'envie, pour le blesser, affecta toutes les formes, même celle de la chanson. Il y eut des *Rouhérades* comme il y eut des *Mazarinades*.

Il me revient deux strophes d'une de ces satires rimées, qu'on peut citer — car elles sont inoffensives — sans crainte d'offenser la mémoire de ce grand mort.

Les voici, elles portent leur date :

> Certe, un homme doit être las
> Quand il a joué le grand rôle,
> Quand il a dix ans, comme Atlas,
> Porté deux *seaux* sur une épaule.
> Puis la patrie est là toujours
> Qui se rappelle et vous rappelle.
> La maison a son hirondelle,
> Les Auvergnats ont leurs amours.
>
> Ah ! croyez-moi, monsieur Rouergne,
>   Si j'étais Auvergnat,
>   Avec l'ami Rognal
> Je retournerais en Auvergne !
>
> Tout homme peut se remplacer.
> Ceux qui vous disent que la France
> De vous ne peut pas se passer
> Sont des gens remplis d'ignorance.
> Bien d'autres laveront Paris,
> Le baigneront, le feront boire,
> Et marqueront sur leur mémoire
> Les margotins au même prix.
>
> Ah ! croyez-moi, etc., etc.

Je vous ai montré le Rouher des années heureuses. Passons au Rouher des années terribles, c'est-à-dire postérieures à 1870.

Il y avait eu dans l'intervalle le pillage de Cerçay, la résidence favorite du vice-empereur, par les troupes prussiennes. Quand elles s'y ruèrent, le château respirait encore la vie des hôtes précipitamment enfuis, dans l'effarement de la surprise. Un correspondant de la *Gazette de Cologne*, qui suivait l'envahisseur, en a dépeint le désordre pittoresque au moment de la prise de possession :

« Quand nous y entrâmes, écrivit-il, nous nous vîmes en présence d'un aménagement de famille complet, depuis des abécédaires et des dadas d'enfants jusqu'aux métiers à tapisseries des dames de la maison, et les chimères sur lesquelles l'empereur et son ministre avaient chevauché de compagnie dans le pays des rêves politiques, — à la fois un intérieur patriarcal, une *nursery* et le dépôt des archives les plus secrètes de l'Etat. »

On sait ce qu'il advint de ces archives : elles furent abominablement violées. Le même correspondant s'en vante avec un naïf cynisme. Ecoutez-le :

« Le château de Cerçay fut, au point de vue diplomatique et politique, la mine la plus intéressante qu'on ait découverte et exploitée pendant l'occupation, et exploitée légitimement, car les archives d'un ministre dont le rôle fut si prépondérant en Europe étaient le trophée indiscutable du chancelier allemand, dont le nom figure si souvent dans ces papiers. Plans stratégiques surpris ou combinaisons de l'échiquier diplomatique devinées, tout cela est de bonne prise, et les Français n'eussent jamais trouvé dans leur propre armée un général assez sot pour ne pas s'emparer d'une trouvaille pareille, si les chances de la guerre lui en avaient fourni l'occasion. »

Mais laissons ces tristes souvenirs, et revenons à notre Rouher d'après la guerre.

Il avait conservé les habitudes laborieuses du bon vieux temps. Matinal comme l'ouvrier qui peine à six francs la journée, il était toujours debout à cinq heures et travaillait jusqu'à huit, sans relâche. De huit heures à midi, réceptions : hommes politiques, anciens fonctionnaires de l'Empire, députés, sénateurs, journalistes défilaient dans le cabinet attenant à sa chambre, ou bien attendaient leur tour dans une pièce contiguë, où travaillaient ses deux secrétaires, MM. Picard et Théophile Gautier fils. Comme ces visiteurs se connaissaient presque tous et qu'ils discutaient ensemble les questions pendantes, madame Rouher avait baptisé cette pièce : *le Crapaud volant*.

En causant, M. Rouher trempait une rôtie dans une tasse de café au lait. Ah! si les Parisiens, qui eussent vendu leur droit d'aînesse, non pour un plat de lentilles, mais pour une tasse de café au lait, avaient pu le voir, entre deux audiences, humant, avec une volupté féline, leur boisson favorite, ils l'eussent infailliblement adopté pour un des leurs.

La journée se passait à Versailles. Après la séance, M. Rouher rentrait 4, rue de l'Élysée, et se délassait des fatigues parlementaires par de longues et familières causeries. Que d'aimables et spirituels bavardages ont dû retenir les échos de ce coin du salon qu'on avait surnommé « le confessionnal », bavardages que mademoiselle Louise Rouher, une musicienne exquise, accompagnait en sourdine sur le piano !

Pour être homme d'Etat, on n'en est pas moins homme. Chez le vice-empereur, cette *humanité* se manifestait par un goût très vif pour les cartes. Les cartes, c'était son péché mignon. Le soir, au sortir de table, elles l'attiraient, le fascinaient et l'accaparaient tout entier.

Il y avait d'abord un petit jeu de cartes enfantines, avec lesquelles il se faisait des *réussites* et se disait à lui-même la bonne aventure... Puis un superbe bézigue, aux coins dorés, qui faisait miroiter un rubicon vainqueur aux yeux du premier ami qui franchirait le seuil du salon.

Ah ! cet ami, comme il le guettait ! et ce bézigue, s'il y avait eu chômage une seule fois, il en eût fait une maladie !

Ses partenaires habituels étaient MM. de Bouville, Jolibois, Piétri, l'ancien préfet de police, et Barret-Ducoudere, conseiller à la Cour d'appel de Paris, son compatriote.

Parfois, la partie était interrompue par l'entrée de madame Rouher qui, riant d'un bon rire, disait :

— Encore une mouche de dépistée !

Vous ne comprenez pas ? Voici le mot de l'énigme :

Sous la présidence de M. Thiers, l'hôtel était très surveillé, et des ombres suspectes erraient jour et nuit aux alentours. Dès qu'on en signalait une à l'horizon :

— Ah! mon Dieu, s'écriait madame Rouher, mais il va pleuvoir peut-être! Vite, qu'on porte un parapluie à ce pauvre homme!

Et le pauvre homme s'en allait tout penaud, mais avec un riflard tout neuf dans la main. Comme ces espèces ne sont généralement pas millionnaires, la plaisanterie était en même temps une bonne action.

Les « mouches », du reste, ne bourdonnaient pas qu'à la porte, parfois, elles pénétraient effrontément dans le logis, les soirs de réception, et, sous le couvert de l'habit noir, se faufilaient dans la foule, l'oreille ouverte à toutes les conversations, tendue à tous les propos. C'était Gustave Rouher, le neveu du grand ministre, qui se chargeait d'expédier ces intrus. Et il procédait, pour ces exécutions, d'une manière tout à fait originale.

Lorsqu'il avait flairé l'espion, il le tirait à part, et d'un ton paterne :

— C'est bien chez M. Rouher que nous sommes, lui disait-il, n'est-ce pas, monsieur ?

— Certainement, répondait l'autre.

— Vous en êtes sûr ?

— Parbleu !

— Donc, vous le connaissez ?

— M. Rouher ?... Je suis de ses intimes.

— Quelle chance !... Moi je ne le connais point. Présentez-moi, je vous prie.

Vous voyez d'ici la tête du drôle. Alors Gustave Rouher, haussant le diapason :

— Décampez au plus vite, ajoutait-il, si vous ne voulez pas qu'on vous pousse dehors par les épaules !

Et l'homme détalait sans tambour ni trompette, et sans... le parapluie que madame Rouher eût avec plaisir remplacé par une canne... dans le dos !

A dix heures, M. Rouher s'éclipsait à l'anglaise. Et minuit n'avait pas sonné que tout dormait dans l'hôtel et que les mouchards sans parapluie ralliaient le quai de l'Horloge.

Je m'aperçois que, dans cette étude rapide, je n'ai pas parlé de l'esprit de M. Rouher. De l'esprit, il n'en avait guère dans le sens boulevardier, mais il savait dire l'anecdote avec finesse, il avait le tour pittoresque et trouvait le mot sans le chercher.

Avec les femmes, chose curieuse, il était lent, embarrassé, presque rustique ; il savait mal tourner un compliment et disait une banalité sans presque s'en rendre compte.

La femme ne l'inspirait pas.

A Paphos, il n'aurait pas eu de portefeuille.

LE CHIC ET LA TENUE

8 février 1884.

« Qu'est-ce que le grand monde ?... Mettez-moi tout nus quatre hommes, dont deux voyous ;

lavez les pieds à ces derniers, et dites au premier venu de vous désigner les deux hommes du monde. Il sera, je crois, bien embarrassé. »

Cette boutade humoristique est de Dumas fils. Ce n'est ni un axiome, ni un paradoxe ; il y a de ceci et de cela.

Il est certain qu'à l'état de nature, d'*académie*, si l'on veut, un homme en vaut un autre. Etant donné la dégénérescence de plus en plus marquée du type aristocratique, l'effacement graduel de la race, dix-neuf fois sur vingt il ne sera pas possible de reconnaître celui qui est « du monde » de celui qui n'en est pas. Mais nous ne sommes point des sauvages, et, les règlements de police s'opposant à ce que l'on s'exhibe *in naturalibus*, la comparaison n'est pas admissible dans les termes où Dumas fils la propose. Il faut prendre les hommes, pour les différencier, les classer, les cataloguer, non tels qu'ils sont sortis des mains du Créateur, mais tels que les ont faits la civilisation, les mœurs, les habitudes, les nécessités et les variations du costume. Il faut, en résumé, les prendre, non tout nus, comme le demande l'auteur de la *Dame aux Camélias*, mais tout habillés, comme la décence l'exige.

Ici la distinction est plus embarrassante encore. En dépit des recherches constantes de la mode — je ne parle que de la mode masculine, bien entendu — tous les types de vêtements, à de légères variantes près, peuvent se ramener à trois types éternels : la redingote, la jaquette et l'habit noir. Il n'y a pas à sortir de là. Or, par cette maladie de *paraître* qui court, par cette prédisposition des esprits à croire que l'habit fait le moine, il n'est pas d'homme un peu bien avisé, noble ou vilain, capitaliste ou boursier, commis ou gendelettre, qui n'ait dans sa garde-robe ces trois pelures indispensables, et même signés des plus habiles faiseurs. Le *hic* n'est donc pas de savoir si l'on a du *linge*, mais comment on le porte. Dis-moi de quelle façon tu t'habilles, je te dirai qui tu es.

De cet aphorisme, aussi contestable, du reste, que celui de Dumas fils, est né le mot *chic* et l'expression *avoir du chic*. Les autres vocables, que des néologistes hardis ont voulu lui substituer — le pschut, le v'lan, le schock, etc., — ont vécu ce que vivent la plupart des néologismes. Le *chic* est resté debout sur leurs ruines. Evohé! le *chic* est roi!

Le *chic* est un mot tout moderne qui définit une façon d'être toute moderne. Nos pères ne le connaissaient point. Eux, ils disaient *la tenue*. Les contemporains confondent volontiers ces deux termes. Et pourtant il y a plus qu'une nuance entre eux, il y a tout un abîme.

Le *chic* n'est pas un don, c'est une science. On ne naît pas *chic*, on le devient. Cela s'apprend, comme le droit, dans un Code spécial, fruit de savantes études, où tout est prévu, étiqueté, numéroté : quel vêtement on doit mettre le matin, à midi, le soir; l'étoffe et la coupe des habits; les tons de la cravate; le métal des épingles; quelle pierre il faut porter au doigt et quels boutons à la chemise; de quelle toile il convient que soit le linge du corps et de quel dessin les chaussettes. Si l'on parvient à matérialiser en soi cet idéal, à se façonner d'après cette élégante formule, on n'en est ni plus ni moins que le fils à papa, mais on réalise ce comble qui est l'objectif d'une bonne partie de la génération actuelle : le comble du *chic* ou le comble de la *tenue*.

C'est passé dans le langage courant, mais, comme je le disais plus haut, entre la *tenue* et le *chic* la synonymie n'est qu'apparente.

Le *chic*, sauf le respect que je lui dois, est une chose essentiellement banale, qui tend à détruire les personnalités en les courbant toutes sous le même niveau, et à couler tous les citoyens français dans le même moule somptuaire. C'est l'uniforme étendu à la vie civile. Et puis je le répète, cela s'apprend, cela s'inculque ; on pioche son *chic* comme on pioche ses participes ; il y a une grammaire ou, plus proprement, un manuel. Avec du temps, de l'argent, quelques dispositions, le désir de se pousser dans un certain monde, le culte des Brummel et des d'Orsay contemporains, on peut, à la longue, transformer en homme *chic*, ou presque, un fils de laboureur. On en peut faire *quelque chose* de vêtu, de coiffé, de chemisé, de cravaté, de pantalonné, de botté, comme un mannequin de chez Poole, et qui dise avec l'accent voulu : « Mon très cher ! » ou : « Mon bien bon ! » comme une poupée de chez Huret. Mais en faire *quelqu'un*, c'est une autre affaire.

On donne le *chic*, on ne donne pas la *tenue*. Le *chic* est une qualité toute matérielle qui n'existe pas en dehors de certaines conditions d'habillement, de certains aspects extérieurs. La *tenue* est indépendante de ces accessoires. Elle existe même dans le négligé, — je ne dis pas le débraillé, car il ne peut être question dans cette étude que de gens familliers avec le linge et élevés dans le culte des ablutions. La *tenue* correspond à ce que les Latins appelaient *habitus*. C'est je ne sais quoi de personnel, d'individuel, où l'étude, l'éducation, l'exemple, le frottement, la volonté, le tailleur, le chemisier, le bottier ne sont que pour peu de chose, et qui constitue l'originalité de chacun et comme sa marque de fabrique. C'est une qualité de nature et non d'acquit.

Est-ce à dire que le *chic* et la *tenue* soient incompatibles, et que l'un soit exclusif de l'autre ? Non, certes. Nombre de gens qui ont du *chic* ont en même temps de la *tenue*, et *vice versâ*. Mais, pour quelques-uns qui cumulent, combien, ayant de la *tenue*, manquent complètement de *chic*, et n'en font pas moins bonne figure !

J'ai dit. Choisissez.

UNE CRÉMAILLÈRE

9 février 1881.

A l'exemple du *Figaro*, la *France* s'est mise dans ses meubles. Elle aussi, maintenant, a pignon sur rue. M. Charles Lalou, le successeur d'Emile de Girardin, semble avoir adopté cette devise du maître :

« Pas d'économies ! Pour un journal, l'économie, c'est la mort ; les dépenses *productives* c'est la prospérité. »

Et cette autre :

« Le journal n'est pas un but, mais un moyen. C'est *par* le journal et non *du* journal que nous doit venir la fortune. »

Trop modeste pour prétendre entrer complètement dans la peau de l'illustre mort, M. Lalou s'est contenté de mettre ses pantoufles ; et, après avoir acheté la *France*, le dernier tremplin de sa vie publique, il a complété l'assimilation en achetant l'hôtel de la rue La Pérouse, le somptueux asile de sa vie privée.

C'est là que, cette nuit, on a fêté l'avatar du journal et pendu joyeusement la crémaillère.

Le décor n'a pas changé : le nouvel hôte en a pieusement respecté l'ancienne ordonnance. Et, n'était la vaste cour transformée en admirable salle de concert, n'était la cohue un peu banale des habits noirs affluant et refluant comme une marée — Emile de Girardin n'aimait pas les foules — on aurait pu se croire encore à l'époque où les plus rares fleurs de l'élégance, de la beauté, de la fortune, du talent et même du génie s'épanouissaient, sous l'éclat des lustres, dans les salons de celui qui fut, avec Villemessant et Veuillot, une des grandes figures du journalisme contemporain.

Cette illusion m'a pris dès le seuil, et, dans ce va et vient de personnalités pour la plupart indifférentes, j'ai cru voir errer ce petit homme au visage pâle, arrondi en forme de lune, imberbe, d'une distinction réelle, au regard curieux, distrait, profondément observateur sous le lorgnon, à la bouche maligne, au front large et lisse, où l'on eût cherché vainement la mèche légendaire dont les caricaturistes se sont plu, jusqu'au dernier jour, à lui *virguler* l'occiput.

Tout, dans la maison, a si bien gardé son empreinte, les tapis, les tentures, les meubles, les toiles, les marbres, que le véritable roi de la fête, c'était lui. Il m'est apparu, dans cette galerie splendide, enrichissant d'une pièce rare les *Dossiers du siècle*, cette œuvre patiente de sa vie ; — dans cette salle à manger, d'un style simple et sévère, où se sont assises autour de sa table les plus hautes personnalités de la politique, de l'aristocratie, des lettres et des arts : Thiers, Gladstone, Crispi, Gambetta, Veuillot, le grand-duc Constantin, Nigra, Cabarrus, Dumas fils, Gounod, Tolstoï, le vicomte de la Guéronnière, etc. ; — dans ce vaste cabinet de travail, où Carolus Duran l'a surpris à la minute psychologique, et où, abordable jusqu'à la familiarité, il recevait quiconque venait lui rendre visite, dans tous les costumes, en chemise, en robe de chambre et — sans pousser les choses aussi loin que la fille du Régent — dans toutes les fonctions de la vie animale ; — et enfin dans ce petit salon, délicieux *buen retiro*, dont toutes nos grandes comédiennes ont foulé les divans moelleux, et où le Maître se délassait de ses fatigues en des jeux renouvelés du Décaméron, abordant les plus subtils problèmes de la psychologie amoureuse et les formulant en des axiomes ou des paradoxes comme celui-ci :

« Il y a trois manières d'aimer une femme :

» De la tête au cœur, du cœur aux pieds, des pieds à la tête.

» On peut donc aimer trois femmes. »

Un soir que, dans ce petit cénacle — il y a bien longtemps de cela — on jouait aux *définitions,* jeu littéraire alors très à la mode, *Girardin* fut le mot proposé. Toutes les définitions devaient être écrites sur des carrés de papier, qu'on pliait en quatre et qu'on jetait pêle-mêle dans une coupe. Le dépouillement fut terne : critiquer trop vivement son hôte eût été d'aussi mauvais goût que de le louer avec excès. Entre toutes ces élucubrations mal venues, une seule échappait à la banalité générale. Je la cite de souvenir :

« Emile de Girardin. — Un tunnel sous lequel passe toujours un train de progrès ; fatigue ses voyageurs, les mène bien loin, là où souvent ils n'ont pas souhaité d'aller, et ne les ramène pas.

5.

S'endort chaque soir dans un portefeuille ministériel et se réveille dans son journal, ce qui n'est peut-être donné qu'à lui. »

Théophile Gautier, lui, s'était abstenu.

— Et vous, mon cher Théo, lui demanda le grand publiciste, craignez-vous ou désespérez-vous de me définir ?

— Ni l'un ni l'autre, répondit le poète, mais je ne tiens pas à garder l'anonyme.

— Alors, exécutez-vous.

— Volontiers. Voici ma définition : « Emile de Girardin. — Un tigre qui a passé sa vie à dévorer un traversin ! »

Et tandis que, couché sur les mêmes divans où se tinrent ces spirituelles assises, je m'isolais dans le lointain des souvenirs, seul parmi « ce vaste désert d'hommes », je percevais, comme en un rêve, de vagues et délicieuses harmonies. Et là-bas, dans la vaste cour transformée en salle de concert, Massenet conduisait ses *Scènes alsaciennes*, Joncières son *Dimitri*, Raoul Pugno sa *Valse lente*, Sarah Bernhardt et les Mounet s'envolaient sur les ailes des poètes, les voix exquises de mesdames Krauss, Isaac et Richard, de MM. Sellier, Dereims, Gailhard, Talazac et Lassalle ravissaient la foule idolâtre avec les plus belles inspirations de Gounod, de Thomas, de Bellini, de Verdi, de Mozart et de Donizetti, mademoiselle de Barral de Montauvrard, une inconnue d'hier, peut-être une étoile de demain, montait *alle stelle* avec un air de *Psyché*, et la diva Judic faisait jaillir toutes les cascades du rire avec une chanson inédite de Fabrice Carré, mise en musique par Victor Roger, le Prével de la *France* et l'organisateur de ce programme flamboyant.

Le concert s'est terminé par la symphonie des fourchettes, enlevée avec un formidable entrain par plus de 300 virtuoses.

Comme je prenais mon paletot — ma partie consciencieusement faite — je crus entendre, venant de l'étage supérieur, un léger vagissement.

— Ne faites pas attention, monsieur, me dit l'homme du vestiaire, c'est le mioche au patron.

— Bah! répondis-je, j'ignorais que M. Lalou fût père.

— Il ne l'est que de ce matin. Mais il était trop tard pour contremander la soirée.

Noël! Noël! le sceptre de la *France* ne tombera pas en quenouille.

FEU LA REINE-BLANCHE

11 février 1881.

Ce qu'Alfred Delvau — ce Privat d'Anglemont plus amer et plus âpre — appelait les Cythères parisiennes tend à disparaître de jour en jour. Après Valentino, Mabille et le Château-Rouge, voici la Reine-Blanche qui ferme ses portes. Le spectre de la faillite veille sur le seuil, hier bruyant, aujourd'hui silencieux. Guibollard ajouterait, en guise d'oraison funèbre : *Lugere Veneres Cupidinesque !*

Les *Veneres Cupidinesque* de la Reine-Blanche formaient une des variétés de l'ichtyologie. D'où ce sobriquet d'*Aquarium* dont l'avait marquée l'ironie populaire. Une des originalités de ce bal, et non la moindre, était sa proximité du cimetière du Nord. Est-ce bien au hasard seul qu'il faut imputer ce rapprochement macabre ? Cimetière et bal n'étaient-ils pas l'un et l'autre hantés par des spectres ? Ici et là n'était-ce pas tout un : charnier putride, sépulcres blanchis ?

La décoration intérieure était simple jusqu'à la sordidité. Autour de la « fournaise » courait une galerie où s'alignaient des bancs et des tables solidement cloués au sol. Précaution nécessaire, car, à l'heure des branlebas, tous les objets mobiles, quelle que fût leur dimension, se transformaient en monolithes. Derrière l'orchestre, une porte vitrée donnait accès dans un petit jardin, où, l'été, balocheurs et balocheuses s'en allaient respirer l' « air fraîche » après les essoufflements du cavalier seul. Cela s'appelait le *vomitorium*, et non sans cause.

L'immeuble, dans ces derniers temps, s'en allait de vieillesse et surtout d'incurie. Ce n'était plus qu'une horrible carcasse vermoulue, crevassée de toutes parts, menaçant ruine, où l'espoir fallacieux d'une expropriation prochaine ajournait de mois en mois les réparations urgentes et les plus vulgaires mesures de sécurité. Aussi les clients ordinaires cinglaient-ils à grands coups de nageoires vers des océans moins dangereux. Et tandis que l'Aquarium se vidait, toute cette émigration frétillante entrait dans les eaux de la Boule-Noire et de la Présidence, — lisez l'Elysée-Montmartre. La poire était mûre pour le syndic ; il est en train de la cueillir.

Brantôme avait pressenti les habitués de l'Aquarium lorsqu'il stigmatisait « ces escroqueurs et escornifleurs qui font allambiquer et tirer toute la substance de pauvres diablesses martelées et encapricièes ». C'est là, en effet, pittoresquement définie, l'unique profession de ces joyeux drôles, qu'ils cumulent parfois avec celle de joueurs de bonneteau. Ces Des Grieux du ruisseau sont la dernière expression de la hideur morale et, ce qui se comprend moins, de la laideur physique. Il s'y trouve, de temps à autre, quelques beaux gars à la mine voluptueusement lasse, aux cheveux roulés, à la chemise blanche, au cou serré dans des cravates de couleurs vives, vêtus de blouses ou de jaquettes d'occasion, coiffés de casquettes bouffantes ou de feutres à larges ailes, tenue d'ouvriers d'Opéra-Comique qui chantent — tout en faisant chanter les autres. Ce sont les rossignols favoris de fauvettes recrutées parmi les errantes nocturnes dont le banc de quart va de la Chaussée-Clignancourt au Cirque Fernando, parmi les maquillées en rupture des Folies-Bergère, et parmi les fillettes de treize à quinze ans, pâles fleurs des Alpes montmartroises, qui, de glissade en glissade, ont dégringolé du Moulin de la Galette dans les marécages de l'Aquarium.

Baudelaire nous a laissé de ces créatures un crayon impérissable :

« Tantôt elles vont, elles viennent, passent et repassent, ouvrant un œil étonné comme celui des animaux, ayant l'air de ne rien voir, mais examinant tout... Tantôt elles se montrent prostrées, dans des attitudes désespérées d'ennui, dans des indolences d'estaminet, d'un cynisme masculin, fumant des cigarettes pour tuer le temps avec la résignation du fatalisme oriental ; étalées, vautrées sur les banquettes, la jupe arrondie par derrière et par devant en un double éventail, ou accrochées en équilibre sur des tabourets et des chaises ; lourdes, mornes, stupides, extravagantes, avec des yeux vernis par l'eau-de-vie et des fronts bombés par l'entêtement. »

Il n'est pas un Parisien qui n'ait, au moins une fois, gravi ces hauteurs cythéréennes et ne se soit aventuré dans ce bouge fumeux. L'expérience n'était pas toujours sans risques. Le moindre de tous était, lorsqu'on avait avisé quelque jolie fille et qu'on lui donnait le choix entre un verre de vin chaud et une cerise à l'eau-de-vie, de se voir aborder par le Des Grieux de cette Manon, et de s'entendre dire avec l'accent particulier à ce genre de mammifères :

— Eh bien ! de quoi ! de quoi ! est-ce qu'on n'invite pas ce petit homme ?

Un pur Gavarni, n'est-ce pas ?

La Reine-Blanche a vécu. *Requiescat in pace !* Que Guibollard me pardonne !

MUCH ADO ABOUT NOTHING!

12 février 1881.

Il y a des professions paisibles et discrètes, jalouses d'ombre et de recueillement. Celles-là, pour ne pas faire parler d'elles, ne sont ni les moins utiles, ni les moins dignes de respect. Il y a, par contre, des professions bruyantes et tapageuses, ivres de réclame et de publicité. Et, en première ligne, il faut citer la profession de comédien.

Je ne veux pas faire le procès du comédien ; j'aurais contre moi le public, son complice. D'ailleurs, j'aime cette variété de l'espèce animale, aujourd'hui classée et dûment légitimée. Sans partager l'engouement de mes contemporains, je subis, comme eux, son prestige un peu tyrannique et j'apprécie ses grâces un peu conventionnelles. Mais, à mon humble avis, le comédien abuse parfois de la fascination qu'il exerce et de la sympathie dont il est l'objet.

Seul, de tous les êtres agissants et pensants, le comédien n'a pas droit au silence. Ce droit, il s'en est dépossédé lui-même en démolissant de ses propres mains le mur Guilloutet et en étalant, avec une naïve complaisance, les côtés intimes et secrets de sa vie. S'il se mouche, tout l'univers en est ébranlé ; s'il éternue, c'est avec des grondements de tonnerre ; s'il se médicamente, le « silence du cabinet » n'est plus qu'une métaphore ;

s'il meurt, toutes les fanfares de la vallée de Josaphat éclatent par anticipation ; s'il se marie, *hosannah in excelsis;* s'il parle, sa parole éveille des myriades d'échos emphatiques ; s'il se tait, ce n'est pas, comme le vieux soldat de Scribe, sans murmurer ; s'il écrit, c'est avec une plume faite d'un des roseaux jaseurs qui bafouaient le roi Midas ; le plus vulgaire incident, s'il y est mêlé, prend aussitôt une envergure européenne ; il ne sait, en un mot, rien faire avec discrétion, à petit bruit, sans accompagnement de grosse caisse, de cymbales, de trompettes et de tambours.

C'est là le diagnostic d'une affection particulière aux gens de théâtre, dont tous — je me plais à le dire — ne sont pas atteints, comme les animaux du bonhomme Lafontaine, mais dont la plupart sont frappés.

Elle a sévi terriblement cette semaine. Depuis trois jours, on nous rabat les oreilles avec la question Maurel-Devriès. Lequel a raison du directeur ou de la cantatrice? Lequel a tort? Je m'en soucie comme des infortunes de Simon Boccanegra. Ce sont affaires de boutique pour lesquelles ceux de la boutique peuvent seuls se passionner. Comme public, elles me laissent froid ; comme journaliste, j'en suis légèrement agacé, « non parce que c'est sale, mais parce que ça tient de la place! »

Autre guitare :

Mademoiselle Lureau, forte chanteuse, épouse M. Escalaïs, fort ténor. La chose en soi n'a rien d'épique; elle menace de le devenir. M. Escalaïs n'est pas d'un galbe à troubler le dernier sommeil de Mario, ni d'une virtuosité — pour le quart d'heure, du moins — à rendre Duprez mélancolique. Mademoiselle Lureau ne prétend pas, que je sache, à chagriner les mânes de Falcon ni à rendre la Patti jalouse. Ce sont deux braves petits artistes qui fusionnent bourgeoisement deux existences bourgeoises, et qui ferment, dès le premier chapitre, le roman de leur vie. Un fait-divers, rien de plus, comme les grillages de l'état-civil en fournissent chaque jour par centaines. Eh bien ! ce fait-divers, grâce à l'affection dont je parlais tout à l'heure, prend les allures d'un gros événement. C'est la morale de la fable renversée : la souris accouchant d'une montagne.

Il est de règle que les chanteurs ne se marient pas sans un brin de musique : M. Escalaïs et mademoiselle Lureau n'y pouvaient faire exception. Donc, il y aura concert demain, à l'église. Les journaux en ont publié le programme comme ils eussent publié celui d'une représentation à bénéfice. Ici, le bénéficiaire étant la morale, protester serait malséant. Très alléchant, du reste, ce programme, et qui promettait toutes sortes de jouissances artistiques aux dilettanti nécessiteux et aux amateurs de spectacles gratuits. Mais promettre et tenir sont deux. Les amateurs susdits en seront pour leurs convoitises. Nul ne pénétrera dans le Temple s'il n'est muni d'un laisser-passer. Elle est raide, n'est-ce pas ? La contremarque obligatoire pour une cérémonie religieuse, c'est le comble des combles !

Ainsi, parce que un petit chanteur épouse une

petite chanteuse, voilà toute une fonction de la vie parisienne momentanément suspendue, un lieu public arbitrairement fermé, les fidèles chassés du temple, comme des vendeurs, et la maison du bon Dieu transformée en locatis pour noces et festins, avec contrôle et tourniquet sous le porche !

Qui donc a pu persuader à ces pauvres jeunes gens qu'une foule en délire viendrait, comme une marée furieuse, battre les portes de l'église, et grossir le petit incident de leur mariage jusqu'aux proportions d'un événement parisien ?

A ce mot d' « événement parisien », je vois d'ici les gens graves hausser les épaules.

— Qu'est-ce que c'est que ça, disent-ils, un événement parisien ? Ça existe donc ? Et comment est-ce fait ?

Puisque l'occasion m'en est offerte, je vais essayer de définir ce genre tout spécial d'événement, qui fait hausser les épaules aux gens graves.

Ce qui distingue l'événement *parisien* d'un événement quelconque, c'est qu'à un moment donné, sans mot d'ordre précis, sans entente préalable, toute affaire cessante, il préoccupe, intéresse, émeut, passionne, surexcite, met en branle et rassemble sur un même point les éléments si divers et si multiples de ce qui constitue le Tout-Paris.

Quelques exemples :

Une première de M. Alexandre Dumas est un événement *parisien;* une première de M. Buguet n'est pas un événement *parisien;*

Un article de M. Rochefort est un événement *parisien*; un article de M. Laisant n'est pas un événement *parisien*;

Un discours de M. Bischoffsheim serait un événement *parisien*; une harangue de M. Brisson n'est pas un événement *parisien*;

Une conférence des frères Coquelin — le cadet ou l'aîné, n'importe — est un événement *parisien*; une conférence des frères Lionnet — Anatole ou Hippolyte, au choix — n'est pas un événement *parisien*;

Une homélie du P. Didon serait un événement *parisien*; un prêche de M. Coquerel ne serait pas un événement *parisien*;

Le discours de M. de Lesseps à l'Académie serait un événement *parisien*; une réponse de M. de Mazade ne serait pas un événement *parisien*;

Un proverbe de M. Octave Feuillet est un événement *parisien*; dix volumes de M. Marmier ne sont pas un événement *parisien*;

Les funérailles de Déjazet furent un événement *parisien*; celles de mademoiselle Scriwaneck — quand elles se feront, le plus tard possible — ne seront pas un événement *parisien*;

Et, pour terminer cette nomenclature, le mariage de mademoiselle Croizette avec M. S... serait un événement *parisien*; celui de M. Escalaïs avec mademoiselle Lureau ne sera pas un événement *parisien*.

Voilà !

M. MACÉ

16 février 1884.

Demain — pour le lecteur, aujourd'hui — 17 février, à midi, il y aura juste cinq ans que M. Macé dirige le service de la Sûreté. Aujourd'hui, 17 février, à midi sonnant, M. Macé prendra sa retraite.

La physionomie de ce galant homme est trop connue des lecteurs du *Figaro* pour que nous leur en tirions une nouvelle épreuve. Mais tous les Parisiens doivent un adieu sympathique à celui qui, pendant cinq années, fut le gardien modeste et vigilant de leur repos, de leur fortune et même de leur vie.

Au moment où M. Claude résigna ses fonctions, deux candidats étaient en présence : M. Jacob et M. Macé, tous deux commissaires de police. La désorganisation de la préfecture marchait alors bon train, et le rêve des « réformistes » était de faire du chef de la Sûreté l'homme-lige du chef de la police municipale, en lui retirant sa qualité de magistrat et le réduisant au rôle d'un agent supérieur. M. Jacob rendit son écharpe pour redevenir simple officier de paix. Aussi le choisit-on de préférence à son concurrent qui n'avait pas voulu passer sous ces fourches caudines ; et lorsqu'à son tour il déposa le sceptre, M. Macé ne consentit à le prendre qu'à la condition expresse d'être maintenu dans sa qualité de magistrat, avec tous les droits inhérents à la charge.

M. Macé se retirant, les mêmes *impedimenta* se présentent pour la nomination de son successeur. Le chef de la police municipale veut un officier de paix ; le Parquet réclame un commissaire de police.

Si M. Caubet l'emporte — on ne connaît pas l'issue de la lutte à l'heure où j'écris — le chef de la Sûreté, dépouillé de toute initiative, sera sous son contrôle absolu, devra prendre ses ordres avant d'agir, et, par suite, apporter, malgré lui, des retards souvent regrettables dans certaines opérations qui demandent de l'énergie et de la rapidité.

Si la victoire reste au Parquet, le chef de la Sûreté, responsable mais aussi maître de ses actes, n'ayant de rapports avec M. Caubet que pour les affaires municipales, pourra correspondre directement avec la magistrature sans les entraves de la hiérarchie, et, en conséquence, gagner du temps, opérer lui-même, pénétrer avec son écharpe de commissaire aux domiciles particuliers, ne relevant, en somme, que de la justice et de sa conscience.

Il suffit de mettre en regard les deux systèmes pour deviner où vont nos sympathies. Par malheur, M. Caubet, jusqu'à ce moment, tient la corde, et la lutte semble circonscrite entre M. Caillaux, officier de paix divisionnaire, et M. Girard, officier de paix à la 2ᵉ brigade des recherches. Ce dernier, hier encore, était favori, *quoique* M. Yves Guyot, dans sa campagne du « Vieux petit employé », l'ait battu fortement en brèche... peut-être *parce que*.

Les candidats du Parquet sont : M. Kuehn, commissaire aux Délégations, et M. Mironneau, commissaire de police aux Enfants-Rouges (IIIe arrondissement).

Dans quelques heures, un de ces quatre concurrents aura pris possession de ce cabinet sombre, sorte d'observatoire d'où l'œil du Maître et du Vengeur plonge, éternellement ouvert, sur les repaires de Paris, — et qu'on pourrait prendre pour le cabinet d'un savant ou d'un homme d'affaires, si ce musée terrifiant, œuvre de M. Macé, œuvre patiente et macabre, ne lui restituait sa véritable physionomie. On a dépeint bien des fois « ce tragique assemblage d'instruments de meurtre, cette collection sinistre de photographies d'assassins et d'assassinés, où figurent tous les héros hideux de la Cour d'assises, avec leur face effroyablement intelligentes ou atrocement bestiales ; où tous les crimes commis ont laissé quelque accessoire hideux : marteaux sous lesquels la cervelle a jailli, couteaux tachés de rouille noircie qui est du sang ; os de mouton pour fendre le ventre de bas en haut ; yeux de verre, barbes postiches, masques de velours, scies minuscules, fausses clefs, faux billets de banque, faux lingots d'or, cartes biseautées, casse-tête, cordes, bâillons, revolvers ; tout le détritus du vice et du meurtre, étiqueté, cacheté de rouge, avec de rapides inscriptions explica-

tives; et, en regard, l'argument final, la guillotine, sous ses aspects divers ; — tout cela sentant la mort et le mal, et mis sous verre comme des livres précieux dans une bibliothèque fermée !»
— Ah! qu'il semblera doux à M. Macé, au sortir de cette atmosphère cauchemardante, d'aller respirer les fraîches senteurs des champs, dans sa jolie maisonnette de Champigny, et pêcher le goujon de la Marne, après avoir si longtemps pêché le macchabée !

Les regrets unanimes de sa « brigade » le suivront dans sa retraite. Il fut toujours paternel et bon à ces héros obscurs, qui risquent, à chaque heure du jour et de la nuit, leur vie pour la nôtre, à ces types de courage et de désintéressement dont Balzac a crayonné deux silhouettes immortelles : les soutenant envers et contre tous, s'ingéniant à pallier leurs fautes, à réparer leurs bévues, et ne sévissant qu'avec une entière justice. Grâce à son intervention incessante, la situation matérielle de ses hommes, si modeste qu'elle en est dérisoire, s'était sensiblement améliorée ; et, cette intervention n'étant pas toujours efficace, il y suppléait par des sacrifices personnels. Il avait, entre autres, renoncé spontanément à la part que quelques-uns de ses prédécesseurs s'attribuaient sur les primes accordées aux agents pour certaines opérations difficiles. Il est à souhaiter que son successeur continue cette libérale tradition.

Maintenant, cette retraite de M. Macé, retraite volontaire, car il ne tenait qu'à lui de conserver ses fonctions, est-elle définitive? C'est surtout à ceux qui ont pratiqué cet art passionnant de la police que peut s'appliquer le proverbe : Qui a bu boira! Et M. Lecoq n'est pas une pure fiction de romancier. Je te connais, beau masque!

LES MANES DE FALCON

18 février 1884.

Il y a quelques jours, à propos d'un mariage d'artiste, je parlais des « mânes de Falcon ». Le surlendemain, je recevais la lettre suivante :

« Monsieur le Rédacteur,

» Vous semblez croire que mademoiselle Falcon est morte. Il n'en est rien : elle est vivante, et bien vivante. Si vous voulez vous en convaincre, allez au n° 38 de la Chaussée-d'Antin ; sonnez au premier étage et demandez madame Malançon. C'est le nom que porte aujourd'hui l'illustre créatrice de *Rachel* et de *Valentine*.

» Agréez, monsieur le Rédacteur, etc.

» X... »

« Mânes de la Falcon » était une figure. En fait, cependant, la grande Cornélie était morte, et bien morte, depuis cette soirée de deuil où son âme et sa voix se brisèrent après avoir chanté divinement toutes deux, et où le public de l'Opéra, convié jadis à tant de triomphes, assista, secoué par une poignante émotion, aux funérailles de sa cantatrice favorite, se pleurant vivante elle-même, suivant la belle expression de mon confrère Bénédict.

Cela se passait en 1840. Dès lors, la Falcon s'enveloppa de ce silence qui est l'amère consolation des grandes infortunes, et c'est à peine si, dans cette longue période de quarante-quatre ans, on retrouve deux ou trois fois les traces de l'illustre oubliée. Une fois, une indiscrétion de voyageur la signala comme professant, en Russie, cet art dont elle avait été la triste victime. Plus récemment, en 1879, quand parut la *Vierge de l'Opéra*, roman d'Emmanuel Gonzalès, dont l'héroïne n'était pas sans avoir un certain air de famille avec la Falcon, les reporters se mirent en campagne et finirent par la découvrir menant une existence nécessiteuse aux environs de Paris. Mais elle défendit son seuil avec une obstination jalouse, et, après quelques bavardages tout à fait hypothétiques, le manteau de l'oubli, plus lourd qu'une pierre de tombe, retomba sur les épaules de la ressuscitée d'un jour.

Et voilà qu'à la faveur d'un artifice de style la morte ressuscite encore! L'occasion était bonne pour saisir au vol cette ombre fugitive, qui, à l'inverse de Galathée, met sa coquetterie à ne point être vue. Et je mis le cap sur la Chaussée-d'Antin, bien décidé, coûte que coûte, à n'en pas revenir bredouille.

Tout en marchant, la poétique silhouette que Théophile Gautier traça de l'incomparable Valentine, alors qu'elle battait son plein comme artiste et comme femme, flottait obstinément devant mes yeux :

« La coupe du masque est éminemment tragique et merveilleusement disposée pour rendre les grands mouvements de passion ; les yeux sont parfaitement beaux ; des sourcils d'un noir velouté, d'une courbure orientale, se joignent presque à la racine d'un nez mince et un peu trop aquilin, peut-être ; ces sourcils, dessinés fermement, contribuent beaucoup, par leur contractibilité, à donner à la face une expression de passion jalouse et d'emportement tragique très bien appropriée aux rôles que joue habituellement mademoiselle Falcon. Le front est noble, intelligent, lustré par des frissons de lumière sur les portions saillantes, et baigné de tons fauves aux endroits ombrés par les cheveux. »

C'est à la suite de cette vision idéale que j'escaladai le premier étage du n° 38, et que je sonnai timidement à la porte. Une bonne vint m'ouvrir.

— Madame Malançon ? lui demandé-je.

— C'est ici, monsieur. Je vais prévenir madame. Suivez-moi.

Et, par un couloir sombre, la bonne m'introduisit dans une salle à manger modeste, ouvrant sur un petit salon très simple, mais confortablement aménagé. Par la porte laissée entr'ouverte, j'aperçus, assis devant un piano, un bambin de six à sept ans, avec de longs cheveux d'ébène flottant sur le dos, et deux « diamants noirs » éclairant une physionomie intelligente, — et, près de lui, dans un fauteuil, une vieille dame guidant ses doigts mal assurés. Un frais tableau d'intérieur, une ravissante vignette anglaise.

Aux premiers mots de la bonne, la vieille dame se leva, comme mue par un ressort, et marcha vers la porte. A son air défiant, je vis qu'il fallait emporter la place d'assaut. Aussi, sans lui donner le temps de prononcer une parole :

— Vous êtes bien la Falcon ? lui dis-je à brûle-pourpoint.

Elle eut un sursaut de surprise, un tressaillement presque douloureux. Et, s'adressant à son petit élève :

— Va, fit-elle, va jouer, mon enfant !

L'enfant lui donna son front à baiser et sortit avec la bonne. Nous étions seuls, la Falcon et moi. Il y eut quelques secondes de silence embarrassé, pendant lequel je pus la considérer tout à mon aise. Je me trouvais en présence d'une femme de soixante-douze ans, qui n'en paraissait guère plus de soixante, au visage large marqué de quelques rides légères, au nez arqué, aux yeux brillants encore, aux cheveux noirs coiffés en bandeaux unis et à peine semés de quelques mèches grisâtres, à la taille un peu forte, au sourire doux et *brave*, comme on dit en Provence, avec lequel contrastait sa sévère tenue de deuil.

Elle coupa court à cet examen qu'elle semblait subir avec un certain malaise, en me disant :

— Je vous en veux presque, monsieur, d'avoir violé mon domicile...

— Vous me pardonnerez, lui répondis-je, en faveur de l'intention... Un journal a dit que vous étiez morte... Cette nouvelle a produit une douloureuse impression dans le monde des arts, et le *Figaro* ne m'a chargé de la vérifier que pour pouvoir, si elle était exacte, rendre un suprême hommage à l'une des plus grandes artistes du siècle, et pour avoir, si elle était fausse, la joie de la démentir.

— Hélas! monsieur, ce journal a dit vrai... mais il retarde!... Il y a quarante-quatre ans que je suis morte; ça date du soir où, penchée sur l'épaule de Duprez, j'ai conduit moi-même mes funérailles, au milieu des larmes et des sanglots du tout Paris artistique! La Falcon n'est plus!... Celle qui lui survit est madame Malançon, et celle-là ne demande qu'une chose, c'est qu'on ne parle pas d'elle et qu'à son tour on la laisse mourir en paix! Je suis très reconnaissante des bons souvenirs qu'on veut bien garder de mon passé... mais ce sont des souvenirs posthumes, et ce passé, je le voudrais voir à jamais anéanti!

— Pourtant, m'écriai-je, votre gloire, vos triomphes?...

— Ma gloire! mes triomphes!... reprit-elle avec un peu d'amertume, tout cela fut bien éphémère!... Il en devait être ainsi... Je n'avais pas la vocation... Ce sont des circonstances indépendantes de ma volonté qui me jetèrent sur la scène... Je répugnais au théâtre, mais j'y reçus un tel accueil que, bien qu'y étant entrée malgré moi, presque de force, j'eus quelques regrets de le quitter. Regrets auxquels je fis diversion par des voyages, un, entre autres, en Russie, où je vécus assez longtemps auprès de ma mère et de ma sœur. De retour en France, sans fortune — ma carrière avait été si courte ! — je me trouvai seule, aux prises avec la vie, qui ne me fut pas toujours douce. Il me fallut, à certaines heures, pour gagner mon pain, donner des leçons de chant et de piano. Mais les temps d'épreuve sont finis... Aujourd'hui, je vis heureuse, ayant réalisé le plus cher de mes rêves : le repos dans l'obscurité. Je sors peu, je ne reçois personne... Jamais un étranger n'a franchi le seuil de ce salon... Vous voyez qu'en vous j'ai deviné un ami, puisque vous y êtes !... J'ai pour le théâtre la même horreur qu'avant de monter sur ces planches qui furent mon bûcher.... Quant à la musique...

— Vous en faites... Tout à l'heure, je vous ai surprise au piano.

— Oh ! sans conviction !... Mais, à mon âge, il faut bien se rendre utile... J'amuse ma vieillesse en donnant des leçons à mon petit-fils, un chérubin !... C'est pour lui, non pour moi !... La musique m'agace les nerfs, elle m'exaspère !...

— Peut-être parce qu'elle éveille en vous de trop cuisants souvenirs ?

— Pas du tout, je vous assure !... Je songe sans retour amer, sans l'ombre d'un regret, à mes anciens triomphes !... La gloire du théâtre fut toujours pour moi chose vaine, et plus que jamais à cette heure où s'est accompli mon rêve bourgeois !... Ma grande ressource contre l'ennui, ce sont les livres, et, dans le commerce de ces amis sûrs et discrets, je me persuade, comme Pangloss, que tout est pour le mieux dans le meilleur des mondes.

Sur cet aphorisme philosophique, je pris congé de madame Malançon — ex-Falcon — et, n'en déplaise à mon correspondant, que je remercie de m'avoir procuré cette curieuse entrevue, je n'ai pas à retirer les « mânes ».

LE ROYAUME DES ARTS

19 février 1884.

Ce royaume, de fondation récente, embrasse la vaste zone comprise entre le parc Monceau, l'avenue de Wagram, le boulevard Pereire et le boulevard Berthier.

Avant qu'il ne fût sorti des terrains vagues, la place Pigalle et les quartiers avoisinants étaient la terre classique, quelque chose comme le pays latin de la peinture et de la sculpture, — Ghetto pour le bourgeois, Californie pour l'amateur, oasis pour le dilettante.

Les peintres et les sculpteurs y avaient leurs

lares, leurs cafés, leurs parlottes, leurs clubs. Ils vivaient là comme une tribu distincte dans la grande agglomération parisienne, avec leurs mœurs propres, leur physionomie à part, leurs traditions originales et leur cachet tout personnel, donnant la main, par-dessus la Seine, à cet autre tribu de même sang et de même race, que les hasards de la colonisation avaient reléguée à l'autre pôle, sur les confins de l'Observatoire et sous les ombrages du Luxembourg.

Un jour, le centre de la vie artistique, comme celui de la vie mondaine, s'est déplacé, par un mouvement, en quelque sorte, parallèle. A mesure que celle-ci se portait vers la place de la Concorde, celle-là se portait vers le parc Monceau. Et, sur l'emplacement de la vaste plaine déserte, l'avenue de Villiers, la place Malesherbes, les rues de Prony, Jadin, Legendre, Jouffroy, Brémontier, Viète, Ampère, Fortuny, d'Offemont, etc., s'ouvraient, avec leurs hôtels coquets et confortables, pour livrer passage au flot montant de l'émigration et devenir petit à petit la terre promise des artistes arrivés. Les arts avaient leur royaume.

Tous les reporters en connaissent le chemin ; il leur offre, surtout aux approches du Salon, une mine de documents précieux et pittoresques. Le Salon est loin encore, et pourtant, depuis quelques jours, il se fait un perpétuel va-et-vient de nouvellistes entre « Paris » et le parc Monceau. L'incident Mackay-Meissonier est la cause de ces hâtifs pèlerinages. Chacun veut avoir la version du Maître pour reconstituer cette histoire ténébreuse d'une jolie femme froissée dans son amour-propre, d'un grand artiste ayant la conscience de son génie et d'un chef-d'œuvre « vandalisé ». Il ne nous plaît pas de prendre parti dans la querelle ; mais puisqu'elle a remis en vedette le nom de Meissonier, nous en profiterons pour introduire le lecteur dans son *home*.

131, boulevard Malesherbes. L'aspect extérieur de l'hôtel est assez bizarre, et ne prépare pas aux surprises de l'intérieur, dont l'architecture est calquée sur celle que les Maures importèrent en Espagne. On entre dans une cour encadrée de plusieurs pans de murailles joints à angles droits, le long desquels règne une galerie à colonnes surélevée d'une douzaine de marches. Le jour, cette galerie est d'un ton assez froid; mais, au clair de lune, par les belles nuits d'été, elle est d'une poésie pénétrante, avec ses ombres portées profondes d'où semblent jaillir en éclats bleuâtres les colonnes de pierre.

A gauche, s'ouvre un long couloir vitré, d'où l'on accède aux appartements par un escalier de bois aux larges rampes. Un salon immense, garni de bronzes et de tableaux, précède l'atelier.

L'atelier a des proportions de cathédrale ; il y règne un certain désordre, peut-être un peu voulu : ce ne sont de ci de là que croquis, toiles ébauchées, modèles de chevaux en cire, etc. Près d'une large baie de verre, assis devant un tout petit chevalet supportant une toute petite toile, voici le Maître, — ce tout petit vieillard à la barbe fleurie qui descend sur sa poitrine comme celle d'un fleuve antique avec des enroulements de vagues. Il porte un costume très simple, un veston court et un pantalon à pieds. Entrons sans crier gare, et nous le surprendrons à peindre une esquisse où déjà, comme dans une vapeur, on voit poindre des silhouettes de soudards Henri III, avec leurs longues piques et leurs casques d'acier.

Le vieillard parle haut chez lui, avec cette accentuation militaire qui rappelle les tristes jours du siège, où nous le voyions cavalcader à travers Paris, glorieux et magnifique, dans son uniforme tout flambant neuf de colonel d'état-major.

De sa fenêtre, Meissonier peut donner la main à son élève favori, Edouard Detaille. L'élève n'est pas moins bien logé que le Maître, et ce serait tomber dans la redite que de dépeindre son logis. Cela, du reste, pourrait nous mener loin, car il faudrait, pour ne désobliger personne, vous montrer « chez eux » tous les représentants de la jeune école qui, depuis que le pinceau fait concurrence à la poule aux œufs d'or, sont plus ou moins travaillés par cette maladie contemporaine, la maladie du bâtiment. Chacun, au surplus, bâtit selon son goût propre et sa fantaisie personnelle, ce qui donne à ce « royaume des arts » une physionomie des plus composites. Tous les styles et toutes les époques s'y coudoient fraternellement, cottages anglais, maisons flamandes, castels gothiques, palais italiens avec leurs élégantes loggias, rouges demeures du temps de Louis XIII, que sais-je encore ? Le dedans est en harmonie avec le dehors ; et, sans franchir le seuil de ces demeures quasi princières, vous pouvez, par les grandes baies ouvertes, apercevoir, sous les lustres hollandais ou vénitiens, des sculptures d'abbayes, des escaliers de Louvres, des tapisseries merveilleuses, des chefs-d'œuvre incomparables dans des cadres étincelants, des panneaux de japonaiseries — tous les émerveillements et toutes les raretés d'un luxe auquel, autrefois, les nababs seuls pouvaient prétendre. Aujourd'hui, les nababs sont un mythe ; la conquête de la toison d'or par les peintres, voilà la moderne réalité.

C'est Meissonier qui, je crois, a dit ce mot typique :

— Il est juste que ceux qui signent des chefs-d'œuvre soient aussi bien logés que ceux qui les achètent !

D'accord, et rien n'est plus équitable, en effet. Mais à cela ne pourrait-on répondre par cet autre mot de Dumas fils :

— L'art vit de misère, il mourra de luxe !

MARDI-GRAS MOUILLÉ

(*Imité d'Anacréon et de La Fontaine*)

26 février 1884.

J'attendais nonchalamment,
Le nez derrière ma vitre
Où l'eau suintait tristement,
Que Mardi-Gras, le vieux pitre
Fils d'Holbein ou de Callot,
Berçât ma mélancolie
En agitant le grelot
Enroué de la Folie.

J'attendais... Hélas! trois fois
Hélas!... mais en pure perte!
Le trottoir était sans voix,
La chaussée était déserte!
Seuls, blottis sous leur rifflard,
Quelques bourgeois imbéciles
Avec leurs femmes dard dard
Regagnaient leurs domiciles.
Las, et m'étirant les bras,
Je dis : « Le diable t'emporte,
» O funèbre Mardi-Gras! »
Soudain, on frappe à ma porte,
Et, sur le mode craintif
J'ouïs ce couplet plaintif :

« Je n'ai pas de parapluie,
» Ça va bien quand il fait beau !
» Mais, comme il tomb' de la pluie
» Je suis trempé jusqu'aux o...s! »

J'ouvre. On entre. Par Hercule !
Epouvanté, je recule,
Et mon intrus, sans façon,
Sur ma moquette secoue
Son corps froid comme un glaçon
Et tout dégouttant de boue !
Le long de ses traits flétris
Couraient des rides profondes,
Et des touffes de poils gris

Pointaient sous ses mèches blondes.
Dans son maillot pailleté
Ballottaient ses jambes grêles,
Tandis qu'à son dos voûté
Pendaient deux petites ailes,
Et qu'un horrible carquois,
Dont les flèches, jadis blanches,
N'étaient plus ni fer ni bois,
Sonnait creux après ses hanches !

Ça, l'Amour! Point ne l'ai cru !
« Qui donc es-tu, mon bonhomme? »
Lui dis-je d'un ton bourru.
Lui, d'une voix de rogomme,
Répond : « Je suis l' Mardi-Gras!
» Mon p'tit père, je te gobe!
» Viens sur mon cœur, dans mes bras ! »
Ecœuré, je me dérobe,
Criant : « O vieil avachi,
« *Vade retro*! Tu veux rire!
» Va-t'en, sépulcre blanchi ! »

Il ne se le fait pas dire
Deux fois... Mais traîtreusement,
L'intrus, avant qu'il ne parte,
Dans mon cœur, profondément,
Plonge la flèche du Parthe !
Je veux l'étreindre... Il a fui !
La porte s'est refermée !
Et je lis ce mot : ENNUI!
Sur la flèche déplumée.

JANVIER DE LA MOTTE

27 février 1884.

Vous souvient-il de *Madame de Chamblay*, l'avant-dernier drame d'Alexandre Dumas, dont *les Blancs et les Bleus* furent le chant du cygne ?

Lorsqu'il fut représenté pour la première fois,

en 1868, à Ventadour, le succès en fut médiocre. De même au Gymnase, il y a trois ans. C'est qu'il y apparaissait, comme dans toutes les dernières œuvres du grand dramaturge, une sorte d'incohérence sénile, et que, malgré quelques retouches heureuses, il avait de la peine à se tenir debout. Mais si la pièce a vieilli, il s'y trouve un type qui, lors de la reprise, n'avait pas encore un cheveu blanc, et qui, dans sa désinvolture élégante, spirituelle et cavalière, était resté jeune comme à la création, celui du baron Alfred de Senonches, le préfet d'Evreux. La raison en est simple : ce type avait été pris sur nature, et le modèle n'était autre que ce séduisant Janvier de la Motte, dont la mort, si prévue qu'elle pût être depuis quelques semaines, consterne tous ses amis, c'est-à-dire tous ceux qui l'ont connu.

Janvier ne niait point qu'il eût posé pour le baron de Senonches ; il en était fier, et il montrait complaisamment un exemplaire de la pièce, orné d'une dédicace en quelques lignes qui peuvent, de mémoire, se résumer ainsi : « Le photographe Alexandre Dumas à son modèle Janvier de la Motte. »

Dumas, en effet, avait incarné, dans ce personnage d'imagination, toutes les nobles qualités et même les aimables travers du galant homme, dont il avait été l'hôte en son pachalick d'Evreux : — la haute intelligence, le léger scepticisme, l'esprit alerte et primesautier, l'entrain éternel, la bonhomie captivante, le charme irrésistible, l'impeccable loyauté, les façons chevaleresques poussées jusqu'au don quichottisme ; — il avait tout pris de lui, même sa devise, dont il fit le mot de la fin de sa pièce : « Mieux vaut tuer le diable que le diable ne nous tue ! »

Le portrait n'était point chargé, et l'on conçoit que le modèle fût — et non pas dans l'acception banale et courante du mot — un sympathique. Il se dégageait de lui je ne sais quel magnétisme dont les plus prévenus subissaient la fascination, et qui n'agissait pas seulement sur les individus isolés, dans le corps à corps de la causerie, où il était sûr de vaincre, mais encore sur les masses, plus défiantes et plus difficiles à conquérir. C'est là le secret de cette popularité qui survécut à tous les revers et dont il cueillit les fruits précieux dès le début de sa carrière. Pour en retrouver les premiers symptômes, il faut remonter jusqu'à 1847. Janvier était alors sous-préfet à Dinan, sous-préfet de Louis-Philippe. La République vint. On sait qu'elle le maintint à son poste, mais ce qu'on ignore, c'est que ce fut par force majeure et contre le gré du fonctionnaire, *invitus invitam*. L'histoire est drôle et vaut d'être racontée.

Le premier acte du gouvernement républicain fut de révoquer toutes les « créatures » du régime déchu. Le sous-préfet de Dinan fut de la première série. Son successeur désigné — un citoyen quelconque, jeune encore — débarque un beau matin, tout chaud, tout bouillant, à la sous-préfecture. Janvier le reçoit avec une bonne grâce exquise, résigne ses pouvoirs entre ses mains, et l'invite, séance tenante, à déjeuner. Le citoyen accepte. On était à peine au second service, qu'un domestique annonce une députation des ouvriers locaux.

— C'est sans doute pour me féliciter, dit en se rengorgeant le nouveau venu.... Qu'ils entrent !

Une bande de blousards fait alors irruption dans la pièce, et le dialogue suivant s'engage entre l'un d'eux et le délégué républicain :

— C'est-y-toi qui... ?

— Oui, citoyen, c'est moi !... la République !... Liberté !... Droits de l'homme !... Nous sommes tous frères !... etc., etc.

— Tout ça, c'est très bien... Mais nous tenons à notre sous-préfet et, si ce soir tu n'as pas pris la poudre d'escampette, c'est nous qui te reconduirons, entends-tu bien ?

Le soir même, le délégué républicain reprenait la diligence... et voilà comment Janvier de la Motte fut maintenu.

De Dinan à Dieppe, de Dieppe à Verdun, de Verdun à Saint-Etienne, de Saint-Etienne à Mende, de Mende à Evreux, d'Evreux à Nîmes, de Nîmes à Vannes, partout où le conduisirent les hasards de l'administration, cette popularité lui fit escorte. Mais, dans l'Eure surtout, elle était devenue du fanatisme. Janvier s'était fait de ce département une sorte de fief inaliénable, d'où ni la calomnie, ni l'intrigue, ni les manœuvres officielles ne purent réussir à le déloger. Il semblait qu'à chaque scrutin nouveau ses électeurs eussent fait des petits. Ce qui donne une haute opinion de la fidélité politique des Ebroïciens et de leur reconnaissance.

Cet homme heureux, et qui tirait son bonheur moins de sa situation que de lui-même, connut pourtant les jours amers. Après la chute de ceux qu'il avait si ardemment aimés et si loyalement servis, il fut contraint de s'exiler devant une accusation odieuse, qui devait tourner à la honte de ceux qui l'avaient machinée. Il fallait à M. Thiers un bouc émissaire des péchés de l'Empire : c'est Janvier de la Motte qu'il choisit. Je n'attristerai pas la mémoire du cher mort en rééditant un procès scandaleux d'où il sortit blanc comme neige, et qui, en lui donnant l'auréole des persécutés, provoqua, chez les honnêtes gens, une explosion de témoignages sympathiques. Mais je veux rappeler un petit fait, très peu connu, je crois, et d'où il résulte que le « sinistre vieillard » poussait les appétits de vengeance jusqu'à la goinfrerie.

Janvier était à Genève lorsque M. Thiers demanda son extradition en même temps que celle de plusieurs réfugiés de la Commune.

Le gouvernement suisse opposa d'abord à cette demande une fin de non-recevoir. Puis, cédant aux instances plus vives, presque impérieuses, du cabinet de Versailles, il lui donna le choix entre deux extraditions : celle de Janvier de la Motte ou de... Razoua.

M. Thiers choisit Janvier de la Motte.

Glissons, mortels, n'appuyons pas !

Depuis son éclatante justification, Janvier de la Motte ne cessa de représenter, au Palais-Bourbon, le département de l'Eure. Et ce ne fut point un de ces députés pour rire, comme on en doit une si jolie gerbe à la fantaisie macaronique du suffrage universel. Il avait pris son mandat au sérieux et l'exerçait en conscience. Très compétent dans les questions budgétaires, il savait rendre les chiffres lumineux, et il égayait l'aridité des débats par des saillies piquantes, des traits à l'emporte-pièce, des boutades humoristiques, des interruptions pleines d'à-propos. Il était le sourire de cette assemblée pédante et morose, et comme sa malice était exempte de méchanceté, il avait conquis ses adversaires, qui lui pardonnaient d'avoir parfois trop d'esprit parce qu'il avait beaucoup de belle humeur. Avec cela très mondain, sachant, comme les sains et les robustes, mener de front les affaires et les plaisirs, très friand de premières représentations, et aussi recherché dans le monde où l'on s'ennuie que dans le monde où l'on s'amuse.

Il est un Janvier moins connu que ce Janvier tout en dehors, c'est le Janvier intime, celui de la famille et du foyer. Il professait pour sa mère un véritable culte, fait de filiale tendresse et de pieuse vénération. A soixante ans, il était resté petit garçon devant elle. Il l'appelait « maman » comme aux heures bénies de l'enfance. Chaque soir, au sortir de quelque cercle d'amis ou du théâtre, il faisait une apparition au café de la Paix, échangeait quelques poignées de main et quelques paroles joyeuses, et quittait la place au coup de minuit. A ceux qui faisaient mine de le retenir, il répondait : « N'insistez pas, « maman » serait inquiète ! » Et il rentrait chez « maman », et nul de ces viveurs endurcis ne songeait à blaguer cette « dévotion », tant elle était sincère. Et chaque fois que « maman » — une femme de très grand esprit qui, sous le pseudonyme de Gennevraye, a publié tant de si jolis vers et de si belle prose — chaque fois que « maman » faisait une publication nouvelle, on voyait « l'enfant » arriver au bureau de rédaction, tirer de sa poche le livre encore humide, et vous dire d'un ton câlin : « Voici le dernier né de « maman »... soyez gentil pour elle... elle a beaucoup de talent, parole d'honneur ! Et puis ça la rend si heureuse ! »

Ce fils excellent fut un excellent père. Et ce n'est pas seulement au chapeau, mais au plus profond de leur cœur, que ses enfants porteront son deuil. Janvier de la Motte laisse deux fils et une fille. Le plus jeune des fils, Ambroise, qui tient de sa grand'mère un goût très vif pour les lettres, a fait jouer sur divers théâtres quelques actes très appréciés. L'aîné, Louis, fut, un temps, le collègue de son père à la Chambre ; mais, après avoir échoué dans la dernière campagne électorale, quoiqu'il eût endossé l'uniforme républicain, il est devenu percepteur dans un des arrondissements de Paris. La fille est cette toute belle et toute charmante marquise de Reverseaux, femme du jeune diplomate et l'une des plus radieuses étoiles de notre firmament mondain.

Je m'aperçois que, sans y prendre garde, je viens de rédiger l'épitaphe de Janvier de la Motte : Bon fils, bon père, etc. Mais, je suis tranquille, il n'y aura pas d'*erratum*.

A L'ÉLYSÉE-GRÉVY

28 février 1884.

Donc, cette nuit, le président de la République donnait à danser, à manger, à boire, et, par surcroît, à jouer des coudes à son bon peuple de Paris.

Violons, charcuterie, limonade, cohue, c'est en ces quatre termes que se résument invariablement les réceptions présidentielles, et c'est pour la grande joie du dernier que les trois autres « ont lieu ».

Je ne crois pas que M. Grévy — homme calme, à qui l'on prête toutes les vertus de famille et l'horreur des foules — ait un goût bien accentué pour ces meetings torrentiels. Mais il subit une loi fatale : en République, la maison du chef de l'État doit être grande ouverte, comme aux États-Unis, la Maison-Blanche. Et, quand une maison est grande ouverte, on y entre comme au moulin, et le meunier n'est pas maître chez lui.

Un souverain a le droit d'être éclectique ; il

peut trier son monde et limiter le nombre de ses hôtes aux dimensions et aux convenances du cadre. Un président n'est pas libre de choisir, il se doit à tous et ne peut exclure personne, au moins de ceux qui satisfont à cette exigence banale : « Une tenue décente est de rigueur. » Et, reçût-il au Champ-de-Mars, il serait toujours en contradiction avec cette loi physique qui veut que le contenant soit plus vaste que le contenu.

En conséquence, il serait puéril de vouloir rendre M. Grévy responsable de la cohue déplaisante qui, la nuit dernière — la jambe en l'air, le verre en mains ou la sandwich à la bouche — a battu, comme une marée grondante, les murs historiques de l'Elysée. C'est une servitude de la charge, et elle offre, en somme, assez d'agrément, pour qu'on supporte avec un certain stoïcisme ce léger mécompte annuel.

Il n'y a donc pas l'ombre d'une arrière-pensée critique dans la constatation d'un fait qui ne peut pas n'être pas, et je suis moins disposé, pour ma part, à blâmer qu'à plaindre l'innocent forçat de la réception ouverte... quoique fermée.

Car les réceptions de M. Grévy n'ont rien de commun avec la porte d'Alfred de Musset... elles sont à la fois fermées et ouvertes. Fermées, en ce sens que l'invitation est obligatoire; ouvertes, en ce sens que les titulaires n'en sont généralement pas les détenteurs ni les usufruitiers.

S'il en était autrement, on aurait de la peine à s'expliquer l'abondance des individualités sans mandat, bottiers, étalagistes, tailleurs à façon, commis de magasin, majors de table d'hôte, tourneurs de mâts de cocagne en chambre, épiciers, pédicures, etc., qui promènent, parmi les livrées officielles et les uniformes de gala, leurs habits loués chez Albanel, dans les magnifiques salons où la Pompadour tint ses galantes assises.

C'est fâcheux à dire, mais, en dehors du monde gouvernemental, des diplomates, des employés et des fonctionnaires, dont la présence à ces fêtes est, en quelque sorte, une obligation d'Etat, les deux bons tiers de la cohue élyséenne se composent de ces éléments hétéroclites, bizarres, hasardeux et de pure fantaisie. On conçoit, en effet, que, dans cette prise d'assaut du palais présidentiel, la mention : *Personnelle*, inscrite au bas des cartes roses ou bleues, soit absolument chimérique. Où il y a marée humaine, il n'y a plus de personnalité. Dieu seul, dans ce fouillis, pourrait reconnaître les siens. Et M. Grévy n'est pas déifié, — du moins, pas encore. Comment ces intrus ont-ils deviné le *Sésame, ouvre-toi?* Par quelles combinaisons de génie ont-ils pénétré dans le sanctuaire sous leurs noms propres ou sous des noms d'emprunt? Mystère insondable. Toujours est-il que, depuis quinze jours, la chasse aux invitations ressemble à la chasse aux billets de théâtre, — dans certains journaux privilégiés. Le général Pittié ne sait plus auquel entendre :

Monsieur, je suis bâtard de votre apothicaire !

Les journaux, le général Pittié, rien de plus

naturel. Mais les agences de théâtre, cela dépasse l'imagination. Je pourrais citer telle de ces officines où les tickets pour l'Élysée faisaient prime, hier soir, comme les tickets pour les Italiens quand chante Gayarre.

Le pire, c'est que ces gens-là n'en ont pas toujours pour leurs démarches ou pour leur argent. Une fois dans la fournaise, ils ne voient personne et personne ne les voit ; la robe de madame ne fait aucun effet dans le tas, et les gants de monsieur craquent aux coutures. Ils aperçoivent bien des soldats qu'ils reconnaissent... à leur habit militaire, des ambassadeurs qu'ils supposent tels à leurs costumes, des gens très officiels dont l'uniforme trahit l'incognito. Mais les noms ? C'est égal, ils n'en veulent pas avoir le démenti, et le lendemain ils proclament que « c'était bien beau tout de même! »

Ainsi tous les ans, quand Février rappelle à M. Grévy que l'heure est venue de convier le bon peuple au banquet de sa liste civile.

Rien ne peint mieux la physionomie de ces fêtes que ce mot qu'un haut personnage murmurait hier à la sortie, en regagnant son cercle :

— Et maintenant de la tenue, Monpavon !

MARS

LES MODÈLES FEMMES [1]

1er mars 1881.

La réception des œuvres pour le Salon annuel va commencer dans quelques semaines. On peine nuit et jour dans les ateliers. Les artistes sont sur les dents, et aussi les modèles.

Les modèles !... On écrirait des volumes sur cette variété *sui generis* de l'espèce humaine, éternel étonnement du bourgeois. Mais la place nous étant limitée, nous nous renfermerons dans le cadre modeste d'une esquisse.

Il y a modèle et modèle, comme il y a fagot et fagot. Pendant la *pose*, le modèle est modèle tout simplement, — troisième sexe, sexe neutre, si vous voulez ; en dehors de la *pose*, c'est une individualité quelconque. Telle femme, qui s'étale *in naturalibus* aux yeux des artistes, est une excellente mère de famille, une popotte accomplie. Telle autre qui « *pose* le costume », et ne voudrait, pour tout l'or du monde entier, montrer au *peintre* la naissance de sa gorge, prodigue à des *amateurs*, dans l'intimité de l'alcôve, les trésors dont la nature l'a surabondamment dotée.

Du temps où elle habitait l'hôtel où loge au-

(1) Ne pas confondre avec les femmes modèles.

jourd'hui l'ambassadeur d'Angleterre, Pauline Borghèse posa nue — comme le discours d'un académicien — devant Canova. Et, comme une grande dame de ses amies, scandalisée de cette complaisance, lui disait :

— Nue ! devant un homme ! Ah ! ma chère, comment avez-vous pu ?

— Bah ! répondit la princesse, il y avait du feu !

Il y avait du feu... Cela dit tout. Le modèle nu ne voit ni au delà ni en deçà. Il se promène, en Ève, à travers l'atelier, se chauffe au poêle, les mains derrière le dos, se mouche d'un mouchoir qui pend aux barreaux d'une chaise... tout cela tranquillement, sans y prendre garde, comme habillé...

> De fait, il est vêtu d'une beauté pudique
> Dont l'Art fut le tailleur.

Pour lui, le peintre n'est pas un homme, pas plus qu'il n'est une femme pour le peintre. Artiste et modèle vivent, au courant de la pose, dans un monde idéal où les sexes n'existent pas et où la matière se révèle, pour ainsi dire, aux yeux de l'âme plutôt qu'aux yeux du corps.

Mais qu'un intrus frappe à la porte du temple, le modèle s'enfuit effarouché, se blottit derrière un rideau, — *ad salices*. La pudeur, cette vertu qui dort en toute femme, s'éveille dès qu'un profane paraît.

A côté des modèles qui posent le nu, il y a les modèles qui « posent le costume ». Telle est ravissante en Parisienne du jour, telle en Louis XIV, telle en Marie Stuart. Celle-ci pose « la coiffure » à la Chinoise, à la Louis XV, à la Romaine ; celle-là « le chapeau » ; une autre la main, une autre le pied, une autre enfin les épaules, la poitrine, le dos, les jambes. Il arrive que, pour une seule statue, un sculpteur emploie jusqu'à sept ou huit modèles, dont chacun a sa spécialité.

Moralement, les spécialités sont tout aussi diverses.

Voici, d'abord, le modèle sérieux, celui qu'on épouse après un stage, plus ou moins long, de vertu. Voici le modèle sentimental qui, féru des seuls artistes, se réserve pour eux seuls, et son antipode, le modèle qui reste sage dans les ateliers et, le soir, à l'Elysée-Montmartre, dépense gaillardement son capital. Voici le modèle « bon garçon » qui joint à la beauté des formes un excellent caractère et tous les instincts de la femme de ménage, époussète l'atelier, allume le feu, répare les fonds de culotte. Telle cette grande fille aux longs cheveux bruns, Marie G..., honnête autant que modèle au monde, mais qui ne sait rien refuser à l'artiste, est sa maîtresse pour ne pas lui faire de chagrin, sa bonne par économie, son modèle parce qu'elle a ce qu'il faut pour cela, — pas gênante, d'une exactitude chronométrique, arrivant à l'heure, détalant au premier signal et reprisant les chaussettes entre deux poses. Voici, enfin, le modèle prétentieux, qui ne va que chez les grands peintres, où tout au moins chez les médaillés. Celle-là ne pose pas seulement, elle conseille. S'il y a quelque élève dans l'atelier du maître, elle le morigène avec aigreur, et, s'il se rebiffe :

— Je m'y connais, dit-elle... la Vierge de Bouguereau, mon petit, c'est moi qui l'ai posée !

On a, dans le public, le préjugé du « beau modèle ». On s'imagine qu'il doit être le type de la beauté parfaite. Il n'en est rien. Les peintres — sinon les sculpteurs — prisent à l'égal de la perfection des formes, l'art de poser, le savoir-faire, l'élégance du geste, l'harmonie de l'ensemble, le métier, en un mot. A la belle fille « posant comme une grue » — c'est le mot technique — il n'en est pas un qui ne préfère le vieux modèle posant bien « les mouvements ».

Permettez que je vous présente quelques modèles en vue.

Victorine Meurant, type d'ancien modèle, a posé chez Stevens, Manet, Clairin, Gervex. Rousse de cheveux. Est teintée de littérature. Dit la chansonnette agréablement. Existence des plus houleuses, partagée entre les grands ateliers et les petits théâtres, — les Folies-Marigny furent son berceau. Est devenue peintre à force de fréquenter les artistes. Peint les « chiens de cocottes », c'est sa spécialité. Habite Asnières, où il y a, chez un tapissier voisin du théâtre, une exposition permanente de ses œuvres.

Madame Bertha, une grande femme très élégante. Pose les costumes chez les peintres « parisiens » Béraud, Stevens, Forain, Robert, etc. Très boulevardière.

Louise, une jolie blonde, grande comme ça, mais bâtie comme la Vénus de Milo. Pleine de grâces — avec quelques vertus.

Emma, modèle savant, trouve ses poses elle-même ; pose en ce moment chez Gérôme.

Fernande, comme Victorine, type d'ancien modèle. Ne pose plus que rarement, mais se montre encore dans les ateliers. Campe dans une brasserie de la rue Fontaine. A son musée, rue Lepic. Presque tous les modèles ont leur musée. Quel peintre refuserait une esquisse, un croquis, à la belle fille qui s'est montrée à lui, plusieurs heures durant, toute voile dehors ?

Anna !... Pleurez, mes yeux, elle a versé dans le mariage, la superbe créature avec son teint de bistre, ses grands yeux noirs et son admirable correction de traits ! Mais elle avait un vice, un serpent sous ces fleurs... elle était presque toujours dans une situation intéressante. Alors, adieu la pose ! Pendant les entr'actes, elle servait dans les brasseries du Quartier Latin, au Sherry-Gobler, entre autres, ce bouchon minuscule, aujourd'hui disparu, dont l'histoire ferait pendant au *Roman comique*, et d'où sont partis tous les « jeunes » du jour, Richepin, Maupassant, Paul Bourget, Catulle Mendès, Villiers de l'Isle-Adam, Bouchor, Moynet, Sapeck, etc. Un jour qu'Anna grelottait la fièvre, l'illustre Sapeck la prit en pitié, la mena vers le soleil, la soigna, la guérit et, par excès d'originalité, oublia d'en faire sa maîtresse. Anna revient à Paris. Un poète l'installe fleuriste, rue d'Amsterdam; elle fait des affaires navrantes et redevient modèle. La voilà, maintenant, épouse et mère. Pleurez, mes yeux !

Il existe, entre les modèles du quartier Montparnasse et ceux de l'avenue de Villiers, un éternel antagonisme, qui dégénère parfois en crêpage de chignons. Et c'est facile à comprendre. Là-bas, vers le Luxembourg, c'est la première étape, souvent cruelle ; ici, vers le parc Monceau, c'est l'apogée. C'est là qu'on rencontre une foule de gens très bien, amateurs passionnés de tableaux, qui ne se contentent pas toujours de la copie et s'annexent parfois l'original. Et quel modèle n'a pas caressé ce rêve !

Moralité : — il n'y en a pas !

LES TRIBULATIONS DE « SAPHO »

4 mars 1881.

La première représentation de la *Sapho* « nouvelle », d'Emile Augier et Gounod, aura lieu, selon toutes les probabilités, le 17 mars, à l'Opéra. J'insiste sur ce mot « nouvelle », on verra pourquoi tout à l'heure.

Elle aura lieu *certainement*, à n'importe quelle date plus ou moins prochaine, et en dépit du ridicule projet d'interdiction que des amis trop zélés prêtent à M. Choudens, éditeur de musique, en général, et, en particulier, de la musique de Gounod.

Un éditeur interdisant la représentation d'une pièce, dont il doit tirer un large profit — j'oserai même dire trop large — c'est déjà fort singulier ; mais les raisons qu'on fait valoir pour justifier cette étrange fantaisie sont plus singulières encore.

L'argumentation de M. Choudens est celle-ci :

« M. Gounod a, pour la reprise, introduit dans son opéra des modifications d'une *certaine* importance ; il l'a corsé d'un acte ; il a *grandi* le ballet. *Il estime à trente mille francs* ce travail de refonte. Cette estimation est inadmissible, d'abord parce que M. Choudens est propriétaire de l'œuvre ancienne, *qu'il a payée à beaux deniers comptants*, ensuite parce que les remaniements l'obligent à graver de nouveau la partition tout entière, d'où des frais énormes pour l'éditeur.

» En conséquence, M. Choudens fait à M. Gounod une offre sensiblement inférieure à la demande, et, faute par celui-ci d'y consentir, il menace d'interdire la représentation de *Sapho* non seulement à l'Opéra, mais encore sur toutes les scènes de la province et de l'étranger. »

Telle est la cloche Choudens. Et c'est bien ici le cas de dire : qui n'entend qu'une cloche n'entend qu'un son. Il me semble, en effet, qu'il eût été fort intéressant, et de la plus simple bienséance, d'entendre l'autre cloche, la cloche Gounod.

M. Choudens est un marchand de papier rayé; M. Gounod est un grand artiste. Le grand artiste a contribué largement à faire la fortune du marchand de papier rayé. Grâce au ciel, il n'a plus à faire la sienne ; sa prétention, *s'il est vrai qu'il en ait émis une*, a sa source dans la conscience de sa haute valeur artistique ; et nous tous, qui touchons de plus ou moins près à l'Art, nous devons nous serrer autour du vieux maître lorsqu'il défend, avec sa fierté sereine, les droits et les intérêts des artistes contre le despotisme et l'avidité des marchands.

Or, la cloche Gounod, voici ce qu'elle raconte :

Il n'est pas vrai que le maître ait *vendu* la primitive partition de *Sapho; il en a fait don*, purement et simplement, à M. Choudens, et cela dans les conditions suivantes.

L'éditeur, se trouvant en visite chez *son* auteur, vit dans un coin un ballot de paperasses grises de poussière et mangées aux vers.

— Qu'est cela ? demanda-t-il.
— C'est ma pauvre *Sapho !*
— Qu'en faites vous ?
— Hélas ! rien.
— Voulez-vous me la donner ?
— Avec plaisir. Prenez-la.

Et M. Choudens emporta la partition, qu'il exploite, depuis vingt-cinq ans, à titre gratuit, et non en vertu d'une vente en règle.

Que le profit ait été considérable ou médiocre, il importe peu, — Gounod n'en a pas profité. Que M. Choudens soit propriétaire, cela ne fait pas question, — possession vaut titre. Mais l'origine même de cette propriété devrait le rendre aujourd'hui, de plus facile composition.

Les modifications introduites par Gounod dans son opéra ne sont pas seulement d'une *certaine* importance, elles sont *radicales*. Il n'a pas *grandi* le ballet, *qui n'existait pas*, il l'a composé tout entier, depuis la première note jusqu'à la dernière.

Il n'a pas *corsé* l'œuvre d'un acte nouveau, il a refait de fond en comble un des actes primitifs, et tous les anciens morceaux ont été remaniés si complètement qu'il ne reste *presque plus rien* de la version première, et que nous aurons, le 17 mars, le régal, non d'une reprise, mais d'une véritable nouveauté.

M. Choudens ne peut donc raisonnablement se prévaloir des frais que nécessitera la gravure nouvelle de *Sapho*. Il y devait être préparé, car ces frais s'imposaient en tout état de cause. Voilà longtemps que les planches de l'opéra doivent être hors de service ; et M. Choudens est un éditeur trop soigneux pour offrir des têtes de vieux clous à sa clientèle, et il doit trop au génie de Gounod pour l'habiller en pauvre honteux. D'ailleurs, *il n'a jamais gravé la partition d'orchestre*, et il ne faut pas être grand clerc pour savoir que, dans l'édition d'une œuvre théâtrale, la partition d'orchestre représente la plus forte part des déboursés.

Dans ces conditions, qu'on peut tenir pour certaines, l'estimation de Gounod n'a rien *d'inadmissible*. Le maître a sa cote, et M. Choudens la connaît mieux que personne, et il l'accepte, puisque, contre la partition du *Tribut de Zamora*, il a versé la somme ronde de cent mille francs. Il nous paraît, dans la circonstance, que Gounod serait bon prince en limitant ses prétentions à trente mille. Je dis *serait*, car il n'a pas eu même à limiter ses prétentions, n'ayant pas eu la naïveté d'en émettre aucune. C'est M. Choudens qui, le premier, a pris l'initiative d'une offre, dont il comprenait la cruelle mais inexorable nécessité. Gounod, lui, d'accord avec son collaborateur Emile Augier, a fait la sourde oreille, ajournant tous pourparlers après la première représentation de *Sapho*. En quoi l'un et l'autre ont agi sagement, et en quoi les jeunes auteurs feront bien, à l'avenir, d'imiter ces deux illustres modèles.

Voilà l'histoire dans sa simplicité. Aux lecteurs d'en tirer la morale. M. Choudens a, d'avance, perdu son procès devant l'opinion publique, comme il le perdrait devant n'importe quel tribunal, s'il cédait à la mauvaise inspiration de recourir à la loi. Restent les taquineries dont il a fait imprudemment la menace, telles que l'interdiction de l'œuvre sur les scènes de la province et de l'étranger. Ce serait faire de l'obstruction à ses dépens, et M. Choudens a trop l'intelligence de ses intérêts pour vouloir sérieusement jouer ce jeu de dupe. A cette objection ses avocats répondent : « M. Choudens est assez riche pour mépriser les *quelques* billets de mille francs que peut rapporter *Sapho*, et pour les sacrifier au respect de *ses droits*. » On dirait vraiment qu'il n'y a que les droits de l'éditeur dans cette affaire, et que ceux-là seuls sont sacrés. Certes, M. Choudens est riche, et sa fortune est d'autant plus solide qu'elle repose sur cet inébranlable fondement : le répertoire aurifère du maître dont il marchande le génie comme Shylock marchandait une livre de chair. Mais Gounod n'en est pas à demander l'aumône à ceux qu'il a comblés, et il est assez riche, lui aussi, pour mépriser les quelques billets de mille francs qu'ils daignent lui tendre et pour les sacrifier au respect des droits de l'art, dont il est une des personnifications les plus glorieuses.

GAYARRE

6 mars 1881.

Parisien d'Espagne, un Parisien de Paris te salue !

Viens-tu du pays où les ténors fleurissent dans la vapeur ambrée des cigarettes et les suaves parfums des orangers ? d'Andalousie ou de Castille, de Valence ou de Léon ? Es-tu fils de prince ou de bohême ? Qu'importe ! Si talent était synonyme de naissance, comme les Medina, les Rodrigue et les Albuquerque, tu pourrais rester couvert devant ton Roy.

Mais, de Valence ou de Léon, d'Andalousie ou de Castille, te voilà Parisien depuis hier. Il te manquait le baptême. Tu l'as.

Paris a cette vertu magnétique d'attirer à soi toutes les gloires, de se les assimiler, de les faire siennes. C'est le creuset où elles s'épurent et s'affranchissent des alliages suspects. Il n'y a pas un mois que la tienne est dans ce creuset, et elle a déjà perdu son arrière-goût d'exotisme. Depuis Mario, on n'avait pas eu d'exemple d'une aussi rapide acclimatation. Depuis Mario, on n'avait pas admiré dans un homme d'une autre race cet ensemble de qualités rares qui sont comme l'essence de la nôtre — le goût, le tact, la sobriété, le naturel, le sentiment profond du pathétique, l'élégance dans la vigueur, la grâce dans la force — sans lesquelles il y a peut-être de vaillants chanteurs, mais pas d'artistes parfaits.

Comme tous ceux qui se sentent des ailes, tu rêves des vastes horizons et des ciels immenses de l'Opéra. Jeune présomptueux ! Connais-tu les *Saltimbanques?* Te souviens-tu de quel ton superbe l'illustre Bilboquet demande au jeune Ducantal qui sollicite l'honneur de s'engager dans sa troupe : « Sais-tu seulement jouer du violon comme Paganini ? » Eh bien ! va frapper à la porte de l'hôtel Garnier. On ne te demandera pas : « Jouez-vous du galoubet comme Rubini ? » On te demandera : « Avez-vous du ventre ? » Et, comme tu n'a pas de « ventre » à produire, on te criera : « Passez au large ! Chez nous, un ténor n'a de prix que s'il est gras. Hors de la graisse, point de salut ! Raoul doit être bedonnant, Faust pansu, Arnold apoplectique; Fernand doit avoir l'encolure de Gorenflot. Mettez-vous donc à l'engrais; gavez-vous de farineux; saoûlez-vous de bière brune. Et quand ce régime aura porté ses fruits, revenez-nous voir, jeune homme ! Ce jour-là seulement, vous serez mûr pour l'Opéra. »

Or ce que nos hôtes ont applaudi hier, de toute la force de leurs mains et de leurs poumons, ce n'est pas seulement le ténor à la voix puissante et fière, c'est aussi le ténor à la taille svelte et souple, le ténor affranchi de cet embonpoint qui rend invraisemblable la passion de Valentine, de Marguerite, de Mathilde et de Léonor, le ténor qui rompt avec la tradition banale, le ténor comme on n'en voit guère, le ténor comme on n'en voit plus. Que le suffrage de ces raffinés ou de ces délicats te suffise. Dédaigne qui te dédaigne. Et, puisque tu n'es pas en forme pour ici, va répandre ailleurs la flamme de ton inspiration et les émerveillements de ta voix ! Mais, sous quelque ciel que les hasards de la vie nomade te conduisent, juif errant de l'Art, n'oublie jamais cette soirée heureuse où l'élite des Parisiens t'a donné la consécration enviée et enviable entre toutes. Rappelle-toi ces enthousiasmes, ces fièvres, ces mains tendues, ces cœurs haletants. Et, plus que toutes ces admirations bruyantes, rappelle-toi l'admiration silencieuse, rappelle-toi les larmes du grand Duprez.

Vois-tu, il n'est pas de triomphe qui vaille ces deux larmes jaillies des yeux ou plutôt de l'âme de l'illustre vieillard. Dans cette émotion dont il n'a pu se défendre, il n'y avait aucun regret, aucune amertume, mais quelque chose de paternellement attendri, comme l'orgueil d'un ancêtre qui se sent revivre dans son petit enfant. Oublie les ovations d'hier et les ovations de demain, les lauriers cueillis et les lauriers à cueillir, les dithyrambes et les apothéoses; mais, chaque fois que tu soupireras les plaintes de Fernand ou que tu rugiras les fureurs patriotiques d'Arnold, songe aux deux grosses larmes de celui qui fut le premier amant de Mathilde et de Léonor !

COMMENT SON EXCELLENCE
DEVINT BACHELIER

7 mars 1884.

Cette Excellence est celle dont le nom — comme l'a dit un préfet pince-sans-rire et friand d'antiphrases — est synonyme de « conciliation ».

Vous croyez peut-être qu'il s'agit de M. Waldeck-Rousseau ? Pas du tout. Il s'agit de M. Hérisson, ministre du commerce.

Pourquoi du commerce plutôt que des finances, de l'agriculture ou de l'intérieur ? C'est un de ces mystères que peut seule expliquer l'omniscience républicaine. Il suffit, en effet, qu'un citoyen quelconque, le premier venu, soit bombardé ministre de la R. F., pour que la langue de feu descende sur sa tête et l'initie aux fonctions les plus variées comme elle initiait les Apôtres aux idiomes les plus divers. Par là s'explique l'aplomb merveilleux avec lequel M. Jules Ferry, par exemple, passe indifféremment de la rue de Grenelle au quai d'Orsay. L'aptitude ministérielle est une simple question de déménagement. Le logis fait le ministre, à peu près comme l'habit fait le moine.

Or, M. Hérisson n'est pas seulement ministre, il est aussi bachelier. Tous ses collègues ont-ils leur diplôme? je n'en jurerais point. Mais pour celui-là je l'affirme.

Il est des légendes auxquelles, par fierté nationale et par souci de notre prestige extérieur, il ne faut pas permettre de se propager. La légende de M. Hérisson « vierge de tout baccalauréat » est en train de faire le tour du monde. Elle a pris naissance au banquet que les facteurs des Halles ont offert, l'autre jour, à quelques Trimalcions officiels; et c'est un journaliste réactionnaire — ces espèces n'en font jamais d'autres! — qui l'a mise en circulation. Quand le ministre du commerce eut porté son toast filandreux au « premier magistrat de la République », ledit journaliste, ennemi juré de nos institutions et de ceux qui s'y taillent soixante mille livres de rentes, dit assez haut pour être entendu :

— Mais c'est du français de cuisine! Je croirai que l'auteur est bachelier lorsqu'il m'aura montré son diplôme!

Eh bien! n'en déplaise à mon sceptique confrère, M. Hérisson est bachelier, et, comme il ne faut rien avancer qu'on ne prouve, je vais dire comment la chose advint.

En ce temps-là, trois jeunes garçons, qui devaient avoir des fortunes bien différentes, usaient leurs culottes sur les bancs du lycée Saint-Louis. Ils s'appelaient Henri Rochefort, Hérisson et Portefain, et donnaient à leurs condisciples le spectacle d'une amitié dont on ne retrouve le pendant que dans les *Trois Mousquetaires*. Mais il s'en fallait qu'ayant même cœur ils eussent même intelligence, et là s'arrêtaient les sympathies. Tandis que Rochefort et Portefain étaient toujours à l'avant-garde de la classe, Hérisson s'attardait obscurément parmi les traînards, et rien n'annonçait alors qu'il serait un jour une des colonnes de l'édifice dont Grevy senior est la clef de voûte.

Vint l'heure où les trois copains eurent à doubler le cap du baccalauréat. Pour Rochefort et Portefain, le succès n'était pas douteux; pour Hérisson, il était au moins aléatoire. L'épreuve écrite eut lieu dans une salle de la Sorbonne, sous la surveillance de l'excellent papa Géruzez, dont le fils a signé, du pseudonyme de Crafty, tant de croquis humoristiques. Elle consistait en une version que Rochefort et Portefain, brillants latinistes, eurent expédiée en un clin d'œil, mais qui se dressait devant le jeune Hérisson comme une énigme de Sphynx, comme un insoluble problème. Et plus l'heure marchait, plus l'énigme s'épaississait, plus le problème se compliquait; et le patient, la sueur aux tempes, suivait d'un œil hagard la course de l'aiguille impitoyable, et, de l'autre, couvait, avec une évidente concupiscence, la *copie* de Rochefort, son voisin. Le futur lanternier comprit cette pantomime suppliante et passa sournoisement sa traduction au camarade aux abois. Ce n'était plus, dès lors, qu'un simple travail de copiste, et le jeune Hérisson avait, paraît-il, une fort belle main.

Mais le papa Géruzez avait flairé la fraude. Il descendit de sa chaire et s'approchant des deux complices :

— Il me semble, leur dit-il d'un ton bourru, que nous collaborons !

Rochefort eut froid dans le dos ; il essaya de balbutier une excuse.

— Bien, bien, interrompit le papa Géruzez, votre nom, s'il vous plaît ?

— Henri Rochefort.

— Bah ! le fils du vaudevilliste ?

— Oui, monsieur !

— Et le filleul d'Hetzel, mon excellent ami ?

— Lui-même.

— C'est à merveille. Justement, votre parrain me parlait de vous hier... il vous recommandait à ma bienveillance. Je suis sûr que vous n'en aurez pas besoin.

Et le brave homme passa, sans pousser l'enquête plus loin, et laissant les deux « collaborateurs » tout ahuris d'une alarme si chaude.

Rochefort, Hérisson et Portefain furent admis à l'épreuve orale. Rochefort et Portefain la subirent avec éclat ; mais Hérisson eût probablement succombé sous l'avalanche des boules noires, si Rochefort n'eût révélé, ce jour-là, sa vocation pour le théâtre, en remplissant derrière lui le rôle de souffleur.

Rochefort, Hérisson et Portefain furent proclamés bacheliers ès lettres.

Depuis cette époque lointaine, la vie les a séparés, et je me figure leur étonnement lorsqu'ils se verront réunis dans cet article.

Aujourd'hui, Rochefort est ce que vous savez.

Hérisson est ministre du commerce.

Portefain est... huissier d'une justice de paix.

Le destin a de ces ironies.

LE DENTISTE

8 mars 1884.

Le fait que je vais dénoncer est révoltant, ignoble, monstrueux. Mais il y a du chirurgien dans le chroniqueur, et la plume est un scalpel qui ne doit pas se dérober même devant les plaies les plus répugnantes. Les lecteurs à l'écœurement facile sont prévenus : ils n'ont qu'à tourner le feuillet.

La scène se passe dans une des nombreuses brasseries du faubourg Montmartre. Il est minuit. Un de mes amis et moi, nous sommes attablés devant un moss de bière brune. A la table voisine, un individu de quarante à quarante-cinq ans, blond fade, œil louche, visage de brute, dialogue avec un carafon d'eau-de-vie. Anglais par la tenue, Américain par la coupe de la barbe — mais l'un ou l'autre à coup sûr. Le garçon l'appelle M. Jones. A la table en face, un de ces couples hasardeux, comme il en pullule sur le tard dans ces antres de la basse luxure, fait mélancoliquement vis-à-vis à deux chopes vides. Lui, blême, le teint plombé, les traits flétris, mais portant haut encore les restes d'une beauté triviale dont l'avachissement atteste les longs services, obligatoires et nullement gratuits. Elle, une belle fille fraîche et rose, aux lèvres sensuelles, aux cheveux frisottés, à la mâchoire superbe que déparent néanmoins deux ou trois perles absentes, un morceau très friand, en somme, sans un je ne sais quoi, dans l'expression et dans l'allure, de platement servile et de stupidement résigné. Un Desgrieux que surveille le guet, une Manon qu'attend Saint-Lazare.

A travers le va-et-vient des garçons et des consommateurs, un courant mystérieux met en communication la table voisine avec la table en face, M. Jones avec Manon et Desgrieux. M. Jones darde sur Manon un œil fascinateur, pleins d'avides désirs et d'engageantes promesses, et Manon semble éprouver un visible malaise sous la fixité troublante de cet œil. Ce manège n'échappe pas à Desgrieux, mais il n'en prend pas ombrage. Sa physionomie indique, au contraire, qu'il trouve plus mauvais goût les « manières » de Manon. On devine même, à certains appels du coude et du genou, qu'il l'exhorte à se montrer moins farouche. Bientôt aux appels du coude et du genou succèdent les ruades mal déguisées, sur quoi Manon, vaincue, se levant tout d'une pièce, noue d'un geste fiévreux les brides de son chapeau, et, la tête basse, l'allure morne, comme un condamné qui marche au supplice, gagne lentement la porte de la brasserie, non sans avoir jeté sur M. Jones un regard qui veut dire : « Puisque c'est la volonté de mon seigneur et maître, viens reprendre ta proie ! »

M. Jones ne sourcille pas : il laisse s'écouler quelques secondes, boutonne méthodiquement son paletot, paie ses petits verres, et sort, tandis que Desgrieux, en homme à qui la fortune daigne enfin sourire et qui sait en jouir, crie d'une voix caverneuse :

— Garçon, un saladier ?

Nous ne suivrons pas Manon et M. Jones, imitant les auteurs de vieilles tragédies qui se gardaient bien d'exposer aux yeux du public les situations par trop scabreuses et les remplaçaient par un récit explicatif. Le récit explicatif étant même assez délicat dans l'espèce, nous le remplacerons à notre tour par un dialogue entre votre serviteur et son ami.

L'AMI. — Avez-vous vu ?

MOI. — Parbleu !

— Et que pensez-vous ?

— Je pense que nous venons d'assister au prologue d'un vaudeville banal, qui va se dénouer dans quelque garni du voisinage.

— Un vaudeville ? Dites un drame, s'il vous plaît !

— Un drame ? allons donc !

— Comme je vous le dis. Et pas banal du tout, encore. Car si les Desgrieux et les Manon foisonnent, les M. Jones sont extrêmement rares, grâce à Dieu !

— C'est donc un phénomène, ce M. Jones ?

— Pis qu'un phénomène, un monstre !

— Vous me faites frémir.

— Et il y a bien de quoi. Vous connaissez la légende des vampires qui se refaisaient une jeunesse en suçant le sang des vierges ? M. Jones est de cette famille-là.

— Allez toujours, c'est fort drôle.

— Attendez la fin. Dans le monde des alphonses et des filles, M. Jones est connu sous le nom du « dentiste... »

— Quoi de surprenant, s'il est Américain ?

— Américain, peut-être, mais, dentiste, point. Il serait fort en peine de montrer son diplôme.

— Dentiste amateur, alors ?

— Précisément. Avez-vous remarqué la mâchoire de Manon ?

— Sans doute. Elle est superbe.

— Mais incomplète. Et les vides qui les déshonorent, savez-vous qui les a faits ?

— Prétendrez-vous que c'est M. Jones ?

— Lui-même.

— Je ne comprends pas.

— Ecoutez-moi bien, et comprenez à demi-mots. Vous savez que le marquis de Sade, ce blasé libidineux, appelait les plus abominables raffinements — le bâillon, par exemple, les menottes, la flagellation, etc. — à la rescousse de sa sensualité défaillante. M. Jones est aussi blasé que le marquis de Sade, mais il est plus abominablement raffiné. L'excitation d'une souffrance tolérable suffisait au marquis de Sade, pour que de la cendre froide de ses sens jaillît une fugitive étincelle. M. Jones ne flambe pas à si bon marché. Il lui faut les cris de douleur, les hurlements de rage, le bruit des os qui craquent, la vue du sang qui coule, toutes les sombres horreurs d'un martyre volontairement subi. C'est pour cela qu'il s'est fait dentiste. L'extraction des dents saines dans une mâchoire intacte était autrefois une des formes de la torture. Mais du moins le bourreau, qui l'appliquait, finissait-il par acquérir, à la longue, la dextérité d'un praticien, et avait-il pour excuse de n'y prendre aucun plaisir. Ce n'est pas en bourreau que M. Jones opère, c'est en boucher, et en boucher voluptueusement féroce, car ses appétits faunesques n'arrivent à leur complète satisfaction que lorsque, sous la clef dont il ignore le mécanisme, il sent les éclats de l'ivoire grouiller, parmi les lambeaux de chair, dans un fleuve de sang !

— Horrible ! horrible ! Des bêtes n'accepteraient pas ce qu'acceptent des créatures humaines !

— Que voulez-vous ? Les temps sont durs, les clients sont rares, et il faut bien qu'Alphonse vive !

— Soit. Mais il est inadmissible que la police

ignore M. Jones et son commerce hideux.

— La police le sait, mais, comme dans la *Muette*, elle n'y peut rien. Le flagrant délit, nécessaire pour sévir, est d'une constatation fort difficile, et, fût-il constaté, M. Jones ne manquerait pas de répondre : « J'ai pris une dent à madame, c'est vrai. Mais c'est de son consentement. D'ailleurs, je l'ai payée ce qu'elle vaut. Elle m'a donné de l'agrément en retour. Nous sommes quittes. »

Et tandis que nous causions, les moss se multipliaient devant Desgrieux. Et tandis qu'ils se multipliaient, sa physionomie trahissait une certaine inquiétude. Si Manon n'allait pas revenir !

Elle est revenue, Manon, demi-morte, l'œil dilaté par une sorte de folie, serrant contre sa joue enflammée son mouchoir blanc marbré de taches rouges. Elle a glissé quelque chose de jaune dans la main de Desgrieux, et, du prix de son martyre, Desgrieux, avec la sérénité d'une honnête conscience, a soldé l'addition. Je crois même qu'il y est allé d'un fort pourboire.

Il y a de cela quarante-huit heures, et, rien que d'y penser, j'en ai le cauchemar.

GRANDEUR ET DÉCADENCE

11 mars 1884.

Au temps où les cafés-concerts ne pullulaient pas encore dans Paris — je parle d'il y a vingt-cinq ou trente ans — ces music-hall étaient des pépinières où se recrutaient parfois nos petites et même nos grandes scènes lyriques. C'est ainsi que le Café du Géant, boulevard du Temple, fut le tremplin d'où Marie Sass prit son élan vers l'Opéra, et que le Café Moka, rue de la Lune, vit éclore la réputation du ténor Michot, aujourd'hui rentré, par je ne sais quelle lamentable déchéance, dans le cadre modeste de ses débuts. Je crois même que mademoiselle Agar s'y essaya quelque temps dans la chansonnette, avant de se vouer à la tragédie, dont elle s'est instituée la prêtresse ambulante.

Le Café Moka, tout à fait inconnu de la génération actuelle, était voisin de la Brioche, où se sont tant de fois assouvis, à bon compte, nos appétits de vingt ans, alors que nous avions la bourse souvent légère et l'estomac toujours creux. Le soir, les illuminations de sa façade égayaient les abords de la rue de la Lune, sombres comme comme l'entrée d'un coupe-gorge. Cet établissement fut en grande vogue de 1850 à 1856; et, cette vogue, il ne la devait ni au choix des consommations, ni à l'excellence du personnel artistique, ni à la variété du répertoire. Ce n'était ni pour la limomade ni pour la musique qu'une foule idolâtre prenait, chaque jour, le contrôle d'assaut. La *great attraction* qui soulevait ce fanatisme, c'était madame Mathieu. La belle madame Mathieu ! Les Parisiens d'alors en avaient plein la bouche. Il semblait qu'ils eussent pris pour devise : *Veder la bella donna Mathieu, poi mori!*

En ces temps reculés où l'on n'abusait pas encore du mot « étoile », madame Mathieu, sans en avoir le nom, était l'étoile du Café Moka. Il serait plus juste de dire qu'elle en était la poule aux œufs d'or, car elle seule faisait recette. Ces sept lettres sur l'affiche étaient synonymes de maximum. Le reste n'était que hors-d'œuvre. Pour expliquer cette action foudroyante sur les couches les plus diverses du public, vous rêvez sans doute une artiste complexe, joignant à la spirituelle grimace de Bonnaire le brio populaire de Faure et l'art profond de Thérésa. Pécaïré ! L'art, le brio, l'esprit, qu'en eût fait cette triomphante, puisqu'elle n'avait qu'à paraître pour conquérir tous les cœurs ? L'originalité de madame Mathieu, c'est précisément qu'elle n'avait aucune de ces vertus souveraines, c'est qu'elle ne chantait pas. Elle était là pour l'œil et non pour les oreilles ; et de même que Vénus avait gagné Pâris par la seule puissance de ses charmes, elle aussi, par la seule exhibition de sa beauté rayonnante, ensorcelait Tout-Paris.

Quand on l'avait vue une fois, il vous restait d'elle l'impression ineffaçable que vous laisse la contemplation, même rapide, d'un chef-d'œuvre de l'art antique. Berthelier, avec qui j'en causais tout à l'heure, m'affirme que, de tous les souvenirs de ses débuts, le plus vivace était encore celui de cette admirable créature étalant, pour un morceau de pain, ses formes de déesse, sur ces pauvres tréteaux, dans le cliquetis des verres et la fumée du tabac. Et ses petits yeux pétillaient d'une flamme égrillarde en me dépeignant ce masque d'Athénienne, couronné par une chevelure en noir bleu, ces prunelles noyées d'une langueur molle, ces lèvres de pourpre, ce cou de cygne continuant des épaules pétries dans des lys, cette gorge audacieuse et troublante, cette taille exquise et ces bras volés à la Vénus de Milo. La dentition seule était légèrement défectueuse, mais madame Mathieu n'ouvrait jamais la bouche, pour ne pas gâter, par une fausse note, la divine harmonie.

Cette merveille était la propriété légale d'un chanteur de chansonnettes, nommé Mathieu, qui s'était fait une spécialité des tourlourous pleurards et mélancoliques, le même dont les journaux ont annoncé la mort il y a quelques mois. Ce Mathieu, comme quelques-uns de ses collègues, Milher et Beaumaine, entre autres — était à la fois artiste et parolier, et se faisait de petites rentes en taquinant la Muse à ses moments perdus. Il avait un compte ouvert à la Société des auteurs et compositeurs de musique. Un jour, la discorde se mit dans le ménage. M. Mathieu tira de son côté, madame du sien. Puis le Café Moka disparut dans l'éclosion du Paris moderne, et, avec son ciel en carton-pâte, s'effondra l'étoile aux rayons étincelants. Depuis, les astronomes n'en ont jamais retrouvé la trace.

Or, l'autre jour, un ancien chanteur de café-concert, devenu commis-voyageur en bijouterie, s'installa dans une maison meublée de la rue de l'Orillon, là-bas, tout là-bas, vers Belleville. Le matin, comme il achevait sa toilette, une femme aux cheveux tout blancs, mais à l'allure très jeune, et dont le visage pâle montrait encore les vestiges d'une radieuse beauté, entra dans sa chambre et commença, sans mot dire, à réparer le désordre de la nuit. Les commis-voyageurs sont galants. Notre bijoutier, pour ne pas faillir à la tradition, voyant une taille bien prise, se mit en devoir de la serrer dans ses dix doigts. Mais cette fantaisie gaillarde fut immédiatement réprimée, et la servante, d'un ton où il y avait plus de tristesse que de colère :

— Bas les pattes! dit-elle. Ne voyez-vous donc pas la couleur de mes cheveux?

— Qu'est-ce que cela prouve ? répondit le bijoutier, on a des cheveux blancs à tout âge. Et puis, vieille ou jeune, vous êtes très belle, parole d'honneur !

La pauvre femme eut un sourire où l'orgueil se nuançait de je ne sais quel ressentiment amer. Elle poursuivit, après une pause :

— Belle, dites-vous ? qu'auriez-vous dit il y a trente ans! Mais vous tétiez encore votre nourrice quand madame Mathieu, la belle madame Mathieu faisait courir tout Paris au Café Moka.

— Comment!... la belle madame Mathieu, c'est vous?

— En chair et en os... plus d'os que de chair, par exemple!

— Alors, Mathieu, mon ancien camarade de café-concert, qui disait et composait des chansonnettes, c'était votre mari?

— Ah! ne me parlez pas de ce paroissien! Il m'a lâchement abandonnée!... et depuis dix-huit ans il ne s'est jamais inquiété si j'étais morte ou vivante.

— Toutes les haines doivent désarmer devant la mort.

— La mort! Eh! quoi, Mathieu!

— Hélas! oui. Il y a quelques mois que nous l'avons mis en terre! On ne vous a donc pas prévenue?

— Qui l'aurait fait? Je n'existe plus pour personne?

— Mais les journaux?

— Est-ce que j'ai le temps de lire? J'ai bien assez à faire à gagner ma vie, ou plutôt à m'empêcher de mourir!

— Mais tout cela va changer. Mathieu n'est pas mort pauvre. J'ignore s'il laisse de l'argent, mais il laisse un répertoire qui se chante un peu partout et qui doit être d'un joli rapport. Vous êtes son héritière, faites valoir vos droits.

— Tout de suite. Entre nous, je suis lasse de cirer les bottes et de frotter les parquets!... Vous ne voudriez pas que je joue la comédie des pleurs... Il y a si longtemps que je suis veuve!

Et voilà comment celle qui fut la belle Mathieu se présentait, avant-hier, au guichet de la Société des auteurs et compositeurs de musique, en compagnie de M. Javelot, le directeur de Ba-ta-clan, et, son identité reconnue, émargeait aux lieu et place de son mari décédé.

Qu'on vienne après cela nier la providence!

OLYMPE AUDOUARD

17 mars 1848.

Elle a failli mourir d'une pleurésie, et peu s'en est fallu que ses *Mémoires* ne fussent des Mémoires posthumes. Mais son énergie a vaincu le mal, et sa convalescence, coïncidant avec la publication de son Autobiographie, qui paraît demain (1), remet cette personnalité, curieuse à tant de titres divers, en plein courant de l'actualité parisienne.

On a beaucoup parlé d'Olympe Audouard, plus encore qu'elle n'a fait parler d'elle. Tour à tour romancière, journaliste, voyageuse, gynécologue, réformatrice par la parole et par la plume, sa vie a traversé les phases les plus singulières et s'est répandue dans les zones et les milieux les plus variés. Elle a vu de près la cour de Napoléon III, et, vers le milieu de l'Empire, son salon fut le rendez-vous des notabilités littéraires : Lamartine, Hugo, Gautier, Jules Janin furent de ses amis. Elle a bataillé, la plume en main, alors que, la politique étant interdite, toute l'activité des esprits se portait vers les lettres et les arts. Sans toutefois chausser le bas d'azur, — du moins elle s'en est vivement défendue dans une lettre à Barbey d'Aurevilly, demeurée célèbre.

---

(1) *Voyage à travers mes souvenirs.* — 1 vol. Dentu, lib.-éditeur.

On aurait pu, du reste, lui pardonner la couleur de ses bas en considération de sa souveraine beauté. Belle, elle le fut entre toutes. Je la vois encore telle que l'a peinte madame O'Connel, en toilette de bal, avec son cou merveilleux sur des épaules plus merveilleuses encore, son beau visage d'une régularité parfaite, éclairé par d'admirables yeux noirs et couronné d'ébène bleu. Il a neigé depuis sur cette couronne, et les hivers ont mis quelques rides à ce front si pur. Mais l'allure est demeurée jeune, et l'esprit garde la verdeur et la grâce d'un éternel été.

Olympe Audouard est née à la Palud, un jour que le mistral soufflait en tempête. « Ce coup de mistral m'est resté là! » dit-elle en se touchant le front. Son père, un original, l'éleva suivant une méthode qui, de nos jours, par cette rage d'émancipation précoce, n'étonnerait personne, mais qu'on tenait pour déplorable en ce temps-là. La jeune Olympe passait alors ses journées à courir les champs, en habits d'homme, et ses soirées à lire le *Journal des Débats,* entre deux laïus paternels sur les bienfaits de 89 et les vertus de la Constitution américaine. Plus tard, on lui donna pour gouvernante une femme de haute valeur, madame Gauchier, l'ex-institutrice des enfants du maréchal Randon, qui, sur ce fonds politique, mit une couche sérieuse de littérature. Cette éducation politico-littéraire devait peser d'un grand poids sur son avenir.

Un beau jour, sans savoir, pour faire plaisir à son père, Olympe épouse un sien cousin, qu'elle avait bien vu quatre fois. Le cousin l'emmène à Marseille, la rend coup sur coup mère de deux enfants, et, ce noble devoir accompli, commence, à l'insu de sa femme, une vie de Polichinelle, avec accompagnement de scènes violentes, d'injures, de brutalités et de voies de fait, dont elle porte encore la marque visible sous la blancheur de la peau. Il s'ensuivit une rupture, puis une séparation en règle. La « séparée » avait vingt ans ! Que faire ? Donner des leçons ? Mais qui veillerait sur les petits dont le Tribunal l'avait constituée gardienne ? C'est ici que sa vocation littéraire commence à se dessiner. Résolue à vivre de sa plume, elle vient à Paris et plaide pour obtenir la restitution de sa dot, M. Baroche, ami de la famille, lui conseille d'aller voir ses juges. Elle y va. L'un d'eux, après l'avoir embrassée, lui dit :

— Belle comme vous l'êtes, qu'avez-vous besoin de toucher à votre dot? Les jolies femmes ont tant d'autres ressources !

Méphisto ne put convaincre Marguerite, qui perdit son procès. Mais, comme il fallait de l'argent, à toute force, pour fonder le *Papillon*, elle résolut d'en extirper à son mari par voie judiciaire. En conséquence, elle rédigea sa requête, et, flanquée d'un avocat, s'en fut la présenter au magistrat compétent.

— Madame, lui dit ce prudhomme avec raideur, vous êtes, nous le savons, d'une excellente famille, et vous avez de puissantes relations en haut lieu. Croyez-moi donc, n'affligez pas l'une et ne découragez pas les autres, en vous vouant à la littérature, où vous ne rencontrerez que des mangeurs (sic) et des gens sans aveu (sic) comme *Jules Janin, Théophile Gautier, Michelet, Arsène Houssaye et tutti quanti!* C'est pour vous sauver de vous-même que nous refusons votre requête.

— Monsieur, répondit froidement la requérante, avez-vous connaissance d'une statistique publiée, l'année dernière, par ce même Gautier que vous méprisez si fort ?

— Dieu m'en garde !

— Je le regrette, car elle vous aurait appris que, si l'on a vu parfois au bagne des ministres, des procureurs, des avoués, des notaires, voire des magistrats, on n'y a jamais vu de littérateurs !

Le *Papillon* paraît enfin. Toutes les illustrations littéraires du jour y collaborent. Sur quoi, M. Audouard *redivivus* fait défense à sa femme, par ministère d'huissier, « de prostituer son nom en l'imprimant dans les journaux ! » *O tempora !*

En même temps qu'il la bombardait de papier à vignette, l'ex-mari, par un de ces retours qu'explique sa célébrité naissante, s'éprenait à nouveau de son ex-femme. Il se mit à la suivre partout, l'obsédant de lettres brûlantes, pleurant sur son paillasson et encombrant de fleurs la loge de son concierge. Exaspéré de ses dédains, il la menaça de violer son domicile et de se faire assister par un commissaire de police. Olympe « restant chez elle » le vendredi, c'est du vendredi qu'il fit choix pour cette belle équipée. M. Baroche fut prévenu. « Le vendredi, dit-il, c'est le jour de madame Audouard, nous y serons tous ! » Le mari voulait bien reconquérir ses droits, même violemment, mais il eut peur du ridicule, et, sur une invitation officieuse, il s'empressa de quitter Paris.

Olympe était heureuse. La mort d'un de ses fils, qu'elle aimait tendrement, vint gâter son bonheur. Son désespoir fut indescriptible ; elle voulait fuir le monde à tout jamais ; elle eut la tentation du cloître. Mais « le coup de mistral » soufflait dans cette tête aventureuse, et la voilà qui se met à courir le monde, allant d'Afrique en Egypte et d'Egypte en Russie. Puis elle revient en France, publie ses notes de voyage, fait reparaître le *Papillon* — naturellement — et se lance, pour s'étourdir, dans le tourbillon des fêtes, et même des fêtes officielles, dont les relations que j'ai dites lui facilitaient l'accès. Un soir, dans un bal, aux Tuileries, Napoléon III s'approcha d'elle et, d'un ton légèrement ironique :

— Je vois avec plaisir, lui dit-il, chère madame, que vos opinions républicaines ne vous empêchent pas de venir danser chez moi !

Mais elle, avec son plus joli sourire :

— Sire, répondit-elle, comme, quelles que soient nos opinions politiques, c'est nous qui payons les violons, nous aurions bien tort de ne pas venir valser dans nos Tuileries, quand l'occasion s'en présente !

L'empereur prit la riposte avec son esprit habituel et fit à la dame son salut le plus courtois.

Peu de temps après, Olympe perd son second fils. Nouveau chagrin aussi cruel que le premier ; reprise de la vie nomade. Cette fois, elle pousse jusqu'en Amérique, où elle donne conférence sur conférence pour gagner son pain.

C'est dans cette excursion qu'elle s'éprit du spiritisme. Folie bien excusable, qu'on fit naître en elle, en lui persuadant que, si sa foi dans les doctrines d'Allan-Kardec était sincère, elle serait en communication directe avec l'âme de ses fils. On obtenait tout d'elle à flatter cette passion posthume. Se souvient-on qu'elle défendit *unguibus et rostro* la cendre d'un de ses chers morts ? M. Haussmann, alors préfet de la Seine, voulait percer une rue à travers le cimetière Montmartre. Il eût fallu, pour cela, déplacer quelques tombes, parmi lesquelles se trouvait la tombe du jeune Audouard. La mère, à cette occasion, écrivit au préfet une lettre qui se terminait par cette menace :

« Avant de bouleverser les cendres de mon fils, on me passera sur le corps. »

Il lui sera beaucoup pardonné, parce qu'elle a beaucoup aimé... ses enfants.

J'ai laissé volontairement dans l'ombre les côtés galants d'une existence qui, commencée dans les épreuves, se termine dans le travail. Je ne puis pourtant pas résister au plaisir de vous dire une très piquante anecdote.

Un romancier de talent, venu du fin fond de la Pologne, se vantait, avec toute sorte de réticences discrètes et perfides, d'avoir été l'amant d'Olympe Audouard. Un soir, dans une maison amie, il se trouve à table le voisin d'une jeune dame russe, qui, d'un bout à l'autre du dîner, dépensa de l'esprit comme plusieurs Françaises.

Notre homme était ravi, fasciné, médusé. Et quand l'heure du cigare fut venue :

— Quelle est, demanda-t-il à l'amphitryon, cette adorable créature ?

— Comment !... Vous ne la connaissez pas ?

— Pas le moins du monde !

— C'est pourtant votre maîtresse... Madame Olympe Audouard !

Tête du Polonais !

LE CITOYEN TALLEYRAND-PÉRIGORD

22 mars 1884.

Donc, le marquis de Talleyrand-Périgord s'en est allé hier porter la bonne parole — avec quelques subsides — aux grévistes d'Anzin, aux ennemis de « l'infâme capital ». De la part d'un archi-millionnaire, si ça manque de logique, ça ne manque pas de crânerie.

Donc, voilà l'héritier d'un des plus grands noms de France passé « citoyen ». Mais je ne crois pas qu'il faille gratter beaucoup le citoyen pour retrouver le marquis. Tel Henri Rochefort, son coreligionnaire. L'un et l'autre ont cela de commun qu'en affichant pour le peuple des sympathies dont je ne mets pas en doute la sincérité, ils gardent par devers eux, avec un soin jaloux, les traditions aristocratiques de leurs familles. Sang bleu ne peut mentir.

Le néo-citoyen est fils du marquis Edmond de Talleyrand qui, par cession, obtint de son père le titre de duc de Dino, et, quand mourut sa mère, hérita de la seigneurie de Deutsch-Wartemberg, en Silésie.

Il a quarante ans — je néglige les mois de nourrice. Physionomie ouverte et franche, œil très doux avec de fugitives lueurs d'acier, moustaches relevées en brosse, type accompli du gentilhomme soldat. Et, de fait, il a largement payé sa dette au pays. Ancien chasseur à pied, il a fait la campagne du Mexique et celle de 1870-71. Et s'il n'a rien à la boutonnière, comme dit la chanson, c'est qu'il a refusé la croix, après Champigny, non par dédain démocratique, mais en faveur d'un vieux brave à trois poils dont les longs services méconnus lui semblaient plus dignes de cette récompense. Entre nous, j'aime mieux ça.

Aux grands jours de la Californie, Maurice de Talleyrand, entraîné par sa nature aventureuse et romanesque, se fût fait chercheur d'or. Dans l'intervalle de ses deux campagnes, il se fit chercheur de cuivre, à Vallénar, au Chili. Mais il revint bredouille et ruiné. C'était une revanche à prendre; il la prit, quelques années plus tard, en Amérique, où, grâce à son nom et à son titre, il eut accès dans les plus opulents milieux. Un jour, M. Stevens, le richissime rival du richissime M. Mackay, lui proposa deux parts dans une mine de pétrole. Le marquis n'était pas en fonds ; M. Stevens lui donna du temps. Au bout du premier exercice, les deux parts rapportaient dix mille livres sterling. Et voilà comment la fortune de Maurice de Talleyrand-Périgord a pour origine le pétrole dont ses nouveaux amis ont fait une si copieuse consommation pendant la Commune !

C'est Gambetta qui le convertit à la foi républicaine. Sa première tentative électorale ne fut pourtant pas heureuse. Quoique chaudement patronnée par le tribun, sa candidature ne trouva pas grâce devant les électeurs de Châteauroux. Mais il ne renia point ses nouveaux dieux, et, depuis son échec, il n'a cessé de donner des gages, soit par ses écrits brûlant du plus beau feu démocratique, soit par ses actes. N'a-t-on pas révélé que, depuis l'incarcération de Louise Michel, il faisait une pension de cinq louis par mois à sa mère, et qu'il envoyait à la Vierge rouge des confitures pour étendre sur le pain noir de Clermont ?

Cet apostolat social n'empêche pas le marquis d'être l'homme de tous les sports. Il figure dans la galerie du baron de Vaux parmi les tireurs au pistolet émérites, et il manie, en outre, admirablement le sabre et l'épée. Très chatouilleux sur le point d'honneur, il a, dans plusieurs duels, blessé mortellement ses adversaires; à Berlin, entre autres, il tua roide un officier allemand qui l'avait insulté. Il aurait rendu des points à Guillaume Tell pour l'adresse. En Floride, une jeune Américaine, le voyant faire mouche à tout coup, le défia d'enlever d'une balle, à vingt-cinq mètres, un citron qu'elle tiendrait entre l'index et le pouce. Le marquis coupa le citron en deux.

Aujourd'hui, revenu des aventures et des voyages, Maurice de Talleyrand-Périgord mène, à Paris, une existence en rapport avec sa fortune, dans son ravissant hôtel de la rue Jouffroy, où rien ne sent l'austérité démocratique, où tout, au contraire, trahit le culte des grandes traditions familiales dont je parlais au début. Dans la salle à manger Henri III, les armes des Talleyrand-Périgord ornent tous les meubles : elles sont brodées sur les rideaux, sculptées sur les buffets, peintes sur les panneaux des portes, gravées dans la bordure des admirables faïences qu'il a fait faire spécialement pour lui, chez le marquis de Ginori, à Florence, et sur l'argenterie héréditaire. Il voudrait oublier sa race que tout, dans son home, la lui rappellerait.

Une draperie sépare la salle à manger d'un petit salon japonais où le marquis se tient d'ordinaire, après déjeuner, avec ses amis, et dont le seuil est gardé par deux hommes d'armes, revêtus d'armures ciselées, aux écussons de la famille.

Du salon japonais, on passe dans le grand salon, où sont entassés tous les meubles rares transmis par héritage ; les quatre panneaux sont tendus d'immenses tapisseries des Gobelins, qui valent bien quarante mille francs pièce, au bas mot.

La chambre à coucher est en même temps le cabinet de travail. C'est là qu'on admire les armes précieuses, les souvenirs originaux rapportés de voyage et les bibelots rares, dont le marquis est un enragé collectionneur. Il a surtout la passion des faïences. Les siennes passent pour les plus belles qui soient, et il y a, dans le nombre, tel plat qu'il a poussé jusqu'à douze mille francs.

Rochefort, un jour, déjeunait chez lui.

— Choisissez dans ma collection ce qui vous fera plaisir, lui dit Talleyrand. Tenez, ce plat, par exemple.

Rochefort accepte... il emporte le plat... C'était le portrait de... Louis XIV.

Sur la table, on voit deux photographies : celle du duc de Dino, son père, qui vit à Florence, et celle de mademoiselle Palma de Talleyrand-Périgord, sa fille, née à Venise en 1871, et qu'il fait élever aux Oiseaux. On sait que le marquis est séparé de sa femme, une Américaine qu'il avait épousée à New-York, mademoiselle Beers-Curtis.

Il y a encore dans l'hôtel un appartement qu'habite la duchesse de Dino, lorsqu'elle vient à Paris, et une salle d'armes admirablement aménagée. Caïn préside, et M. de Talleyrand-Périgord invite fréquemment ses amis à des assauts qui se terminent par de fins déjeuners.

C'est à la suite d'un assaut de ce genre que se trouvèrent un jour réunis à sa table hospitalière : Henri Rochefort, le baron Raymond Seillière, le prince de Sagan, Ch. Bocher, le baron de Vaux, le socialiste irlandais Parnell et... pas un gréviste.

Ce n'est pas seulement parce qu'il enfourche le dada du républicanisme que le marquis mérite d'être classé parmi les hommes de cheval : il possède une écurie très bien tenue, et on cite les deux bêtes superbes de son coupé, qui le suit partout dans ses voyages. Enfin, il a dressé lui-même un magnifique pur sang, très dangereux, très irascible qu'il monte le matin au Bois.

Vive la République !

CHEZ ARSÈNE HOUSSAYE

28 mars 1881.

La redoute d'Arsène Houssaye ! La fête vénitienne de la rue du Bel-Respiro ! C'est là, depuis quinze jours, le thème favori sur lequel roulent toutes les conversations des Parisiens, le but où tendent toutes les convoitises.

Ceux qui ne connaissent pas les origines de ces fêtes-types, qui ne se rappellent plus l'éclat dont elles ont illuminé le crépuscule de l'Empire et l'aurore de la République, ont peine à s'expliquer cette « furie ». C'est pour ceux-là qu'il est bon d'en esquisser un léger croquis rétrospectif et d'en refaire la génèse. D'ailleurs, raconter hier, c'est encore raconter aujourd'hui. Car les grandes nuits de l'avenue Friedland ont revécu, la nuit dernière, aux Champs-Élysées.

Le hasard a des caprices prodigieux. Les redoutes d'Arsène Houssaye sont filles d'un de ces caprices. Le mardi-gras de 1868, le poète avait à dîner quelques amis, un de ces dîners « en têtes » qui, depuis, ont fait fureur. Pour flatter le goût théâtral de l'amphitryon, tous les convives étaient venus en figures de Poquelin. Aussi le repas fut-il gai comme une cérémonie du *Malade imaginaire*. Au champagne, quelques femmes du monde, qui s'en allaient dans un bal costumé, voyant la galerie illuminée à giorno, y firent irruption avec la belle gaieté des femmes du second Empire. Cette improvisation carnavalesque eut un tel succès que les belles intruses oublièrent leur bal ; et on fut si content les uns des autres qu'on se promit de recommencer le mardi suivant, et tous les mardis de carême, hors celui de la Semaine Sainte, — ces dames voulant faire leur salut au moins ce jour-là pour être en état de grâce quand la Pâque serait venue.

Le mardi suivant, quelques cantatrices et comédiennes furent aussi de la fête, sous prétexte de chanter et d'improviser des comédies. On était vingt-cinq le premier soir ; on fut cent, cette fois, bien qu'Houssaye n'eût invité personne. Le troisième mardi, les dames de la cour voulurent faire leur partie dans cet ensemble pittoresque et bigarré. Il en vint une avalanche et des plus en renom, emmitouflées dans d'adorables dominos, de vraies palettes à la Velasquez et à la Diaz... et à la diable ! Les familiers des Tuileries avaient ouvert la voie, Persigny d'abord, puis Canrobert, puis Nieuwerkerke, et aussi les plus graves personnages. On disait même tout haut que Napoléon III s'était risqué sous le masque du duc d'Albe ou de... Vivier, avenue Friedland, pour étudier de plus près l'opinion de ses sujets et de ses sujettes. Jamais on ne sut bien au juste la vérité. Au quatrième mardi, pourtant, on vit, à visage découvert, le duc d'Albe et Vivier, tandis qu'un troisième personnage jouait les Napoléon III à s'y méprendre. Certes, Napoléon III n'avait rien de Don Juan, ni de Lovelace, ni de d'Orsay ; mais on se souvient qu'à sa cour les courtisans étaient des femmes. Aussi fallait-il voir comme les plus belles s'acheminaient à sa poursuite dans la galerie Friedland. Un peu plus, comme Joseph, il laissait son domino dans les mains de mesdames Putiphar, lesquelles, dès qu'il fut parti, se rabattirent sur les grands cordons des ambassadeurs et des ministres. Si légende il y a, elle est proche parente de la vérité.

Ce qu'il y avait de plus bizarre, c'est que le maître de la maison n'invitait toujours pas. On s'invitait d'office, et on venait là comme dans une réception ouverte. Aussi disait-il gaiement : « Je m'amuse chez moi comme si j'étais chez un autre ! »

Hélas ! tout finit, même ce fortuné Carême.

On se donna rendez-vous au Carême de 1869. Cette année-là, l'hôtel mauresque était achevé ; cet hôtel et l'hôtel Renaissance n'en firent plus qu'un, et le Maître put réunir jusqu'à mille invités, tout le dessus du panier parisien, depuis la Cour jusqu'au théâtre. La Patti, Marie Sass, Ugalde, Thérésa, Blanche d'Antigny, dont la mort fut si romanesque, y furent les beaux oiseaux chanteurs. Sarah Bernhardt, déjà dans toute la poésie de sa jeunesse et de son talent, y joua le *Passant* avec... avec Marie Colombier ! Autre temps, autre... jeu ! Et comme elle joua bien ! Elle fut portée en triomphe dans des gerbes de fleurs !

A côté des étoiles, des comédiennes « pour de bon », les femmes du monde jouaient leurs rôles de charmeresses — style Arsène Houssaye — avec des charmeries introuvables — idem. Toute une comédie de minuit à l'aurore, — non pas des nuits blanches, mais des nuits empourprées. Ceux ou celles qui ne vivaient pas du cœur soupaient à fond de train, une table de quatre-vingts couverts qui rappelait la chanson de Banville :

> Nous étions quatre-vingts rimeurs !

Et on rimait bien, — rimes sonores se becquetant comme des oiseaux énamourés !

Les journaux illustrés du temps ont immortalisé par le crayon ces fêtes légendaires, la *Vie parisienne* surtout, où mon collaborateur Arnold Mortier s'était fait le « Monsieur de l'orchestre » avant la lettre. Il y esquissa gaiement toute la diablerie d'une de ces redoutes. C'est par ces documents précieux qu'on peut juger aujourd'hui de la grâce nonchalamment amoureuse des femmes du Second Empire. On les voit belles à travers leurs masques, car Houssaye avait dit déjà : « La beauté sous le masque est de rigueur ! » Il ne voulait pas qu'on fût trompé chez lui.

La princesse de Metternich, qui risqua là son joli pied, voulut avoir, elle aussi, sa redoute *in fiocchi*. Elle aussi entendait la mise en scène avec tout l'art d'une archiduchesse. A quelques comédiennes près, ce fut le même monde qui se retrouva chez elle et qui continua la conversation interrompue chez Arsène Houssaye.

Ce qui faisait le charme principal de ces belles fêtes, c'était leur éclectisme, c'est qu'elles constituaient un terrain neutre où se rencontraient toutes les noblesses, tous les talents, toutes les beautés — celles-ci sous le masque — et toutes les opinions plus ou moins démasquées. C'est pour cela qu'à la reprise, sous la République, elles eurent la même vogue que sous l'Empire, et qu'en 1875, par exemple, on y put voir, coude à coude, le comte de Paris et le général Fleury, le maréchal Canrobert et l'amiral Pothuau, le général Türr, qui prit Gaëte, et le général Bosco, qui le défendit ; le ministre grec et l'ambassadeur ottoman ; Paul de Cassagnac, du *Pays*, et Maggiolo, de l'*Union*, Alexandre Dumas et le comte d'Haussonville, etc., etc. C'est pour cela qu'après neuf ans écoulés, nous avons eu, cette nuit, dans un cadre plus étroit, le même spectacle, et qu'Arsène Houssaye, tout heureux de voir sa popularité rajeunie, a pu dire, comme alors :

« C'est bien simple et bien agréable de recevoir, comme je le fais, puisque ce sont les invités qui font les frais de la fête, celui-ci par son esprit, celle-là par sa beauté. On ne paye pas en entrant ni en sortant, mais que de beaux mots et de beaux sourires on a dépensés ! »

Par malheur, il y a eu beaucoup plus d'appelés que d'élus, l'exiguïté de sa nouvelle installation ayant obligé le Maître à restreindre ses listes. On ferait un amusant volume avec l'énorme correspondance qu'il a dépouillée depuis quelques jours. Il y a dans ce fouillis, où j'ai pu, par grâce spéciale, jeter un regard indiscret, des lettres bien curieuses. L'héritier politique du comte de Chambord écrit :

« Ce n'est pas ma grandeur qui m'attache au rivage, c'est le rivage, avec ses rayons de soleil, ses fleurs parfumées et ses ombrages d'hiver, qui attache ma grandeur... à la Méditerranée. »

Et la reine Isabelle :

« J'attendais depuis longtemps l'hirondelle porteuse d'un message de « mon ami » Houssaye. Je regrette ne pouvoir emprunter leurs ailes aux oiseaux pour venir retrouver mes amis de France. »

Les Rois et les Reines se font poètes pour écrire au Poète. Puis vient la série des petits billets fleurant bon, des missives aux coins armoriés. Une grande dame vient tout exprès de Parme pour apporter des violettes de... Plaisance. D'autres organisent, de Nice à Paris, un train de plaisir... privé. Tout l'escadron volant des belles de l'ancienne cour a reparu ; toutes ont sollicité des invitations. Ce sont mesdames... Oh ! pardon ! le loup est de rigueur et masque la beauté. Camille Doucet en veut à ce loup ! « C'est surtout la laideur, écrit-il, qu'il faudrait masquer ! » Paul de Cassagnac déclare que les loups ne lui font pas peur : « Je ne vais me promener dans les bois que lorsqu'ils y sont, ce que ne font pas les petits enfants. » Le duc de Morny « raffole des dents de loup, d'où jaillissent des perles blanches ». Une belle comtesse « vient d'être cloîtrée par son tyran à l'occasion du Carême ; elle sautera par la fenêtre, pour assister à la redoute. » Lord Lytton est en Angleterre. Il ne sait s'il pourra venir à temps pour saluer chez lui « le roi de Sparte ». On sait qu'Arsène Houssaye est président du dîner des Spartiates... cet athénien ! Le baron de Billing demande un laisser-passer pour une Altesse royale. Que sais-je encore ? Mais de toutes ces requêtes, la plus originale est évidemment celle-ci, formulée sur une carte de visite :

Le Prince...

Restera chez lui, le vendredi 28 mars, si M. Houssaye ne lui octroie pas une invitation pour la fête qu'il doit donner le même soir.

Entrez donc, mon prince ! Suivez, suivez le

monde ! Dix heures. Voulez-vous un aperçu du cadre où la fête va resplendir ?

Voici d'abord la galerie monumentale qui traverse tout l'hôtel et se termine par un immense balcon donnant sur l'avenue des Champs-Elysées et surélevé de quelques marches. C'est là que Gayarré chantera, c'est là que Saint-Germain et une partenaire... masquée, improviseront une comédie. Les murs disparaissent sous des toiles superbes. Des esquisses de Théophile Gautier et de Victor Hugo font pendant à l'*Avril* peint par Arsène Houssaye. Les comédiennes de Nattier sont mêlées à dix portraits de Rachel ; Armande Béjart, mademoiselle Molière, sourit à la femme de Diderot, par Chardin, voisinant avec Marie-Antoinette. Les Watteau, les Greuze, les Fragonard se succèdent et se coudoient. Voltaire jeune, par Largilière, fait la nique à Voltaire vieux, par Latour. Sur la cheminée, une chasseresse en marbre, offerte par M. de Persigny, en face d'un meuble Louis XV chargé de miniatures et d'émaux. Un peu plus loin, le buste de l'impératrice Eugénie par M. de Nieuwerkerke, et celui de Napoléon Ier. Sur la rampe de l'escalier, deux bustes de Coysevox, auprès desquels rayonne cette merveille : la *Léda*, de Michel-Ange, *Manon Lescaut* et *Des Grieux*, de Boucher, etc., etc., — un petit Louvre, quoi ! où l'on voit cent mètres carrés de toile peinte, qui valent plusieurs millions.

Un salon perpendiculaire à la galerie conduit au buffet, installé comme par miracle. La place manquait. Comment faire ? Houssaye apprend, à la dernière heure, qu'un appartement mitoyen est libre ; il démolit la cloison, fait garnir de tapisseries somptueuses les pièces annexées, et donne ainsi place « aux rafraîchissements et aux commodités de la conversation ».

Magicien, va !

Dix heures et demie. La fête commence. Faut-il vous la décrire ? A quoi bon ? Le grand art d'Houssaye consiste à ne pas imposer à ses hôtes un « plaisir » officiellement réglé par programme. Il ouvre sa maison, il y reçoit la fleur de tous les mondes, il installe, sous la vaste baie qui surplombe la galerie, un orchestre — l'orchestre de Métra ; il donne à danser, il donne à causer, il donne à souper. Après quoi chacun est libre de chercher son plaisir où il le trouve. Le maître de la maison lui-même n'est plus que son propre invité, et ce n'est pas celui qui s'amuse le moins.

D'ailleurs, à l'heure avancée où j'écris ces lignes, je n'ai pas le loisir d'entrer en de nombreux détails. Il en est un cependant que je happe au passage.

Une individualité « sans mandat » avait fini par obtenir une invitation, accordée de guerre lasse. Comme il entrait dans la fournaise, tout glorieux sous son manteau vénitien, deux dominos se sont pendus, l'un à son bras gauche, l'autre à son bras droit, et sans crier gare, à l'unisson, sur l'air du *Signe à mam'zelle Bousquet*, ont entonné cette scie patriotique :

> Depuis quinze jours il essaye
> D'aller chez Arsène Houssaye !
> Maintenant il sait
> Chez Arsène où c'est !

Ces sortes de gaietés sont communicatives. Toute l'assistance a repris le quatrain en chœur. L'intrus a pris la fuite. On ne l'a plus revu.

Si la discrétion m'empêche de dénouer les cordons du masque, je ne suis pas astreint à la même réserve vis-à-vis des invités masculins de l'auteur des *Grandes Dames*. Quelques noms, au hasard du carnet :

Camille Doucet, Paul de Cassagnac, Rouvier, général Pittié, Meilhac, Halévy, comte de Solms, amiral Coupvent des Bois, Clairin, Gervex, Cabanel, comte d'Eu de Montigny, Richepin, Portalis, Barbey d'Aurevilly, de Pène, Périvier, Chaplin, Varambon, Duruy, de Banville, E. Tarbé, Riou, général Türr, Bazilewski, Rochefort, prince de Sagan, prince de Bourbon, Cherbuliez, de Bellecombe, Jollivet, de Lafayette, Madrazzo, Comerre, Vaucorbeil, comte de Laferrière, comte de Savigny, général comte de Lasalle, La Rochefoucauld, A. Second, Andrieux, de Lacretelle, Abattucci, Napoléon Ney, général Fleury, duc della Rocca, Canrobert, G. Ohnet, Richebourg, Jules Simon, comte de La Riboisière, Camescasse, Reinach, Tarbé, comte de Marcilly, Grimblot, Thors, Walewski, comte d'Hostal, H. Billot, comte Kapnitz, comte de Pluemaker, baron Legoux, baron de Billing, de Lesseps, P. Véron, Borel d'Hauterive, baron de

Kœnigswarter, baron De Vaux, Gourdon de Genouillac, Oppert, de l'Institut, D' Mallez, marquis de Bois-Hébert, Picard, député, Imbert de Saint-Amand, Jacques Normand, Hébert, Lockroy, de Goncourt, Emile Blavet, général Schmidt, de Molinari, prince Galitzin, Claretie, Bardoux, Gaston Bérardi, général Read, du Sommerard, Ch. Monselet, Métra, marquis de Cherville, Coppée, Theuriet, A. de la Forge, de Blowitz, Ephrussi, Fouquier, Horace de Callias, Victor Roger, Henry Bauer, Fr. Oswald, E. Noël, Armand Lévy, Georges Boyer, etc., etc.

Des femmes du monde et encore des femmes du monde — dont je dois respecter l'incognito, puis des femmes de lettre et des artistes, mesdames Marie Sass, en noir, Sarah Bernhardt, Thérésa, Léonide Leblanc, la Zucchi, en polonaise, Valtesse, Léontine Godin, la pianiste, en pénitent blanc, Bianca, etc., etc. Regardez, mais... ne reconnaissez pas !

En regagnant le journal, je me répétais à part moi ce que le comte de Paris disait, à la redoute de 1875, à M. Duvergier de Hauranne :

« Il y a bien longtemps qu'on n'a eu autant d'esprit dans aucun salon. Si l'hôtel croulait, il ferait demain presque nuit à Paris. »

CARÊME MONDAIN

30 mars 1885.

La « semaine pschutt » fait relâche. Quand vient le dimanche de la Passion, toutes les distractions mondaines se nuancent d'un parti pris d'austérité. Parler du Carême mondain, ce n'est donc pas sortir de notre cadre.

Depuis que la République est entrée dans la phase des persécutions religieuses, le beau monde — côté féminin — s'est ingénié, pour les quarante jours, de mille pratiques dévotes et pénitentielles, auxquelles l'Eglise n'avait pas songé, comme, par exemple, le deuil des vêtements, la transformation du boudoir en oratoire, la retraite dans un couvent aristocratique, etc., etc., etc. Non seulement il n'y a plus d'indifférentes en matière de religion, mais il est de bon ton d'être pieuse, d'obéir strictement aux prescriptions de l'Eglise, d'enchérir même sur ses commandements et de suivre les offices avec une fervente assiduité.

Le Carême est devenu, dans les salons, une très sérieuse affaire, et les belles mondaines ont surchargé les défenses épiscopales d'une infinité de détails auxquels elles attachent la plus haute importance.

Elles ont d'abord divisé la sainte quarantaine en plusieurs périodes. Celle qui s'étend du mercredi des Cendres à la Mi-Carême n'est pas d'une rigueur absolue : on n'interrompt pas les visites ni la promenade au Bois ; on dîne encore en ville les jours où la chair est permise ; on va toujours au théâtre, mais exclusivement à la Comédie-Française, aux Italiens, ou bien à l'Opéra — les autres scènes sont interdites. Mais on ne lunche plus, et, quand on reçoit le soir, on sert à ses hôtes du thé — sans crème — des glaces, des sirops, de l'eau d'orange, etc. etc. ; — ni gâteaux, ni boissons nourrissantes ou spiritueuses, afin de ne satisfaire que la soif, sans rompre le jeûne.

Mêmes atténuations dans la toilette : les robes prune, sainte Thérèse (marron), grises, noires, pour le jour, avec des garnitures de duvet de lophophore ou de chinchilla, sont seules de bon goût. Le soir, on admet le blanc ou le mauve, les améthystes — couleur du martyr — et les perles, les violettes et les pervenches.

Plus de romans sur la table Henri II ; des historiens, des voyageurs, l'*Imitation*, le *Recueil de prières* de la comtesse de Flavigny. Au piano, on ne chante et ne joue que la musique des vieux maîtres.

Le jour de la Mi-Carême, détente générale, dont on profite pour faire mille folies de luxe, d'élégance et de gastronomie.

Mais, dès le lendemain, on ne visite plus que les pauvres et les déshérités. L'heure du Bois se passe à l'église. Les améthystes et les perles rentrent dans les écrins. Plus de théâtre, à peine le concert ; plus de fleurs, soit au chapeau, soit au corsage ; des voiles épais, et sur les cheveux un nuage de cendres — non, de poudre grise, parfumée à la myrrhe et au benjoin. En revanche, des livres d'heures qui valent une fortune, des chapelets sertis des pierres les plus précieuses, qu'on se plaît à faire ruisseler entre ses mains blanches, ne pouvant pas en parer son cou ni ses poignets.

On dispose le salon intime en oratoire. Les terres cuites, les bronzes, les tableaux de genre sont remplacés par une Madone aux pieds de laquelle on fait une jonchée de fleurs qu'on ne porte plus et qu'on a proscrites de sa table. En ce lieu sanctifié, on lit les Evangélistes et les Psaumes de la pénitence, et l'on se pique cruellement les doigts en cousant pour les pauvres petits tout nus. On y reçoit ses amies intimes et les hommes de bonne volonté qu'on voudrait ramener à Dieu... par cet aimable chemin de Damas. Quelquefois, l'abbé de..., qui balance la vogue de M. Caro, vient y faire une conférence devant un groupe de jolies mondaines. Grand bonheur, grand privilège, suprême distinction, très jalousée de celles chez qui ce Chrysostome éminemment chic dédaigne d'aller porter la bonne nouvelle ! C'est lui qui compose les menus, quand on est forcé d'offrir à dîner, lui qui surveille l'observance du maigre, mais qui, très accommodant dans son ascétisme, le panache de monstres marins, de primeurs de serre chaude, de fruits des tropiques, d'œufs de faisans et de tortue, etc., etc.

Quand arrive la Semaine Sainte, plongeon complet. On se retire dans quelque congrégation v'lan, on y revêt, pendant les Sept-Jours, l'habit blanc des novices, et, sous ce costume, parfois plus seyant qu'une amazone de chez Redfern, on reçoit ses amis à la grille. On médite, on jeûne, on couche sur la dure, on se promène longuement dans les allées vertes du jardin claustral... et l'on sort de cette retraite volontaire, reposée, rafraîchie, rajeunie, charmante et entraînée pour les fatigues du renouveau !

C'est la grâce que je souhaite à toutes mes belles lectrices.

Amen !

AVRIL

LE CHEF DE LA SURETÉ MALGRÉ LUI

1er avril 1884.

On a dit qu'il n'y a pas d'homme indispensable ici-bas. M. Macé — quoique à son corps défendant — est en train de prouver le contraire.

Personne n'ignore que, depuis un mois, M. Macé remplit, par pure obligeance et par dévouement à la chose publique, les fonctions de chef de la sûreté. Son mandat expirant le 1ᵉʳ mars, il ne voulut pas, malgré les sollicitations flatteuses dont il fut l'objet, refaire un nouveau bail avec la préfecture. Mais comme, grâce au conflit persistant entre le chef de la police municipale et le parquet, il n'avait pas encore de successeur nommé, ni même désigné, il consentit, pour ne pas laisser le service en souffrance, à fonctionner intérimairement jusqu'au 15 mars.

Ce ne fut pas, croyez-le bien, un mince sacrifice !

Tomber de ce rêve si passionnémemt caressé : la petite maison des champs, avec ses volets verts et ses vignes folles, dans cette réalité maussade : le cabinet fumeux du quai des Orfèvres — quelle désillusion ! Mais M. Macé n'est pas de ceux qui transigent avec le devoir. Il se mit donc à son intérim avec la même ardeur que s'il eût encore été titulaire, tâchant d'oublier ce printemps précoce et ce beau soleil hâtif, non sans soupirer quelquefois : O *rus, quando ego te aspiciam* ! D'ailleurs, quinze jours, cela passe si vite ! Mais il avait compté sans son hôte et n'avait point prévu que son successeur passerait à l'état de merle blanc, et que le préfet, ne pouvant dénicher cet oiseau rare, ferait un nouvel appel à sa complaisance. Quinze jours encore, mon bon M. Macé ! Va donc pour quinze jours ! mais, cette fois, quoi qu'il advienne, le 1er avril, n i ni, c'est fini !

Or, ce matin, M. Camescasse, en s'éveillant, mit le nez — non pas à la fenêtre, comme le bon Dieu — mais dans les dossiers qui surchargeaient sa table. Un de ces dossiers étant du ressort du chef de la sûreté, et nécessitant son action immédiate, le Préfet sonna son garçon de bureau.

— Priez M. Macé de monter chez moi, lui dit-il.

— M. Macé ?... Mais il n'est pas à la préfecture.

— L'affaire est urgente... qu'on aille chez lui, et qu'il vienne sans tarder.

— Mais, M. le Préfet, M. Macé n'est plus à Paris.

— Bah !... Et où donc est-il ?

— A Champigny-sur-Marne.

— Il s'est donc commis quelque crime par là ?

— Pas que je sache, M. le Préfet.

— S'il n'y a pas eu de crime, qu'y peut-il bien faire ?

— Rien, M. le préfet... Il y prend sa retraite, tout simplement.

— Sa retraite !... au fait, c'est vrai !.., je n'y songeais plus !... Mais la place est toujours vacante et, tant qu'elle sera vacante, M. Macé n'a pas le droit de se croiser les bras !... Je le veux ! il me le faut !... Qu'un exprès parte pour Champigny, et que, mort ou vif, il me le ramène !

On choisit pour cette mission délicate un des agents favoris de M. Macé. Il trouva son ancien chef dans son jardin, en veston de flanelle, regardant d'un œil attendri ses espaliers couverts d'une neige rose.

— Comment, c'est toi, mon garçon ! fit le néo-campagnard avec une surprise joyeuse... Et par quel hasard ?

— Ce n'est point par hasard, M. Macé, répondit l'homme timidement, c'est par ordre...

— Par ordre de qui ?

— De M. le Préfet.

— Bon !... affaires de service !... Et M. le Préfet, il va bien ?

— Je ne sais pas, M. Macé. Mais vous allez pouvoir vous en assurer vous-même.

— Quand cela ?

— Quand vous vous trouverez en sa présence.

— Alors ce ne sera pas de sitôt !

— Faites excuse... Ce sera tout à l'heure...

j'ai pour mission de vous ramener à la préfecture par le premier train.

Le front de M. Macé se rembrunit. Mais tout à coup, se remémorant la date, il reprit sa belle humeur et, tirant l'oreille du pauvre diable :

— Ah ! fumiste ! lui dit-il gaiement, tu veux me la faire au 1ᵉʳ avril !... Mais je ne mange pas de ce poisson-là ! C'est égal, pour une bonne farce, c'est une bonne farce.

— Ce n'est pas une farce, M. Macé... Et vous ne me ferez pas l'injure de croire que j'ai voulu mystifier mon chef.

— C'est donc sérieux !

— Tout ce qu'il y a de plus sérieux !

— Alors, mon garçon, tu diras à qui t'envoie qu'ayant mes gazons à tailler, je n'ai pas eu le loisir de te suivre !

— Dans ce cas, j'ai mes instructions...

— Tu m'arrêterais peut-être ?

— Dame ! c'est la consigne... et vous m'avez toujours appris à la respecter !

Sur ce mot de consigne, M. Macé tourna les talons, entra dans sa maisonnette et reprit sa tenue de « travail ». Puis, il vint rejoindre son garde-du-corps et, lui glissant dans la main une pièce blanche :

— Prends, lui dit-il. Tout devoir accompli mérite récompense... Et maintenant, emmène ton prisonnier, et ouvre l'œil, je ne te dis que ça !

Et voilà comment M. Macé, ramené de brigade en brigade à Paris, vient de reprendre, malgré lui, le service de la Sûreté, son collier de misère.

C'est égal, si, pendant ses cinq années d'exercice, il a subi bien des déboires et dévoré bien des amertumes, le voilà bien vengé !

A L' « HIPPIQUE »

4 avril 1881.

Le Concours Hippique est le *great event* du moment ; c'est la première manifestation mondaine de la saison clémente. Pendant la quinzaine qui va du 22 mars au 8 avril, l'Hippique — comme on dit en langue verte sportive — prime tout... y compris les chevaux.

Sur ces quinze jours, il y en a trois ou quatre ultra-pschutt, tels que celui de « la Coupe » et celui des « Dames ». Le jour des « Dames », c'était hier, et c'est à celui-là qu'entre tous je devais la préférence. On est galant ou on ne l'est pas.

Et puis, il faut bien le dire, pour quiconque n'est pas un hippomane *di cartello*, comme mon ami Robert Milton, le cheval n'est là qu'un prétexte. Ce qui nous intéresse par-dessus tout, nous autres profanes, c'est le bourdonnement de cette foule curieuse, rangée le long des banquettes rouges, foule bigarrée, où les redingotes alternent avec les uniformes, dans le mystérieux froufrou des robes, robes spéciales, aux reflets multicolores et chatoyants ; c'est de deviner les drames sombres qui se jouent derrière les sourires et les comédies gaies qui se jouent derrière les éventails ; c'est de voir les épouses morganatiques trôner insolemment en face des épouses pour de bon, souvent à côté ; c'est de suivre les évolutions savantes des ménages à trois, et même à quatre ; c'est d'étudier les travaux d'approche que les officiers, les clubmen, les gentlemen, les pschutteux exécutent autour des demi-mondaines ; c'est, enfin, d'assister aux effarements des amateurs « à cent sous », venus là pour voir les autres, et qui, trois fois sur quatre, n'en ont pas pour leur argent.

Ceux-là sont légion ; quant aux spécialistes, à ceux qui s'inquiètent des progrès de la race chevaline et que le concours intéresse en lui-même, ils sont bien cent cinquante, — mettons deux cents, et n'en parlons plus.

Quatre heures moins un quart. La foule pénètre. Le placement se fait en bon ordre, car toutes les places, ou peu s'en faut, sont réservées. Il n'est pas une jolie femme pour laquelle un galant cavalier n'ait promis de retenir un morceau de banquette. Chacune va droit à son coin favori : le monsieur intérimaire se lève et salue, laissant la place vide. On s'assied et les lorgnettes sortent de leur étui. A moi, mon télescope !

Superbe chambrée, ma foi ! Aux belles places : duchesse d'Uzès, duchesse de Bisaccia, comtesse Cahen d'Anvers, princesse Dolgorouki, duchesse de Maillé, comtesse de Mailly-Nesle, marquise de Barbentane, marquise de Brissac, comtesse de La Roche-Aymon, comtesse de Janzé, comtesse de Pourtalès, princesse Stirbey, marquise de Pothuau, comtesse de Montesquiou, comtesse de Maillé, comtesse de Puységur, comtesse d'Aramon, comtesse de Meffray, comtesse de Chevigné, comtesse de Buisseret, comtesse de Damas, comtesse de Maleyssie, de Kersaint, de Gontaut, de Monticourt, d'Andlau, de Mirepoix, de Jouvenel, de Fontenay, de Belbœuf, princesse Ruspoli, duchesse de Camposelice, comtesse Potocka, princesse de Broglie, marquise de Dampierre, baronne de Carayon-Latour, comtesse de La Bourdonnaye, de Grandval, de Cornet, de Vimont, de Castellane, de Béchevet, de Saint-Roman, de Coubertin, mesdames Bischoffsheim, Gautherau, Leghoux, de Bois-Hébert, etc., etc.

Dans les tribunes « à cartes », tout un lot de jolies actrices — ou presque : Léonide Leblanc, Bianca, Julia de Cléry, Bonnet, Jeanne Debay, Valtesse, Léontine Godin, Clotilde Charvet, Berthe Mariani, Bépoix, etc., etc.

Puis, un peu partout, côté des gentlemen — riders ou non : duc de Nemours, comte de Bari, généraux de Biré, d'Espeuilles, de Breuil, de Miribel, de la Salle, Rébillot, duc de Morny, colonel Tauron, commandant Massenet, capitaine Doutreleau, de Gontaut, de Lagarde, de Saucy, Olivier de Chevigné, de Cournette, inspecteur des haras, de Pleumartin, de Ballore, de Chavagnac, de Montrichard, de Lanet, de Joly, de La Hamaide, comte Potocki, H. Blount, A. de Mun, Le Gonidec, de Lagarde, de Carcaradec, marquis de Dampierre, comte de Laroque-Ordan, etc., etc., sans compter les écuyers intrépides qui sont le point de mire de toutes les lorgnettes féminines — naturellement.

Quatre heures. La cloche sonne. Les fanfares de cors retentissent. Messieurs du jury font leur entrée. La cloche resonne. Un officier se présente, monté sur un cheval vigoureux. Et en avant les papotages :

— C'est un tel !
— Il monte le cheval d'un tel !
— Vingt louis qu'il tombe à la rivière !
— Tenus les vingt louis !
— Le cheval est en forme !
— Le cavalier est fatigué !

Une horizontale sourit ; une femme du monde se pince les lèvres.

Le cavalier se dirige au petit trot vers la tribune d'honneur, salue avec grâce, remet son numéro d'ordre au président. Un coup de cloche. Le cavalier prend du champ, et, au petit galop, franchit, en tous sens, les obstacles. Reprise des papotages :

— Le sabot a touché !
— Il a fait une faute !
— Non, une demi-faute !
— Ah ! il jette bas une barrière !
— Pan ! dans la rivière, mes vingt louis !
— Vous venez au Bois tout à l'heure ?

— N'oubliez pas, au moins, que vous dînez chez moi, ce soir !

— Vous étiez à *Sapho ?* Je ne vous ai pas vue.

— Serez-vous toujours cruelle !

— Bravo ! bravo ! bien sauté !

Refanfare ! Le cavalier rentre, escorté par les sourires de ces dames et par les applaudissements de ces messieurs. Il descend, il boit un bock ; un autre le remplace sur la piste, tandis qu'à deux pas du buffet les ordonnances ou les domestiques promènent à la main les chevaux concurrents.

Dans certains groupes féminins, on apprécie diversement les mérites de ces jockeys en uniforme. L'une préfère l'artillerie, l'autre la cavalerie légère ; celle-ci, les cuirassiers ; celle-là, les dragons. Chacune a son héros et son arme. Un peu plus, et l'on croirait qu'elles servent aussi :

— Moi, je suis dans les hussards, ma chère !

Et les pimpants objets de ces tendres controverses font la roue devant les reines de beauté, en attendant qu'ils se cassent les reins ou qu'une chute malheureuse les dépouille de leur prestige. A vrai dire, les accidents sont rares ; la peur du ridicule rend les Amadis avisés. D'ailleurs, en général, ils montent solidement, et c'est plaisir que de les voir maîtriser certaines bêtes rétives qui se refusent à sauter l'obstacle. Dame !... Ça ne les amuse peut-être pas autant que le public !

A six heures, les prix donnés, tout le monde

s'en va content, — et moi plus que tout le monde.

DINER GRAS

10 avril 1884.

Je flânais ce matin aux alentours du Collège de France, en lisant un journal où l'on annonçait les « dîners gras » du Vendredi-Saint. Ces dîners de protestation laïque sont devenus fort à la mode. Par une association d'idées toute naturelle, je me souvins que, vers 1867 ou 1868, Sainte-Beuve en avait été l'initiateur, avec la complicité de Renan et de quelques autres parpaillots de marque ; et comme je me trouvais devant le domicile de l'auteur de la *Vie de Jésus*, et qu'il était l'heure du déjeuner, je voulus vérifier par moi-même s'il mangeait gras pendant les jours voués au maigre.

Je sonne. Un domestique ouvre et me dit :

— Monsieur est à table !

— Je m'en doute... C'est même pour le voir à table que je suis venu !

Sur mon insistance, le domestique m'introduit dans la salle à manger. Trop tard ! M. Renan était au dessert, et, *bone Deus !* il mangeait de la tête de mort !

Je n'osais trop brusquer les choses et me mis à tourner autour du pot : « Sainte-Beuve !...

Vendredi-Saint !... Dîner gras !... Magny ! ..
Violation du Carême !... »

— Je vous vois venir, m'interrompit le maître
en souriant... Vous en êtes encore à croire avec
beaucoup d'autres, que Sainte-Beuve et moi nous
avons organisé ces dîners sacrilèges, connus
sous le nom de Dîners Magny. C'est une légende
qu'il faut détruire, et je vais vous y aider en vous
en contant l'origine. Le prince Napoléon dit un
jour à Sainte-Beuve : « Je voudrais bien connaître vos amis... Plus heureux que moi, qui ne
suis qu'un pauvre prince entouré de courtisans
et de flatteurs, vous êtes entouré d'écrivains
illustres... Présentez-les moi... Faisons mieux,
dînons ensemble. — Soit, répond Sainte-Beuve,
si Votre Altesse daigne venir dîner chez moi ! —
Mais sans doute, Mon Altesse daigne ! — Quel
jour ? Voyons... vendredi prochain ? — Va pour
vendredi... je vais convier immédiatement cinq
ou six de mes intimes... car, vous savez, ma
maison, comme celle de Socrate, n'en peut con-
tenir davantage. — Affaire convenue !... A vendredi ! — A vendredi ! » Là-dessus, l'Altesse
et le critique se séparent sans avoir un instant
songé — je vous en donne ma parole — qu'ils
venaient de prendre jour pour le Vendredi-Saint.
Sainte-Beuve rédige un menu très simple... Oh !
pas le brouet noir !... Mais aucun de ces plats
où l'on aurait pu voir un défi systématique aux
traditions religieuses : ni jambon, ni boudin, ni
soupe au lard !... Les convives étaient, outre le
prince Napoléon et moi, Flaubert, About, Paul

de Saint-Victor, le docteur Robin, et deux ou trois autres dont les noms m'échappent... Mais ce dont je me souviens, c'est qu'il n'y avait pas une seule femme, pas même — comme on l'a prétendu — George Sand, qui n'était pas une femme pour nous, mais un confrère !... Le lendemain de l'entrevue entre Sainte-Beuve et le prince Napoléon, la chose s'ébruita. Sainte-Beuve était alors très surveillé par « un catholique enragé de l'*Univers* », son voisin à Montparnasse, lequel avait, avec la bonne du critique, de fréquents et secrets entretiens. C'est elle, sans doute, qui vendit la mèche. Son confident nous dénonça, dès le lendemain, aux foudres ecclésiastiques. Tout le quartier s'émut, tandis que Sainte-Beuve et le Prince vivaient dans la plus complète inconscience de leur méprise involontaire et de l'orage qui grondait sur leurs têtes ! Nous dînâmes tous avec la même inconscience, fort bien, ma foi ! Au dessert, quelqu'un hasarda *sotto voce* : « Mais j'y songe, c'est aujourd'hui Vendredi-Saint ! — Hélas ! fit Sainte-Beuve, il est un peu tard pour décommander la fête ! » — Le Prince se retira vers dix heures, et nous aussi — car notre hôte se couchait tôt — après une soirée charmante où l'on avait causé belles-lettres, arts, sciences — de tout enfin, sauf de la religion. Ce qui n'empêcha pas l'*Univers* de fulminer contre nous ses plus virulents anathèmes.

Tel est l'œuf d'où sortit plus tard la légende des dîners gras du Vendredi-Saint, organisés chez Magny par Sainte-Beuve et moi. Que d'autres soient allés depuis, le Vendredi-Saint, manger du lard chez Magny, c'est fort possible, mais ce n'était pas nous. Et pourtant cette sotte légende s'est si bien établie, que j'ai vu, l'an dernier encore, rue Saint-Sulpice, chez un marchand d'estampes, une gravure qu'on exhibe tous les ans à la même époque, et qui représente le « Dîner Sainte-Beuve ». Une trentaine de personnes fuient, effarées, d'une table surmontée de grasses victuailles, derrière laquelle vient d'apparaître un diable tout cornu. Deux de ces réprouvés sont reconnaissables, George Sand et moi... Aussi je ne passe jamais sans terreur devant cette estampe qui me livre *in æternum* aux dieux infernaux !

Cela dit, M. Renan se mit à repiquer sur sa tête de mort... Ça, c'est du maigre, ou je ne m'y connais pas.

FRASCUELO

12 avril 1884.

Viendra ! viendra pas ! C'était le « jeu » du jour, la question à la mode. De gros paris étaient engagés sur cette alternative palpitante : « Frascuelo viendra-t-il ou ne viendra-t-il pas, le mois prochain, à Paris ? »

Aujourd'hui, il n'y a plus de doute : Frascuelo viendra. Et, s'il vient, c'est la preuve certaine que M. le ministre de l'intérieur, revenant sur ses premiers scrupules, autorise la mort du du taureau.

Je ne vois pas trop, du reste, à l'aide de quels arguments M. le ministre de l'intérieur aurait justifié ses scrupules.

La *corrida de toros*, telle qu'on la pratique en Espagne, est un spectacle multiple, composé d'épisodes divers : il y a l'épisode des *capeadors*, chargés d'amuser la « noble bête » en lui présentant la cape ; celui des *banderilleros*, qui l'agacent en la lardant de petits dards à flamme rouge ; celui des *picadors*, qui l'attaquent à cheval ; enfin, celui du *matador*, qui la tue d'un seul coup d'épée. Les deux premiers épisodes sont de simples exercices de souplesse et d'agilité, des clowneries inoffensives ; ils constituent la partie pittoresque de la course et, à ce titre, ils devaient être maintenus. Je passe volontiers condamnation sur le troisième, dont le caractère barbare et, disons le mot, répugnant, serait de nature à froisser la délicatesse et la sensibilité françaises. Il faut, en effet, avoir été pris tout jeunes, comme les Espagnols, pour assister, d'un œil indifférent, au martyre de quelques malheureuses rosses éventrées à coups de cornes par le taureau furieux, et traînant à travers l'arène, dans les convulsions d'une épouvantable agonie, leurs entrailles ensanglantées. Qu'on raye cette boucherie du programme, rien de mieux. Mais toucher au dernier épisode, toucher à la Spada, était-ce possible ? Supprimer la Spada, c'était supprimer Frascuelo. Organiser une course sans ce dénouement nécessaire : le taureau tué par le toréador, c'était comme qui dirait finir les *Huguenots* en opéra-bouffe et transformer Raoul en queue-rouge. Frascuelo pouvait bien se déplacer pour nous venir donner un échantillon de son savoir-faire, mais pour se couvrir de ridicule et se faire, au retour, conspuer par ses compatriotes, c'eût été vraiment trop exiger de lui !

Et puis, un taureau de plus ou de moins, la belle affaire ! Est-ce donc une bête sacrée comme le bœuf Apis ! Le bœuf, lui du moins, est un animal utile, de mœurs douces et domestiques. Et pourtant on en fait chaque matin des hécatombes pour nourrir les Parisiens qui peuvent se payer de la viande tous les jours. Et l'on eût reculé devant le sacrifice d'un animal sauvage et nuisible, mille fois moins intéressant que les lièvres qu'on chasse, les carpes qu'on pêche et les chiens que M. Paul Bert *vivisèque*, pour soulager la misère des Parisiens qui n'ont pas toujours une croûte de pain dur à se mettre sous la dent !

Aux âmes sensibles qui disent : « Ce n'est pas le taureau qui nous intéresse, c'est l'homme ; c'est le danger qu'il peut courir », Frascuelo lui-même a répondu par avance :

« Du danger, il n'y en a pas ! C'est un truc comme un autre. Pour qui le connaît, rien à craindre — à condition toutefois d'avoir affaire à des taureaux qui n'ont jamais « joué » dans une arène, car ils deviennent aussi malins que nous et ne se laissent pas prendre à nos feintes ou se méfient de notre aplomb »

Donc, le mois prochain, dans la vaste enceinte de l'Hippodrome, nous aurons le spectacle de dix mille spectateurs en délire saluant la chute du taureau ; nous verrons, comme *tra los montes*, les hommes jeter au toréador leurs étuis à cigares, leurs portefeuilles et leurs montres, les femmes leurs mouchoirs de dentelles, leurs éventails, leurs bracelets et jusqu'à leurs chapeaux tout remplis de fleurs ; et Frascuelo recevant ces ovations avec la dignité d'un grand d'Espagne, tandis que les comparses de sa cuadrilla ramasseront les offrandes de la multitude.

On raconte que la reine Christine, organisant une fête de charité, pria Frascuelo de lui donner, pour le mettre en vente, un souvenir de ses exploits.

— Vous l'aurez demain, Majesté, répondit le toréador en baisant la main royale.

Le lendemain, tous les murs de Madrid étaient couverts d'affiches rouge et or annonçant une grande course, au bénéfice de l'œuvre de la Reine, avec cet avis :

« Les six taureaux seront tués par Frascuelo. »

Il y eut une recette de trois cent mille réaux qui fut versée par la reine dans les caisses de l'assistance publique.

La mort d'un seul taureau fera tomber deux cent mille francs dans l'escarcelle des pauvres parisiens.

MADEMOISELLE GARAT

15 avril 1884.

Il y a quelques semaines, le hasard me faisait découvrir, après une éclipse de près d'un demi-siècle, celle qui fut la grande Falcon.

Le même hasard, qui décidément est bon prince, vient de me faire découvrir la fille survivante, et bien vivante malgré ses quatre-vingt-quatre ans, du célèbre chanteur Garat, « le troubadour du Directoire, l'Incroyable de la musique ».

Pour bien des gens, ce nom de Garat, dont la gloire, un peu tapageuse, balança celle des plus illustres, n'éveille que des souvenirs frivoles et galants : l'artiste incomparable est effacé par le muscadin prétentieux, qui poussa la fatuité jusqu'à l'impertinence et le dandysme jusqu'au ridicule ; qui fit du plus odieux zézaiement une arme de séduction et consacra sa vie à perfectionner le puffisme d'Alcibiade ; et qui, toujours « à la pose », toujours affolé de paraître, toujours préoccupé de l'effet plastique, ayant pour tout souci la coupe de ses pantalons, l'empois de ses cravates et la nuance de ses bottes, ne pratiqua qu'un seul culte : celui de la Mode — cette déesse capricieuse à laquelle, dans son idolâtrie, il adressait la singulière oraison jaculatoire qu'un journal du temps nous a conservée :

« O ma divinité tutélaire, tous les hommes se plaignent de leur sort ! Moi, je vous supplie de ne rien changer au mien. Les grâces, les plaisirs m'assiègent ; ils veulent tous m'avoir, je me laisse entraîner ; ils m'idolâtrent, je les laisse faire. Mon costume, mon propos, mon maintien, tout fait époque dans le monde. Une romance de moi est un événement, une cadence chromatique est la nouvelle du jour, un enrouement est une calamité publique. Ma parole suprême !... C'est trop de félicité pour un mortel ! »

Ces faiblesses-là font sourire ; et, si Garat n'avait eu d'autres titres à l'admiration de la Postérité que celui d'ancêtre de la « gomme », il est probable que la Postérité n'eût jamais commencé pour lui. Mais il fut mieux que cela, — il fut l'ancêtre, et le plus glorieux, et le plus accompli, de notre belle école de chant française. Sous ce mannequin, paré chaque jour d'une livrée nouvelle, battait l'âme d'un des plus grands artistes dont s'honore notre art national : de ce plumage carnavalesque, sortait le plus exquis ramage ; et lorsqu'avec ce goût suprême — dont il fit la base de son enseignement au Conservatoire et dont ses élèves : mesdames Duret et Branchu, MM. Nourrit, Ponchard, Levasseur, Rigaut, etc., semblent avoir emporté le secret — il disait les sublimes mélodies de Gluck ou soupirait quelque romance sentimentale, on ne se demandait pas si son pantalon collait jusqu'à l'indécence, si la nuance de ses bottes jurait avec celle de son pantalon, si ses cravates étaient trop amples, —

on admirait, on tombait en extase, comme au son d'une voix venue d'en haut.

La haute opinion qu'il avait de lui-même comme dandy, Garat l'avait comme chanteur. Plein de respect pour son art, il l'exigeait chez les autres. Un soir, il devait faire sa partie dans un concert que donnait madame Récamier, mais pris, à la dernière heure, d'un enrouement subit, il demanda que son nom fût rayé du programme. Cela ne faisait point le compte des invités, et l'un d'eux, un seigneur de l'ancienne cour, exprima son mécontentement en termes assez peu parlementaires.

— C'est inconcevable ! s'écria-t-il. Comment ce monsieur ne chante pas ! Alors que vient-il faire ici ?

— M'amuser des sots, monsieur le duc, fit vivement Garat, en se redressant dans sa petite taille comme un coq sur ses ergots.

Vous voyez que, lorsqu'on touchait à l'artiste, le muscadin avait l'âme sensible.

Garat repose au Père-Lachaise, dans un monument modeste, où rien, pas même un simple médaillon, ne rappelle celui qu'on a si justement surnommé le plus parfait, le plus impeccable des chanteurs français. Sa fille, mademoiselle Garat (Soubyran de Bellegarde), qui vit d'une pauvre rente, épave d'une grande fortune fastueusement dissipée, est en instances auprès du Conseil municipal pour qu'il fasse au cher défunt l'aumône d'un peu de bronze et d'un peu de marbre. Il est à souhaiter pour le repos de ses vieux jours et pour notre honneur artistique que ce vœu filial soit exaucé.

En même temps qu'un acte de justice, le conseil ferait une excellente affaire. Parmi les souvenirs qu'à défaut d'argent Garat a légués à sa fille, se trouve son piano — le témoin et le collaborateur de sa gloire — sur lequel Auber, tout jeune, fit travailler Levasseur et madame Branchu. Cette petite boîte carrée, en acajou, n'a pas, à vrai dire, grande valeur en soi ; mais elle marque une date intéressante dans la fabrication des instruments français, celle où le piano détrôna le clavecin et l'épinette. Le piano de Garat est, en effet, le premier piano qui soit sorti des ateliers d'Érard, comme en fait foi cette mention inscrite au-dessus du clavier : *Érard frères, 37, rue du Mail, 1799.*

Mademoiselle Garat dit au Conseil municipal : « Donnant, donnant ! Donnez un buste à mon père, je vous donne son piano. Je l'avais légué par avance à M. Édouard Philippe, pour les soins délicats qu'il a prodigués à ma vieillesse solitaire. Mais il s'engage, si vous accueillez ma requête favorablement, à l'offrir, moi morte, à l'un de vos musées, soit au Conservatoire, soit à l'Opéra, et mieux encore au Musée Carnavalet, où il serait mieux à sa place, eu égard à son caractère typique et à son cachet original. »

Le legs est précieux, et le Conseil municipal, en se l'assurant au prix d'un peu de bronze ou de marbre, aura bien mérité de tous ceux qui ont le goût des raretés artistiques. Et, en France, ils sont légion.

LE ROI DES FÉLIBRES

17 avril 1884.

J'ai reçu hier, au *Figaro*, la visite de Frédéric Mistral. Il y a dix ans que je n'avais revu ce cher compagnon de ma jeunesse. Maillane est si loin de Paris, et l'enfer boulevardier du paradis provençal ! Dix ans, quand on a doublé le cap de la quarantaine, pèsent d'un poids très lourd sur notre pauvre humanité; et je craignais qu'ils n'eussent marqué de leur griffe cruelle le robuste auteur de *Mireille*. Mais il paraît que la fontaine de Jouvence coule aux environs de Saint-Remy; car, en me trouvant face à face avec Frédéric Mistral, le Maahdi du « gai sçavoir », il m'est apparu tel que Lamartine l'avait dépeint à son aurore :

« Sa physionomie simple, modeste et douce, n'a rien de cette tension orgueilleuse des traits ou de cette évaporation des yeux qui caractérise trop souvent les hommes de vanité, plus que de génie, qu'on appelle les poètes populaires. Ce que la nature a donné, on le possède sans prétention et sans jactance. Le jeune Provençal est à l'aise dans son talent comme dans ses habits : la parfaite convenance, cet instinct de justesse dans toutes les conditions, qui donne aux bergers, comme aux rois, la même dignité et la même grâce d'attitude ou d'accueil, gouverne toute sa personne. Il a la bienséance de la vérité ; il plaît, il intéresse ; il émeut ; on sent dans sa mâle beauté le fils d'une de ces belles Arlésiennes, statues vivantes de la Grèce, qui palpitent dans notre Midi. »

Il a neigé depuis lors, il a même neigé dru sur cette chevelure olympienne et sur cette fière barbiche qu'un médaillon célèbre a popularisées. Mais la flamme poétique, qui brûle en dessous, teint en rose cette neige précoce, comme, sous les baisers du soleil, la tête blanche de la Yung-Frau.

Pendant plus d'une heure, nous avons battu le rappel des souvenirs. Et quelle joie, pour deux enfants de la Provence, d'échanger les tendresses du doux revoir, dans l'idiôme désappris du ciel natal, dans la belle langue provençale !

Une langue, le provençal ! diront ironiquement les Parisiens. Un patois, tout au plus.

Pardon, Parisiens, mes frères, une langue, et la plus belle, la plus riche, la plus correcte, la plus logique, la plus savante, la plus harmonieuse, la plus musicale, — celle dont Mistral travaille depuis vingt ans à rédiger le Code, à fixer le Vocabulaire ; celle où furent ciselés et coulés en bronze, par un artiste de génie, les deux seuls poèmes épiques dont la France puisse s'enorgueillir, *Mireille* et *Calendau !*

Cette langue, qui n'est pas un patois, se parle couramment, usuellement, des Alpes à la Garonne, de la Garonne aux Pyrénées, et même au delà, dans toute la Catalogne. Elle a de nombreux dialectes — celui de Jasmin, par exemple, n'est pas celui de Mistral — mais ce sont tous des enfants de la même mère ; ils ont plus qu'un air de famille, et on peut leur appliquer ces vers du poète :

> *Facies non omnibus una,*
> *Nec diversa tamen, qualem decet esse sororum.*

La littérature, greffée sur cette langue, est depuis une trentaine d'années en pleine efflorescence. Les poètes et les écrivains du Midi — ceux de Provence surtout, et, entre tous, Mistral, Roumanille, Aubanel — s'en sont faits les apôtres. C'est cet apostolat qu'on a surnommé le Félibrige, et c'est de là que les Félibres sont nés. Il était temps d'éclaircir ce point obscur de notre vie littéraire contemporaine.

La politique aidant, on a pris texte de ce mouvement local des esprits pour crier au séparatisme. De ce que les Félibres voulaient faire du provençal une langue distincte, on a conclu qu'ils voulaient faire une province distincte de la Provence et la séparer de la mère-patrie.

Comme grand maître du Félibrige, comme chef incontesté, par droit de talent, de cette croisade littéraire, Frédéric Mistral fut plus particulièrement en butte à ces stupides imputations.

On sait avec quelle énergie il s'en est défendu. Il n'en était pas besoin ; celui-là n'est pas tenu d'affirmer son patriotisme, de l'âme duquel s'est échappée cette ode admirable, d'un sentiment si national : *Le Tambour d'Arcole*.

Séparatistes, les Félibres ! Annexionnistes, bien plutôt ! Car ils ont eu l'honneur de réaliser ce mot célèbre : Il n'y a plus de Pyrénées !

Littérairement et fraternellement, il n'y a plus de Pyrénées, depuis le jour où Provençaux et Catalans se serrèrent la main par-dessus leurs cimes neigeuses.

Cette union fut scellée en 1868, à Saint-Rémy, dans de splendides fêtes littéraires qui durèrent huit jours, où furent conviés tous les grands journaux parisiens, et où j'eus le grand honneur de représenter le *Figaro*.

Ah ! les belles, les folles fêtes, où Cochinat, pris pour Dumas père, se prêtait si complaisamment à la méprise, où Sarcey préludait à ses futurs triomphes de conférencier, où Albert Millaud échangeait le fouet de la *Petite Némésis* contre la houlette de l'églogue, où le baron Brisse confectionnait d'idéales bouillabaisses, les manches retroussées, où Saint-René Taillandier jetait sa gourme académique, où Monselet, couronné de roses, disait aux paysans ébahis le divin sonnet du Cochon, où nous deux Paul Arène nous faisions, la nuit, des sonnets aux étoiles, et où le grave Xavier Feyrnet, aujourd'hui directeur des Beaux-Arts, exécutait, dans les bals en plein air, des cavaliers seuls dont les belles filles de Saint-Rémy gardent encore la mémoire !

Pendant une heure, Mistral et moi, nous avons causé de ces choses mortes, évoqué ces charmantes visions de la trentième année. Et comme je lui disais, sachant la dévotion immuable qui l'attache au sol provençal et son horreur des voyages :

— Ce qui m'étonne le plus dans Paris, c'est de t'y voir !

— Mon cher, m'a-t-il répondu, le mariage m'a désensauvagé. J'ai voulu montrer Paris à ma jeune femme. L'occasion était bonne. J'avais à revoir les épreuves de mon dernier poème, *Nerto*, qu'Hachette publie demain, et puis je voulais causer avec notre ami Paul Ferrier de *Calendau*, qu'il vient d'arranger pour la scène, et que Maréchal a mis en musique. Tout cela va me prendre un bout de temps et me permettra d'attendre les fêtes florianesques dont nos amis, les Félibres parisiens, m'ont décerné la présidence. Je t'y donne rendez-vous le mois prochain.

Au moment de prendre congé de mon vieux camarade :

— A propos, lui dis-je, où logez-vous, ta femme et toi ?

— Rue de Constantinople, 13. S'il y avait eu, dans Paris, une rue d'Arles, j'y serais descendu. Mais je me suis rappelé qu'Arles était la ville de Constantin. Voilà pourquoi j'ai pris domicile rue de Constantinople.

Félibre, va !

CHEZ LA DUCHESSE DE BISACCIA

19 avril 1881.

Le nom de La Rochefoucauld est synonyme de fastueuse hospitalité. Et cela, depuis des siècles, c'est-à-dire depuis qu'il brille d'un éclat si vif entre les plus purs et les plus illustres de l'aristocratie française.

Lorsque Charles-Quint vint en France, en 1639, il fut reçu dans le château de Verteuil, par un La Rochefoucauld. Et le grand empereur déclara plus tard *n'avoir jamais entré en grande maison qui mieux sentit sa grande vertu, honnêteté et seigneurerie que celle-là.*

Ces nobles traditions se sont perpétuées dans la famille ; mais, de tous les descendants le duc de Bisaccia, l'ancien ambassadeur près du gouvernement britannique, l'ancien président des chevau-légers, aujourd'hui l'une des figures les plus originales du Palais-Bourbon, est celui qui s'y montre le plus dévotieusement fidèle.

Quelques-unes de ses fêtes sont restées célèbres, celle, entre autres, qu'il donna, pendant son ambassade, en 1874, au profit des œuvres françaises de Londres, et qui groupa, dans une même pensée charitable, ce choix unique de dames patronnesses : madame la comtesse de Chambord, LL. AA. RR. la princesse de Galles et la duchesse de Teck, la comtesse de Paris, la duchesse de Chartres et la duchesse d'Alençon, les princesses Blanche et Marguerite d'Orléans (princesse Czartoryska), les princesses de Broglie et Malcom-Khan, les duchesses de Magenta, de Bisaccia, de Saldanha, de Bedford, de Marlborough, de Buccleugh, de Roxburghe, de Luynes, de la Trémoille, Decazes, la comtesse de Bylandt, les baronnes de Bulow et de Rothschild, etc., etc. Et aussi cette splendide fête japonaise dont le *Figaro*, l'an dernier, a décrit les inoubliables merveilles.

La bienfaisance est généralement de moitié dans ces élégantes manifestations. Le duc tient à justifier l'éloge que Suard faisait d'un de ses ancêtres, « lequel mettait son honneur à ne faire usage du crédit de la fortune, de l'autorité même que donne la vertu, que pour faire le bien, l'encourager et le défendre ». Quant à la duchesse, elle interprète à un point de vue tout chrétien la devise des La Rochefoucauld : *C'est mon plaisir !* qui, dans l'espèce, pourrait se traduire par cette autre devise latine : *Transiit benefaciendo !*

La fête de cette nuit n'avait ni la royale splendeur de la fête de Londres, ni la piquante originalité de la fête japonaise. C'était une fête ordinaire, un ordinaire qui, je vous le jure, n'a rien de commun avec ce qu'on appelle, dans un certain monde, la fortune du pot.

Le décor est merveilleux en lui-même. Tout le Paris aristocratique connaît ce logis seigneurial situé 47, rue de Varennes, entre cour et jardin :

cour immense bordée par les appartements particuliers du duc et du comte de La Rochefoucauld, les écuries, les communs, etc.; jardin somptueux, vaste comme un parc, avec son immense tapis de gazon anglais, où les lilas émiettent leurs fleurs, où neigent, en avril, les plumes des tourterelles.

Cette nuit, la porte de l'escalier d'honneur est condamnée. Le flot des arrivants pénètre, à gauche, dans le vestibule, tout tendu de vieilles tapisseries, et suit la longue enfilade des salons : le salon Louis XV, d'abord, orné de tableaux anciens et d'une aquarelle de Lami représentant un rendez-vous de chasse à Rambouillet; ensuite, le salon Rouge, où le buste du comte Sosthène de La Rochefoucauld, père du duc de Bisaccia, sourit sur la cheminée, au milieu des fleurs ; puis les salles de bal, dont l'une, ouvrant sur le jardin, est revêtue de boiseries contemporaines de l'hôtel — fin du dix-septième siècle — en chêne sculpté chargé de dorures, comme on n'en trouve plus que dans l'île Saint-Louis, à l'hôtel Lambert, ou, rue de Bretonvilliers, à l'hôtel du duc de Richelieu ; deux médaillons en tapisserie des Gobelins, signés Cozette, représentent Louis XV et Marie Leckzinska — deux purs chefs-d'œuvre. Cette salle communique avec le buffet, où l'on soupe assis, à des petites tables disposées parmi la verdure, et sur les panneaux duquel le duc a eu l'idée originale de faire fixer des hottes de trois mètres de haut, remplies de fleurs qui retombent en gerbes sur la tête des invités.

Dans la seconde salle se trouve l'orchestre que,

pour gagner de la place, on a juché sur des colonnes, entre ciel et terre. On passe dessous, comme sous un arc triomphal, pour monter aux autres étages par l'escalier d'honneur.

Superbe, cet escalier, mais bien moins pittoresque que celui par où l'on arrive à la serre. Celui-là défie toute description : fait de fragments de roches, bordé des deux côtés par des blocs de granit couverts de mousse, sur lesquels une eau jaillie d'une source invisible retombe éternellement en fraîches cascades, c'est comme une forêt montante où s'épanouit, dans une chaleur douce, toute la flore des pays enchantés, où les palmiers qui semblent naître de chaque anfractuosité projettent vers le ciel, à de vertigineuses hauteurs, leurs longues lances de vert sombre, parmi les reflets clairs des lumières semées dans le feuillage. Il tourne, tourne, l'escalier, et, dans son évolution grandiose, aboutit enfin à la serre — le *clou* de ce fantastique décor — qui, par sa situation et ses proportions babyloniennes, fait songer aux jardins suspendus de Sémiramis. Une illumination radieuse y donne l'illusion du soleil tropical, et la végétation luxuriante qui s'y étale celle des eldorados transocéaniques. Et c'est miracle de voir, dans les étroits sentiers aux bordures fleuries, qui se croisent et s'entre-croisent, circuler les groupes extasiés, resplendir les épaules nues, étinceler les perles et les diamants, la soie se mêler aux floraisons verdoyantes, et tous ces étincellements se confondre en une sorte de kaléidoscope vaporeux où il n'y a plus ni femmes, ni fleurs, ni satins, ni verdures, plus rien que la grande symphonie des couleurs et l'âpre griserie des parfums!

Fuyons ce paradis troublant, arrachons-nous à ce rêve d'opium, pour nous réfugier dans une petite pièce où le repos est exquis sur les grands canapés rouges, et d'où l'on distingue, comme dans un lointain indécis, les arbres sombres du jardin, que la pluie d'hier n'a pas permis d'illuminer, et les plantes aux reflets vifs de la serre.

En face — qu'on me pardonne cette indiscrétion — est une petite chapelle, avec un autel très simple et des peintures murales d'une adorable naïveté. C'est là que la duchesse, dont la piété sincère impose le respect comme sa bienfaisance impose l'admiration, vient prier pour les siens et aussi pour ses pauvres.

Et tandis que, dans ce coin paisible et recueilli, je m'isole de la bourdonnante cohue, par l'escalier d'honneur, les fringants cavaliers et les belles dames redescendent de la serre vers les salons de bal, entre les vieux Gobelins qui font la haie et les armes de la maison qui content des siècles de gloire. Et les bruits de l'orchestre arrivent affaiblis, à mon oreille, dans le froufroutement des étoffes et le murmure vague des galants propos.

Nommerai-je les innombrables privilégiés qui, de six heures du soir à quatre heures du matin, ont dansé, causé, soupé, puis redansé, recausé, resoupé, et qui, vaillants au plaisir, n'ont capitulé qu'avec l'aurore? Cette nomenclature nous mènerait trop loin. La duchesse avait envoyé deux mille invitations, et il n'y a pas eu dix lettres d'excuse. Je renvoie donc les curieux à l'Armorial de France et au Livre d'Or des lettres et des arts. Car la noblesse intellectuelle a, comme chez le roi chevalier, à la cour duquel leurs ancêtres ont joué les Mécènes, ses grandes entrées chez les Bisaccia.

GUYOT-MONTPAYROUX

19 avril 1881.

Par ce temps où l'égalité sociale — cette chimère érigée en immortel principe — ouvre carrière à tous les appétits et déchaîne, de bas en haut, toutes les ambitions, la folie des grandeurs est devenue la folie à la mode. Elle sera la caractéristique de la troisième R. F. Ce malheureux Guyot-Montpayroux en était hanté depuis sept ans. Il en est mort hier.

Lorsqu'il fut interné chez le docteur Luys, il y avait quinze jours, heure par heure, que les électeurs du Puy l'avaient réélu député. Dès le lendemain de ce succès, commença sa ruine mentale ; dès le lendemain, il perdit la notion du réel pour entrer dans le rêve californien. Un jour, il s'en vint chez Détroyat et, sans crier gare :

— Mon cher, lui dit-il, je viens d'être appelé chez le prince de Hohenlohe. L'Europe désire impatiemment la fin de la crise française, et c'est sur moi qu'elle a jeté les yeux. Le Maréchal va quitter la Présidence, je lui succède, et Bismarck consent au rachat de l'Alsace et de la Lorraine. Par exemple, je garderai pour moi le château de Strasbourg, c'est bien le moins après tout le mal que je me suis donné !

Et comme Détroyat restait bouche béante :

— Ce n'est pas tout, continua-t-il, je rachète tous les chemins de fer de France, et je les donne à mon pays !... C'est de la politique cela !... Enfoncé le Bismarck !

— Certes, fit Détroyat, qui sentait la folie étreindre ce pauvre cerveau, l'idée est belle... Mais les chemins de fer, mais l'Alsace et la Lorraine, avec quel argent les rachèterez-vous ?

— Rien de plus simple... J'ouvre une souscription universelle...

— Parfait ! Et à quel capital ?

— A cinq cent milliards ! C'est comme si je les tenais... Du reste, j'offre dans quelques jours, au Grand-Hôtel, un banquet où je convie les quarante premiers capitalistes du monde... Vous y viendrez, et nous causerons !

Au *Courrier de France*, dont Guyot-Montpayroux était le directeur, on commençait à concevoir de vives inquiétudes. Le 20 octobre, il informa ses collaborateurs qu'il venait de réunir des capitaux considérables, une cinquantaine de millions, grâce auxquels le journal pourrait paraître avec seize ou vingt pages de texte. En attendant, il répandait les gratifications autour de lui, avec les prodigalités d'un nabab : cinquante mille francs à l'un, cent mille francs à l'autre. Un Pactole idéal coulait à travers les bureaux de rédaction. Mais l'heure vint où Montpayroux ne se contenta plus de ces largesses intimes; il y voulut convier le public et rédigea, pour paraître en tête du *Courrier de France*, une note d'où il résultait que cet organe disposait d'un capital d'un milliard de francs. Grâce à la vigilance de son secrétaire, M. Georges Hecq, la note ne fut pas publiée; elle parut seulement dans quatre numéros qu'on imprima tout exprès pour Guyot-Montpayroux, et qu'on porta rue Lafayette, 11, à son domicile.

A quelques jours de là, le pauvre fou se rendait chez M. Thiers, pour s'entendre avec ce bon vieillard au sujet du rachat de l'Alsace et de la Lorraine, et l'assurer des excellentes dispositions de M. de Bismarck, et le soir, se trouvant chez mademoiselle T..., il jetait dans le feu ses perles et ses diamants, sûr qu'il était, lui dit-il, de pouvoir bientôt lui donner en échange les mines de Golconde!

Dès ce moment, il était mûr pour la maison de santé. C'est à Détroyat que fut confiée la triste mission de l'y conduire.

Mission difficile autant que triste. Notre confrère se dit qu'il n'y réussirait qu'en flattant la double manie de Guyot-Montpayroux : la souscription universelle et le rachat des provinces perdues. Et, en compagnie du docteur Voisin, il se rendit rue Lafayette.

— Mon ami, dit-il au malade, en lui présentant le docteur, voici M. Johnson, un Américain richissime que votre souscription a séduit et qui vient pour souscrire...

— Pour quelle somme ? fit vivement Guyot-Montpayroux.

— Pour dix milliards ! répondit le faux yankee.

— Peuh ! C'est alors pour votre compte personnel, car si vous veniez souscrire pour le gouvernement américain, je ne trouverais pas cette somme suffisante.

— Maintenant, interrompit Détroyat, il s'agit de vous entendre avec Bismarck. Il n'y a pas de temps à perdre. Allons-y.

— Pardon ! c'est à lui de venir, objecta le malade.

— M. de Bismarck n'a pas cru devoir entrer dans Paris. Il vous attend hors des murs, dans une maison neutre.

— Alors, partons.

Une heure après, on arrivait chez le docteur Luys. Mais pour que le fou consentît à rester, il ne fallait pas éveiller sa méfiance. Détroyat eut une inspiration :

— Cher ami, dit-il à Guyot-Montpayroux, Bismarck est là qui vous attend. Mais avant de le voir, il convient d'établir en forme officielle que ce n'est pas vous qui venez à lui, mais lui qui vient à vous. Chargez-nous donc de bien déterminer vos situations respectives.

— C'est fort juste. Seulement, il faut que vous soyez en règle : vous allez en ambassadeurs près du prince ; je dois vous signer un décret de nomination.

Il signa le décret. Détroyat et le docteur Voisin le prirent et, quittant la maison funeste, aux odeurs de tombe, ils rentrèrent à Paris le cœur navré.

Demeuré seul, Montpayroux rédigeait la proclamation suivante :

« Je suis le Père Eternel.

» Au commencement, j'ai créé le ciel et la terre et j'ai envoyé mes fils dans chacune des planètes. Et, ayant ensuite regardé mon ouvrage, j'ai distingué une planète entre toutes les autres. Cette planète c'était la Terre, et, sur la Terre, j'ai distingué un petit coin de pays : l'Auvergne, que j'ai doté de toutes les richesses, de toutes les splendeurs, et, dans ce pays, j'ai créé une famille, la plus noble, la plus riche, la plus intelligente, afin qu'elle me représente sur la Terre et qu'elle règne un jour sur le monde. Cette famille, c'est la famille Guyot-Montpayroux. »

C'était fini. En mettant sa signature au bas de ce document insensé, Guyot-Montpayroux avait signé, sans retour, son abdication mentale.

Dans la période de lutte où s'est écoulée sa courte carrière politique, sa valeur et son caractère ont été diversement appréciés. On a dit justement et on peut le redire sans offenser sa mémoire, qu'il fut un déséquilibré par excellence, à qui rien ne manquait, excepté le lest, et que, pour avoir voulu monter trop vite, il s'est perdu dans l'espace.

Je retrouve dans mes notes un croquis de Guyot-Montpayroux, contemporain de l'époque où M. Thiers avait fait de lui son amuseur favori.

« C'est un homme charmant, qui a des talents divers. Il a été bouffon chez M. Thiers, il a joué de la flûte devant l'Empire. En ce moment, il fait la parade devant la porte de la jeune République, chez laquelle il s'est arrêté de force. Il se promène dans la campagne sous le nom bucolique de Guyot, et on le rencontre dans les salons sous le pseudonyme de marquis de Montpayroux. On daigne le recevoir dans le monde, comme on reçoit un chanteur de gaudrioles qui se met derrière le piano, fait un nombre déterminé de grimaces, dégoise une vingtaine de couplets grivois, touche son cachet et va t'en ville. Il est bon à tout, aimable sur le trapèze du journalisme, gracieux sous les paillettes de l'industriel, distingué dans le maillot du gentleman. C'est un personnage de la comédie contemporaine, un rôle à tiroirs. Voulez-vous un Agamemnon, le voici. Préférez-vous Scapin, le voilà. Cherchez-vous Léotard, il vous tombe aussitôt sur la tête. Réclamez-vous un clown, crac, il passe à travers vos jambes. C'est enchanteur. »

Portrait ou charge, ces lignes donnent bien l'idée de l'homme « ondoyant et divers » dont parle le philsophe et dont Montpayroux fut le type accompli.

Il a toujours protesté contre cette qualification de « joueur de flûte de l'Empire ». Cependant, il n'a pu nier qu'il eût été secrétaire général de l'Exposition de 1867 ; et je ne sache pas qu'il se soit jamais défendu d'avoir, alors qu'il était député de l'opposition, accepté les avances impériales. On trouve même dans les journaux du temps le récit d'une conversation assez... compromettante qu'il eut avec l'Empereur en présence de M. Pinard.

— Eh bien! M. Guyot-Montpayroux, lui demanda Sa Majesté, êtes-vous toujours aussi féroce contre quelques-uns de mes amis?

— Toujours, Sire... mon mandat l'exige.

— Vous accoutumez-vous à votre nouvelle vie?

— A merveille. Depuis l'âge de dix ans, je m'étais promis que je serais député dès que sonnerait l'heure légale.

— A dix ans!... C'est de la précocité.

— Si je n'ai pas tenté l'épreuve en 1863, c'est que j'étais trop jeune.

Alors, M. Pinard intervenant:

— Avez-vous décidé l'âge où vous vouliez être ministre?

— Oh! tout de suite, si l'Empereur daignait me le demander!

L'Empereur ne daigna pas... et Guyot-Montpayroux, après le 4 septembre, eut le bénéfice d'avoir refusé ce qu'on ne lui avait pas offert.

Ses démêlés avec le préfet de la Haute-Loire, à propos du service militaire qu'il subordonnait un peu trop à ses visées politiques et à ses rêves ambitieux, sont restés célèbres. Le 20 janvier 1871, le directeur de la Sûreté générale télégraphia de Bordeaux audit préfet:

« Mon cher Lefort, on m'envoie une correspondance adressée au journal le *Drapeau*, où je lis ceci :

« Guyot-Montpayroux est ici depuis deux » jours, courant les salons et les cercles, animant » tout de sa verve un peu gasconne, prêchant le » refus sur l'impôt, etc., etc., »

» Décidément, prenez les mesures nécessaires pour que ce personnage soit incorporé dans les mobilisés. S'il refuse, traitez-le en réfractaire. Salut cordial. — *Ranc.* »

Conformément à ces instructions, le préfet Lefort coffre notre réfractaire. Jules Simon, qui n'était pas fâché de faire pièce à l'administration gambettiste, ordonne de le mettre en liberté. Mais le prisonnier se cramponne à ses barreaux. On est à la veille des élections, et l'auréole de martyr est encore la meilleure réclame électorale. Il fallut jeter dehors ce forcené de la paille humide. Et le préfet, télégraphiant cette tragi-comédie au ministre de l'intérieur, terminait sa dépêche par ces mots :

« .... Guyot vient de tenter une manœuvre de la dernière heure. Il vient de lancer une affiche et une brochure *d'une violence épileptique* contre Gambetta, Crémieux et moi. Je vous connais trop pour craindre que vous laissiez compromettre le gouvernement en votre personne par ce *fou furieux*...»

Fou furieux ! Vous voyez que M. Thiers n'a pas eu l'étrenne de cette imprécation historique. C'est même à croire qu'en la proférant, il ne fut que l'écho de son Benjamin, ravi de renvoyer la balle à son persécuteur.

La guerre terminée, Gambetta n'eut pas d'adversaire plus âpre que Guyot-Montpayroux, et plus irréconciliable. Jusqu'au jour où, M. Thiers étant mort, cette hostilité n'avait plus de raison d'être et pouvait même tourner en duperie.

Gambetta fut clément... comme Auguste, et Cinna-Montpayroux, aux élections du 14 octobre, passa, dans l'arrondissement du Puy, sous le pavillon — qui couvrit de si bizarres marchandises — des 363.

Ce fut sa dernière variation.

Quelques jours après, l'instrument était brisé, et la dépêche du préfet Lefort prenait un caractère tristement prophétique :

Guyot-Montpayroux était *fou furieux !*

LA SURETÉ SOUS LA COMMUNE

21 avril 1884.

Je reçois l'originale lettre suivante :

« Monsieur le rédacteur,

» C'est en qualité d'adversaire politique que je viens vous demander de soulager une infortune.

» Après m'être adressé vainement à la Fédération des socialistes de France, au banquet du 18 mars, je frappe à votre porte, un peu par rancune, beaucoup par désir de faire le bien.

» Il s'agit d'un pauvre garçon qui, à seize ans, inconscient gamin, a fait la campagne contre Versailles : il suivait son père, fédéré au 220ᵉ bataillon. Les blessures et les misères de cette triste époque ont brisé sa vie. Il était fort, il ne peut plus travailler.

» J'avais pensé naturellement aux révolutionnaires pour venir en aide à un champion de leurs idées ; et, à cet effet, j'avais dessiné, puis mis en vente, au profit de ce déshérité, le portrait de mon ami Joffrin.

» Essayant encore de croire à la fraternité, je pensais que ceux-là qui connaissent la peine, trouvant l'occasion de soulager un pauvre sans qu'il leur en coûte, allaient ouvrir leurs bras et leurs cœurs. Mais je me suis heurté à l'inflexible volonté d'un président V... — « Je ne veux pas ! » a dit ce citoyen investi pour une soirée d'un pouvoir éphémère.

» Pendant la Commune, j'ai tâché d'aider les femmes dont les maris étaient à Versailles, parce que celles-là craignaient de tendre la main. C'est à ce titre que je viens vous prier de soulager un des nôtres.

» Je crois à la charité pour amener l'apaisement, *et je regrette de perdre confiance aux théories d'hommes qui ne savent même pas tendre à leurs frères une main secourable.*

» Agréez, etc.

» PH. CATTELAIN. »

Le *Figaro* ne laisse jamais de pareilles lettres sans réponse... satisfaisante ; pour lui, la misère n'a pas d'odeur, et moins encore de couleur... politique. Mais le plus intéressant, dans l'espèce, c'est moins l'infortune du pauvre diable pour lequel on sollicite que la curieuse personnalité du solliciteur.

Cattelain — dessinateur et graveur de son état — était un des bons amis d'André Gill ; il a fait sur ses dessins de belles eaux-fortes, et, plus d'une fois, préparé pour lui des croquis importants. Mais l'art ne nourrit pas toujours son homme, et, dans les dernières années de l'Empire, Cattelain, pour vivre, dut faire un peu de tout. On a pu le voir, employé chez un déménageur, le culot aux dents et le bonnet de coton rayé bleu sur l'oreille, soulevant, avec ses reins d'Hercule, des pianos et des armoires à glace. Il n'y a pas de sot métier.

Vint la Commune, qui fit d'André Gill le directeur du Luxembourg. Le soir, quand les grilles étaient closes, le caricaturiste, tout à la joie, s'amusait à jeter des pièces de cent sous aux pigeons du jardin, — c'est ce qu'il appelait jeter l'or de « vingt années de corruption » par les fenêtres. Cattelain, lui, fut nommé chef de la sûreté, et son premier acte fut d'adresser un appel aux poches des Parisiens, en faveur des victimes de la guerre, appel qui figure au *Journal officiel* du 13 avril 1871, et d'où j'extrais cette phrase :

« Etablissons la charité républicaine en pleurant avec ceux qui pleurent, et en aimant moins nos enfants que les enfants de ceux qui ne sont plus. »

En dehors de ces actes philanthropiques, les fonctions de Cattelain étaient une sinécure, les crimes d'alors étant de ceux dont la justice civile ne connaît point. Son activité n'y trouvait pas son compte ; il languissait dans son bureau, et, pour un « joli criminel », il eût vendu son âme.

Son vœu fut enfin exaucé. Un matin, des agents amènent un monsieur qui vient de se livrer lui-même.

— Qu'est-ce que vous faites ? interroge Cattelain radieux.

— Je suis parricide.

— Fichu métier !... Enfin... je n'ai pas le choix !... Alors, nous avons tué notre père ?

— Oui, citoyen.

— Ça n'est pas gentil !... Allez vous asseoir.

Et Cattelain, à part lui, se disait : « C'est si rare un criminel !... Je vais montrer ce spécimen aux amis ! » Et, séance tenante, il expédie ses invitations. Puis, revenant au prisonnier :

— Vous ne chercherez pas à fuir, parricide ?

— Non, citoyen. Vous m'allez... Vous avez l'air d'un brave homme. Je reste.

Cattelain renvoie les agents. Les amis arrivent. On fait la présentation :

— Le citoyen un tel, parricide !

La conversation s'engage sur le ton de la plus parfaite cordialité. Sonne l'heure de l'absinthe : Cattelain offre une tournée ; mais le parricide a des goûts délicats, il demande du madère. On l'invite à dîner. Si, pour prendre appétit, on faisait un tour de boulevard ? Ça va. Le parricide sera de la partie, mais avec un voile noir sur la tête. On part, bras dessus bras dessous, consommant à tous les cafés où fréquentent les camarades. Cattelain est fier de son prisonnier, il a pour lui la sollicitude de Barnum pour ses phénomènes. On dîne gaiement. Le parricide n'aura pas d'autre chambre que celle du chef de la Sûreté. Le lendemain, les promenades recommencent. Cattelain s'ingénie chaque jour à trouver des distractions nouvelles pour son hôte et à le sauver de l'ennui. Cela dura bien une semaine. Mais un matin, le chef de la Sûreté, s'étant levé de méchante humeur, dit au parricide :

— Ah ! çà, mais est-ce que vous allez rester ici longtemps encore ? Ça m'embête, à la fin, de vous héberger et de varier vos plaisirs ! C'est toujours moi qui paie !... Je la trouve mauvaise. Filez, mon garçon, c'est plus simple, ou je serai forcé de vous faire fusiller !

Il lui tendit la main, que l'autre baigna de ses larmes, en l'appelant « mon bienfaiteur ! » Est-il besoin de dire que ce parricide n'avait tué personne ? C'était un simple fumiste, qui trouvait commode de se faire loger et nourrir aux frais de la Commune, et plaisant de mystifier un chef de la Sûreté... à la recherche d'un criminel.

Quand l'armée de Versailles entra dans Paris, Cattelain fut arrêté, puis jugé. Devant le conseil de guerre, son attitude fut ferme, mais sans pose.

Il répondit qu'il avait cédé, comme tant d'autres, à d'irrésistibles entraînements, mais qu'en somme il n'avait fait de mal à qui que ce soit. Et comme un des membres de la Commune, assis sur les mêmes bancs, lui disait avec emphase :

— Pourquoi ne répondez-vous pas comme nous en affirmant les idées de la Révolution ?

Cattelain, se tournant vers un coin du prétoire d'où partaient des sanglots :

— Vous êtes garçon, vous ! Mais tenez il y a là-bas ma bonne femme de mère, ma femme et mes deux gosses... Quand je n'y suis pas, il n'y a pas de pain à la maison. Savoir s'humilier est plus courageux, en certains cas, que de se livrer à de stupides bravades !

Il fut condamné. A l'amnistie, il revint et se remit au travail pour les petits et la vieille. Il n'a pas fait fortune, mais il trouve encore le moyen de recueillir en son atelier les camarades dans la misère ou hors d'état de gagner leur vie.

C'est un bohême qui a perdu sa voie, non son cœur.

LA JUSTICE DE DIEU

29 avril 1884.

A l'heure où paraîtront ces lignes, Campi, l'assassin énigmatique, aura « payé sa dette à la société ». Il sera mort, dans cette attitude de sphinx — dont il a voulu se faire un bouclier — sans avoir livré son énigme. Jadis, le bourreau se couvrait le visage d'un masque ; cette fois, c'est le patient. C'est bien le cas de dire de cet anonyme obstiné : impénétrable comme la tombe et jusqu'à la tombe.

Aujourd'hui que la conscience publique est satisfaite, il importe que cet anonyme soit respecté, comme on respecte le dernier vœu d'un mourant, et que des révélations posthumes ne fassent pas rejaillir sur une famille, honorable peut-être, l'infamie du supplicié.

Campi, comme Castaing, laisse, dit-on, un père à cheveux blancs, un frère sous les drapeaux. Au nom de quel intérêt social désolerait-on la vieillesse de l'un, salirait-on les épaulettes de l'autre ?

Tous les crimes n'ont pas, comme celui du triste héros de la Tête-Noire, un de ces épilogues magnifiques qui réhabiliteraient la famille d'un assassin aux yeux de la postérité, s'il était vrai que la honte d'un membre pût peser éternellement sur toute une famille.

Castaing avait un frère, officier de mérite, connu dans l'armée pour sa bravoure et son caractère loyal. Frappé douloureusement au cœur, il n'était pas atteint dans sa considération. Mais son père, un vieillard que réclamait déjà la tombe, le crime de son fils — son Benjamin, hélas ! — n'allait-il pas l'y précipiter ?

M. Castaing père habitait, en province, une petite bourgade au seuil de laquelle expiraient toutes les rancunes parisiennes. D'ailleurs, vénéré dans le pays, il n'y avait pas à craindre qu'une fâcheuse indiscrétion vînt éclairer son ignorance. Un seul lien, par malheur, le rattachait à la vie extérieure, — son abonnement au *Constitutionnel*... Et l'horrible drame de Saint-Cloud allait, quinze jours durant, fournir à la feuille libérale de la *copie* à succès !

Ah ! si quelqu'un souhaita jamais la mort d'un journal, ce fut à coup sûr ce brave enfant qui tremblait pour les vieux jours de son père. Mais le *Constitutionnel* avait la vie dure, et le temps pressait.

Il vole à Paris, descend aux bureaux de la rue de Valois et, comprenant qu'un rédacteur en chef ne peut sacrifier le *plaisir* de tous ses clients au repos d'un seul, il ne réclame pas le silence sur la *great attraction* du moment. Mais il obtient que, jusqu'au dernier mot de cette lugubre affaire, on tire à l'intention du vieillard un numéro spécial, où des faits-divers inoffensifs seront substitués à *l'Affaire Castaing*.

Ce fut sa pauvre bourse de soldat qui fit les frais de cette substitution ruineuse. Mais le père mourut sans que sa dernière heure fût empoisonnée, même par un soupçon.

Il convient de tirer de l'ombre ces héroïsmes obscurs, d'un plus salutaire exemple que les sténographies de la cour d'assises et les scandaleuses orgies de la Roquette.

Car, ou je me trompe fort, ou, ce matin, on aura revu là-bas cette tourbe sinistre, cette effroyable mer humaine, qui, les jours où M. de Paris opère, lèche amoureusement les grands bras rouges de l'échafaud. Il y aura eu, comme toujours, majorité de femmes, et les filles, qu'on chasse du boulevard, y seront venues à pleines voitures, vêtues de robes voyantes, parlant très haut, criant, chantant presque, ivres du champagne sablé *pour tuer le temps !*

De cet empressement barbare de la foule, les moralistes et les philanthropes tireront encore de grands effets d'éloquence et des arguments qui leur sembleront décisifs en faveur de la suppression de la peine de mort. Ils répéteront que toutes ces scènes sont loin d'être morales et que la vue du couperet ne corrigea jamais un criminel. C'est fort possible ; c'est même, s'il faut le dire, mon propre sentiment. Mais il serait moins moral encore de laisser les Campi continuer en paix leur commerce. Et je suis plus que jamais de l'avis d'Alphonse Karr : « Abolissons la peine de mort, soit. Mais que messieurs les assassins commencent ! »

Pour ce qui est du scandale, il ira, c'est certain, diminuant avec le temps et le progrès des mœurs. Il est moins grand déjà qu'à l'époque où on louait des fenêtres sur tout le parcours de la charrette fatale. Un jour viendra où, pour la dernière des femmes du peuple qui se respecte, avoir assisté à une exécution sera plus qu'une honte, une flétrissure.

LE MONOME DU VERNISSAGE

30 avril 1884.

« *Vernissage*, — s. m. Action de vernir. »

Si l'on s'en rapportait à cette définition du dictionnaire, on aurait une idée bien impropre de ce qui s'est passé hier au Palais de l'Industrie.

Le caractère distinctif de cette journée, et, si j'ose dire, son « vernis » spécial, c'est précisément qu'on n'y vernit pas du tout.

— Alors, quoi ? — Alors, suivez-moi bien.

Les mondes mythologiques ont eu leurs quatre âges. Le vernissage aussi. — 1° L'âge d'or. Des peintres vernissent leurs tableaux, et des critiques d'art les regardent vernir. — 2° L'âge d'argent. Aux critiques d'art, se joignent les amateurs. — 3° L'âge de fer. Les peintres ne vernissent plus, mais les amateurs et les critiques d'art amènent leurs amis et connaissances. — 4° L'âge d'airain. C'est le nôtre. Les critiques d'art, les amateurs, les amis et connaissances ne sont plus qu'une infime minorité. Le Bottin de Paris et celui des départements fournissent, avec le Livre d'or du rastaquouérisme, le gros de la clientèle. L'élite s'est faite cohue, cohue déplaisante et malodorante, où les senteurs de l'ail se marient aux essences les plus capiteuses, où les étoffes les plus criardes chantent l'apothéose du mauvais goût, où le passage du Saumon triomphe sur les faux cheveux des élégantes... de derrière les comptoirs, où l'on se trémousse avec des dédains de convention et des enthousiasmes de commande — ce Pinxit, quel talent, ma chère ! — où l'on se foule, où l'on se bouscule, où l'on s'écrase les cors avec une généreuse réciprocité, où l'on ne voit en fait de peinture que les joues roses des horizontales de toute marque et de tout tarif ! Et tandis qu'au dehors les bookmakers sans ouvrage vendent des places moins cher qu'au bureau, au dedans, une administration économe expose... les réclames des grands magasins, prêteurs de rideaux et de tentures. Les vendeurs sont maîtres du temple : la démocratie submerge tout ; et ceux qui, par devoir ou par dilettantisme, viennent avec l'intention fallacieuse d'étudier le mouvement artistique, ceux-là restent à la porte, et se consolent en songeant qu'il y fait moins chaud.

Il y en a pourtant de composition moins facile, qui, venus pour voir, veulent voir à tout prix. Voir ! Ce groupe — une douzaine d'enfants perdus des lettres et des arts — étudie autour d'une table du buffet, la solution de ce problème chimérique. Soudain, un d'eux se frappe le front en disant : — Eurêka ! Isolés, nous ne pouvons rien ; réunis, nous sommes une force. Formons-nous en monôme et faisons, à travers la foule compacte, la trouée qu'une proue tranchante fait à travers les flots mutinés !

Des hourrahs formidables saluent cette idée de génie. Le monôme s'organise sous l'horloge, et se déroule, en file indienne, le long des vertes allées du jardin, où les marbres jettent leur note blanche. Devant cette ligue armée de calepins et de crayons, les Philistins reculent, comme Hippolyte devant le monstre. Mais, petit à petit, ils s'apprivoisent, et j'entends une femme âgée dire à son Philémon : « Faut voir ! Ces gaillards-là ont l'air de s'y connaître ! »

Et le couple suit, puis un autre, puis vingt. En quelques secondes, le serpent a centuplé ses anneaux. Déjà sa tête touche la *Nymphe chasseresse*, de Falguière. Halte ! Le monôme lève les bras, en signe d'admiration, les baisse, les relève avec des grognements sympathiques. Le cornac proteste contre l'opinion timidement émise par un idiot qu'un vieux monsieur, à lunettes vertes, debout près du socle, a posé pour ce plâtre idéal.

Le monôme poursuit sa course et s'arrête devant un monument funèbre dont les attributs semblent indiquer la tombe d'un czar. La chose est à deux compartiments : à gauche, le czar défunt ; à droite, un drap. Ce drap attend sans doute la czarine, — douce perspective, rien de Newski (Pierre Danichefl).

— La chambre à deux lits ! hurle un loustic. Briet, propriétaire !

— De la tenue, messieurs ! fait sévèrement le cornac. Ceci vous représente le tombeau du prince de Saxe-Cobourg-Gotha, mari de la princesse Clémentine. Et c'est signé d'un maître : Aimé Millet.

Go ahead! Le monôme salue, au passage, la

Timidité, du prince Romuald Giedroyc, se voile la face devant la *Première leçon* — un jeune homme qui s'exerce ingénument à gratter le mollet de sa sœur! — fait une ovation au *Mineur* — bronze à cire perdue — de Marquet de Vasselot, et tombe en extase devant les *Chiens bâtards* et le *Rhinocéros*, de Cain père.

— Un Breton, sans doute ? interroge un Philistin.

— Pas du tout, brave homme! répond le cornac.

— Pourtant, Quimper ?

— Nous l'appelons Cain père pour le distinguer de ses fils, deux jolis peintres, dont vous pourrez voir les toiles historiques, là-haut dans les galeries.

Onze heures. Le monôme a faim. Sans autre mot d'ordre que le cri des estomacs, il se précipite vers l'issue d'où viennent toutes sortes de senteurs appétissantes, et pénètre en bon ordre sous la vérandah circulaire de Ledoyen — le doyen des restaurateurs pour vernissage. Ledoyen for ever! Le monôme va de table en table, de poignée de main en poignée de main. Voici Louise Abbéma, que mademoiselle Rosa Bruck, de la Comédie-Française, et M. et madame Morlet félicitent de son portrait de M. de Lesseps. Voici Carolus Duran. Un monsieur d'allure exotique s'approche du maître : — Je suis Suédois, lui dit-il. — Nous le sommes tous ! s'écrie Charles Garnier. — Quel est ce monsieur ? interroge l'enfant de Suède. — C'est, ré-

pond Carolus, l'auteur de l'Escalaïs de l'Opéra.
— Voici Talazac, Taskin, Jules Barbier, mesdemoiselles Vidal, de chez Vaucorbeil, et Dupuis, de chez Carvalho, de Nittis, Périvier, Diguet, le comte Lepic, le comte Souza, mesdemoiselles Chartier et Dudlay, Roger Ballue, de Sombreuil, Fabrice Carré, Victor Roger, Monod, Luminais, le prince Stirbey, Munkacsy, de Follin, A. Marx, Chaplin, le comte Branicki, Lapostolet, Yvon, Alphonse Daudet, Hayem, les docteurs Constantin Paul et Payrot, Benjamin Constant, Worms, Albéric Second, Jeanne Granier, Alice Regnault, etc., etc.

Ce monde bigarré consomme joyeusement la truite traditionnelle et la traditionnelle sauce verte sous l'ombre protectrice de la vérandah. Mais, au dehors, sur la pelouse verte, des myriades de faméliques, cramponnés aux tables prises d'assaut, arrachent aux garçons affolés les plats sans destination précise, au milieu des hurlements, des prières et des supplications. Un soleil torride achève de cuire les victuailles prématurément ravies aux fourneaux, et, sous cette pluie de feu, les parapluies s'ouvrent un à un, comme sous l'averse. Les femmes, plus coquettes, s'emmitouflent à l'orientale dans des serviettes.... prises en supplément ou s'improvisent des coiffures avec des journaux, enfants de nos veilles. Impossible de rêver un spectacle plus comique et plus pittoresque à la fois.

Le monôme ne se borne pas au rôle contemplatif : il boit et mange, servi par Milon, le seul

Milon, qui se met en quatre pour assouvir son appétit féroce. La bête gavée, il se reforme et va jeter un coup d'œil aux Ambassadeurs, où Ducarre trompe la faim de ses hôtes avec de suaves mélodies. Dans le jardin, Gervex, Béraud, Coquelin, de Neuville, Dupray, Humbert et Messager contemplent d'un air triste leurs assiettes vides, tandis que, de la terrasse, un quintette de jolies femmes, Valtesse, Godin, Ghinassi, Charvet, Mirecourt, prises de compassion, leur jettent des tranches de rosbeef et des morceaux de camembert qu'ils reçoivent comme la manne. C'est à tirer les larmes des yeux !

Trois heures. Le monôme rentre au Salon et grimpe au premier étage. C'est l'heure pschutt. Il croise, dans la solennité de l'escalier, la princesse Mathilde, la comtesse de Mailly-Nesle, la baronne de Poilly, la baronne de Cambourg, madame Napoléon Ney, madame Bischoffsheim, la comtesse Potocka, la baronne Legoux, la comtesse de Pourtalès, madame Flahaut, madame Guillemet, le Père Hyacinthe, le général Pittié, le colonel Lichtenstein, MM. Bardoux et Legouvé, mesdemoiselles Maria Legaut, Léonide Leblanc, Reichemberg, Edile Riquer, Sarah Bernhardt, Gélabert, Baretti, Sanlaville, Richard, Méry Laurent, Bianca, Pierson, M. Worms et madame Worms-Baretta, M. et madame Dereims, madame Fidès-Devriès, madame Doche, mademoiselle Alice Ducasse, mademoiselle Dodu, etc.

Je ne suivrai pas le monôme dans sa course capricieuse. J'en résumerai la philosophie en quelques observations, les unes profondes, les autres pittoresques, que j'ai saisies au vol, de ci, de là.

Devant le tableau de Sylvestre représentant le massacre de Trancavel et de ses chevaliers :

— Sylvestre !... Je vois ce que c'est... C'est le dernier exploit du commandant Laripète !

Devant une toile décorative où l'on voit des Tchèques assemblés :

— Des Tchèques, qu'est-ce que c'est que ça ! demande mademoiselle Mirecourt, à cheval sur le catalogue.

— Cette bêtise ! répond la blonde Charvet, des chèques, c'est de l'argent !

Devant la *Salle Graffard*, de Béraud, dont on ne peut approcher qu'en jouant des coudes, une vieille barbe à l'oreille d'un jeune poivreau :

— Jean Béraud !... retiens ce nom-là, Polyte.

— A cause ?

— A cause que c'est un à qui, vienne la Commune, on fera passer le goût du pain !

Devant le *Libérateur du territoire* d'Ulmann :

— Croyez-vous que, s'il était encore de ce monde, le peintre eût exposé ce tableau ?

— Pourquoi non ?

— Parce que ce serait un anachronisme ?... Le libérateur du territoire n'est plus aujourd'hui qu'un petit assassin ! M. Thiers est horriblement démodé. On disait, l'autre jour, devant Victor Hugo : « Il semble qu'il soit mort depuis cinquante ans ! — Vous vous trompez, répondit la bouche d'ombre, M. Thiers a toujours été mort ! »

— Sévère, mais juste !

Devant le *Combat d'Ouessant*, du comte Lepic :

— Le héros de ce fait d'armes, le comte du Chaffault, est le grand-oncle de la duchesse d'Uzès, la grande chasseresse. C'est de lui que Marie-Antoinette, alarmée de sa situation périlleuse, disait : « Ce pauvre M. du Chaffault, je voudrais être oiseau pour aller lui servir de garde ! »

Devant la belle madame Gautherot, de Sargent :

> Choléra !
> Choléra !
> Ah ! ah ! ah !

Devant le *portrait équestre* du comte de Lalaing :

— L'auteur de ce superbe morceau n'est-il pas un Belge ?

— Oui, c'est un Bruxellois.

— Alors, j'ai connu son père. Un fier original ! Figurez-vous que, pour protester contre les modes modernes, il avait adopté le costume espagnol.

Devant un abominable carré de choux :

— Singulière nature morte !

— Monsieur, grommèle le peintre qui faisait faction près de sa toile, je suis un naturaliste... je ne peins que des natures crevées !

J'en passe, et des plus bizarres.

Le monôme a salué successivement le *Dernier rendez-vous*, de Carrier-Belleuse, l'*Alfred Stévens*, de Gervex, le *Bétolaud*, de Gabriel Ferrier, le *Rezonville*, de Detaille, le *François d'Assise*, de Duez, la *Route de Talence*, de Smith, la *Zucchi*, de Clairin, le portrait de notre rédacteur en chef, par Besnard, le *Pierrot*, de Comerre, les *Chérifas*, de Benjamin Constant, la *Galli-Marié*, de Doucet, les *Mercenaires de Carthage*, de Surand, le *Villerville*, de Guillemet, le *Départ incognito*, de Dupray, le *Sommeil de Bébé*, de Roger Jourdain, le *Relai*, de John-Levis Brown, le *Déjeuner*, de Nittis, les *portraits*, de Chaplin, la *Mare aux Bouleaux*, de mademoiselle Marie Drevet, la *Bonne Aventure*, de M. Escalier, panneau pour la décoration de l'hôtel de Fabri, la *Nichée de Lesseps*, de Pelez, devant laquelle on a dit en chœur *les Enfants*, de Georges Boyer, musique de Massenet :

> Il ne faut pas faire aux enfants
> Une peine même légère...

Puis, avant qu'on eût sonné la clôture, le monôme s'est dissous. Il avait, paraît-il, assez du Salon.

Nous aussi.

MAI

LES MODÈLES AU SALON

6 mai 1884.

Le Salon a, comme 1830, ses trois journées, ses trois glorieuses : le Vernissage, où les peintres s'exhibent — réclames vivantes — devant leurs tableaux ; le premier Vendredi, *veneris dies*, à cinq francs, où les jolies femmes font une concurrence déloyale, et souvent outrée, à la peinture ; et le premier dimanche gratuit, où le pov' peup' fait la queue pendant plusieurs heures, par amour de l'art, sous la pluie qui fripe ses hardes ou sous le soleil qui détraque son cerveau.

Depuis que le Salon est devenu, même pour les classes inférieures, une sorte de sport, les deux premières journées ont servi de thème aux variations les plus brillantes ; il n'y a plus rien à broder sur ce thème-là. La troisième ne serait pas moins banale, si un élément, qui s'est dérobé jusqu'à ce jour à l'observation des anecdotiers et des critiques, ne venait, en y jetant une note pittoresque, en rafraîchir la banalité.

Je veux parler de la présence des modèles.

Le premier dimanche est leur apothéose, comme le Vernissage est celui des peintres, et le premier vendredi celui des femmes pschutt. Dame! on ne devient pas riche à poser... même les empereurs et les reines de Saba. Et les beaux gars et les belles filles, dont les torses puissants ou les lignes délicates revivent, idéalisés par le génie de l'artiste, dans les toiles d'en haut ou les marbres d'en bas, choisissent cette journée gratuite pour venir contempler leur image plus ou moins exacte, se voir reproduits en costume plus ou moins sommaire, et recueillir au passage les compliments plus ou moins flatteurs adressés à leurs simili-portraits.

C'est la grande résurrection des morts, la Pâque-Fleurie des modèles. Les martyrs glorieux, les Fils de l'homme crucifiés, les chrétiens livrés aux bêtes, les cadavres exsangues ressuscitent pour la circonstance et vont droit à « leur » tableau. Suivons-les. Ce jeune homme blond, avec sa longue barbe d'or, qui ressemble à Catulle Mendès, a posé pour Jésus en croix ; mais il est plus beau vraiment en chair et en os, *in naturalibus*, n'ayant plus à faire la grimace obligatoire. Ce pierrot mélancolique pose depuis quinze ans les Christ au tombeau ; et chaque fois qu'il se retrouve au Salon, il se dit avec une tristesse poignante :

— Dire qu'un jour je serai comme ça !

Ce nègre pose les bourreaux arabes, les eunuques, et le Christ au besoin. C'est lui qui l'affirme :

— Comment ! vous, un nègre, vous posez les Christ ?

— Oui, la nuit !

Cet autre pose à volonté les saint Joseph, les brigands, les apôtres, les esprits du mal, et joue les mendiants au naturel pendant six mois de l'année, les six mois de chômage. Puis toute la séquelle des Bretons aux larges braies, des Italiens aux haillons pittoresques, des saint Labre aux poils longs et sales, aux barbes incultes, des guerriers Romains aux cheveux ras, des Gaulois captifs, que sais-je encore ! Ils sont là tous, devant « leur » œuvre respective, et, prodige étonnant ! les peintres, n'avant pas avec eux la préoccupation du portrait, les ont faits criants de ressemblance !

Les modèles-femmes offrent une plus grande variété de types. Voici la négresse, demi-teint, arborant les modes nationales ; l'Italienne de la place Maubert ou de la rue Linné, avec sa robe rouge ; la Parisienne au nez fripon, vieux modèle aguerri, qui pose la toilette moderne ; la belle grosse fille, spécialités de paysannes aux champs, de sultanes, d'odalisques et d'almées ; la douce figure de vierge, aux tresses blondes, aux yeux bleus ; et enfin cette merveilleuse créature aux traits délicats, aux attaches fines, au cou charmant, toute rougissante en ses pauvres atours, sous lesquels on sent palpiter les chastes nymphes des Lefèvre et des Bouguereau.

Celle-là passe comme une vision devant le cadre où elle resplendit dépouillée de tout voile. N'était la coquetterie, elle se voilerait la face. C'est quelque petite ouvrière que le peintre, un jour qu'il rentrait à l'aube et qu'elle allait au magasin, a croisée dans son escalier. Le serpent a fait son œuvre ; avec toutes sortes de préparations savantes, il a gagné la confiance de la fille d'Ève, peut-être le cœur aussi. Puis il l'a conduite à l'atelier. Une fois dans l'antre, il a peint le visage d'abord, le bras ensuite... Puis, après des résistances héroïques et un déploiement inusité d'éloquence, à grand renfort de clichés irrésistibles : « L'art purifie tout, etc. », il l'a décidée à poser l'ensemble ! C'est le souvenir de ces luttes désespérées qui lui rougit les joues quand elle se retrouve face à face avec ce témoin de sa chute, dans l'indiscrète lumière du Salon. Mais, sous sa rougeur, perce une joie naïve, au murmure caressant des hosannahs qui montent de toutes parts à ses oreilles charmées.

Et sur ses petits talons, dans le sillage de sa robe, faisant les yeux en coulisse, les Apollons et les Antinoüs promènent leurs visages glabres, faisant saillir leurs torses et raidissant leurs jarrets, Mephistos acharnés après cette timide Marguerite !

Puis, hommes et femmes s'en vont heureux. Et le soir, à l'heure des comparaisons décisives, l'Art — soyez-en bien certains — sera vaincu par la Nature... qui toujours, comme dit la vieille chanson, embellit la Beauté.

LA VICOMTESSE VIGIER

7 mai 1884.

La vicomtesse Vigier vient d'arriver à Paris. Elle habite, à l'hôtel Bristol, le même appartement, où, lorsqu'elle était la grande Sophie Cruvelli, Meyerbeer « établissait » avec elle le rôle de Valentine.

C'est, en effet, dans les *Huguenots* que l'incomparable artiste fit ses débuts — il y a quelque six lustres — à l'Opéra de la rue Le Peletier ; et l'on peut dire que le jour où elle apparut, dans la grâce de ses vingt ans et la splendeur de son génie artistique, sur cette scène illustre, tous les dilettantes eurent pour Valentine les yeux de Raoul.

Cette apparition fantastique est un des plus vivants souvenirs de mon extrême jeunesse. La salle était houleuse, le public mal disposé ; on parlait de cabale. Des journaux bavards avaient publié les termes de l'engagement de mademoiselle Cruvelli, et les habitués de l'orchestre, qui se rappelaient les appointements de la Falcon — 50,000 fr. — criaient au scandale. Il y avait bien de quoi. Songez donc : 100,000 fr. par an, pour chanter deux fois par semaine ; 1,500 fr. de feux par représentation supplémentaire ; le choix des rôles ; quatre mois de congé ! Cela ne s'était jamais vu. Aussi je ne sais quel parfum d'hostilité montait du parterre au cintre. La présence de la cour empêchait seule les murmures de se changer en orage. Mais, quand on vit apparaître, sur le plus haut degré de l'escalier de Chenonceaux, cette Valentine sculpturale, qu'on eût dite modelée par Phidias, et dont la mise décelait une profonde science du costume, un frémissement d'admiration courut par tout l'auditoire. La cause de la femme était gagnée avant que sa voix d'or l'eût portée *alle stelle*. Et lorsqu'à la question de la reine :

— Qui vient ici ?

Le page Urbain eût répondu :

— La plus belle de vos demoiselles d'honneur !

Le public tout entier montra par son attitude que, pour la débutante, cet éloge n'était pas, comme pour tant d'autres, une cruelle ironie.

Ce fut un succès sans précédent et, depuis, sans exemple, dans les annales de l'Opéra. Les souverains, contre leur coutume, ne voulurent pas quitter leur loge avant la chute du rideau. Pour la première fois peut-être, on entendit jusqu'au bout cet admirable cinquième acte qui se joue ordinairement devant les banquettes. Meyerbeer pleurait dans les coulisses ; il avait retrouvé sa Valentine, envolée avec Falcon, et entrevu sa Sélika. Verdi donnait un libre cours à son lyrisme italien, en songeant sans doute aux *Vêpres siciliennes*. Et certain critique fameux pouvait écrire — sans hyperbole, cette fois:

« J'ai vu enfin à l'Opéra ce que j'avais toujours rêvé : une femme jeune et belle, au regard de flamme, à la démarche de reine, *incessu dea*, au geste hardi et sobre, impérieux et fier ; une artiste éminente, énergique, inspirée, une voix puissante, étendue, sympathique, au service d'une âme ardente et d'une vive intelligence ; une Rachel lyrique, pouvant chanter et jouer, comme avant elle on n'a ni joué ni chanté, Gluck et Mozart, Rossini et Weber, Spontini et Meyerbeer, Halévy, Donizetti et Verdi, tous les grands maîtres, toutes les grandes œuvres... »

Par malheur, le temps ne permit pas à la cantatrice de réaliser ce rêve d'un dilettante passionné. Si j'ai bonne mémoire, dans les deux années que dura son engagement à l'Académie de musique, Sophie Cruvelli ne chanta guère que les *Huguenots*, la *Vestale*, *Robert*, la *Juive*, *Jérusalem* et les *Vêpres siciliennes*, son chant du cygne. Un beau matin, les habitués de l'orchestre apprirent que leur favorite, prise de la nostalgie de la famille, venait d'épouser un gentilhomme de petite noblesse, mais de grande distinction, le baron Vigier. Ce fut un deuil général. Mais celui de tous que cette détermination subite affligea le plus cruellement, ce fut Meyerbeer. En se mariant, la cantatrice tuait dans son œuf l'*Africaine* L'illustre maëstro ne concevait pas d'autre Sélika que Sophie Cruvelli. Il ne voulut jamais consentir à prendre au sérieux cette clause *sine quâ non* du mariage, à savoir qu'en devenant baronne l'artiste abdiquait sans retour. Il se disait qu'un jour ou l'autre le démon de l'art ressaisirait sa victime et la rendrait, toute palpitante d'enthousiasme, aux adorations d'un public inconsolé. Dix fois, pour rallumer ce foyer de divine flamme, il fit le voyage de Nice, où le baron avait enfoui son bonheur dans une oasis d'orangers ; dix fois, il revint bredouille, désespéré d'avoir fait jaillir une étincelle que le souffle conjugal avait éteinte aussitôt. Et le malheureux Meyerbeer mourut, comme Moïse en vue de Chanaan, n'ayant aperçu qu'à travers une brume chagrine l'ombre poétique du mancenillier.

En acceptant cette condition draconnienne de renoncer pour toujours à l'art dramatique, la cantatrice avait peut-être trop préjugé de ses forces. Que de fois ne l'ai-je pas vue, au Théâtre-Italien de Nice, accoudée sur le rebord de sa loge, suivre avidement, l'œil fiévreux, la lèvre crispée, la poitrine haletante, les péripéties d'un drame lyrique ; puis sortir brusquement, comme si ce spectacle réveillait en elle des souvenirs importuns ! Que de fois encore ne l'ai-je pas vue se promener, mélancolique, sur la promenade des Anglais, poussant sa fillette devant elle, s'arrêtant parfois comme pour écouter des voix mystérieuses, le regard perdu dans les profondeurs de cette admirable baie des Anges, découpée comme un décor d'opéra, et qui donnait un corps aux illusions de l'artiste ! C'est pour réagir contre ces aspirations troublantes que le baron Vigier fit construire, sur la route de Villefranche, cette magnifique villa dans le goût vénitien, et qu'il ménagea, dans l'économie de l'édifice, l'emplacement d'un joli théâtre où la baronne pût savourer *à domicile* les joies artistiques qu'il ne lui permettait pas de partager avec le public.

Le baron — depuis vicomte Vigier — ne faisait de concession sur l'article *théâtre* que lorsque la bienfaisance était en jeu. Tous les ans, il autorisait la baronne à donner, au profit des pauvres de Nice, une représentation-concert dont elle faisait tous les frais, et dont la recette variait d'ordinaire entre vingt-cinq et trente mille francs. Depuis la mort de son mari, elle honore sa mémoire en continuant, chaque hiver, cette tradition pieuse.

Pourquoi l'éminente virtuose, dont les pauvres de Nice bénissent le nom, n'étendrait-elle pas sa miséricorde aux pauvres de Paris, de ce Paris qui fut le berceau de sa gloire artistique ? La belle revanche qu'elle pourrait fournir à la Société de Charité maternelle contre l'imbécilité nuisible de nos gouvernants ! C'est un horizon que nous sommes heureux d'ouvrir à M. le duc de Castries et à madame la duchesse de Mouchy. Nous pouvons même leur donner le Sésame infaillible qui leur ouvrira toutes grandes les portes de la vicomtesse ; ce Sésame, c'est : Charité !

BIONNE OU DE BIONNE ?

14 mai 1881.

Hortense Schneider est une des rares artistes qui, survivant à leur gloire, ont eu du moins la consolation de ne pas la voir éclipsée. La place qu'elle a laissée vide, aucune autre ne l'a remplie. Sa succession est restée en déshérence. Elle s'était si bien incarnée dans le genre auquel sont immortellement liés les noms d'Offenbach, de Meilhac et d'Halévy, qu'avec sa retraite a commencé le discrédit du genre. Et ce discrédit va s'accentuant chaque jour.

Un beau matin, on apprit qu'Hortense Schneider avait réalisé le rêve de Boulotte. Hyménée ! Hyménée ! Barbe-Bleue, c'était un M. Bionne, disaient les uns, de Bionne, disaient les autres. On ne savait pas bien au juste. Il faut « faire une fin », mais ce n'est pas celle-là qu'on rêvait pour cette outrancière de la fantaisie. Elle étonna tout le monde.

La lune de miel tourna bien vite au roux, et, moins d'un an après le mariage, le tribunal de Florence prononçait la séparation de corps entre Boulotte et Barbe-Bleue. Cette « fin » était, sinon prévue, du moins à prévoir. Elle n'étonna personne.

Or, voilà qu'Hortense Schneider en appelle de ce jugement transalpin devant la justice française.

L'affaire sera plaidée aujourd'hui même, à la première chambre de la Cour.

Mon excellent confrère Albert Bataille, vous donnera sans doute la plaidoirie de l'avocat; il m'a paru piquant de donner par anticipation celle de la demanderesse. C'est pour cela que je me suis rendu, de mon pied léger, 123, avenue de Versailles, où madame Bionne vient de se faire construire un petit hôtel, entre rue et rivière, avec un grand jardin, d'où elle pourra pêcher à la ligne — si le cœur lui en dit.

L'installation étant inachevée, j'ai surpris la Grande-Duchesse en robe de chambre, toute couverte de plâtras, au milieu d'une légion d'ouvriers qui manœuvraient à son commandement, comme autrefois les troupes de Gérolstein... — Allons, Fritz !

Elle m'entraîne dans un boudoir à peine garni, m'offre une chaise, s'assied sur un pliant et... Hortense, vous avez la parole !

« Voici, me dit-elle, l'histoire en deux mots. Il y a trois ans, j'eus le chagrin de perdre ma sœur. J'étais seule au monde. N'ayant plus les consolations du théâtre, j'en allais chercher auprès d'une vieille amie de ma famille, madame D..., qui vivait obscurément à Malakoff, près Vanves. La fatalité voulut que M. Bionne, en deuil de son frère, y vînt aussi dans le même but. La douleur commune nous rapprocha. Ah ! les grandes traîtresses que les larmes ! On a prétendu que l'amour était l'échange de deux fantaisies ; c'est souvent l'échange de deux tristesses. Une heure vint où je ressentis plus cruellement les terreurs de la solitude et où je fus prise d'un invincible besoin de protection. Il m'offrit la sienne. J'acceptai. On nous maria, près de Malakoff, à la mairie de Vanves. M. Bionne était un aimable cavalier ; s'il n'avait pas encore fait ses preuves comme avocat au barreau de Paris, il avait fait ses preuves, en 1870, comme engagé volontaire. Et puis j'avais la certitude qu'en sollicitant ma main, il n'obéissait pas à des considérations d'intérêt, puisqu'il fut stipulé, dès le principe, que nous nous marierions sous le régime de la séparation de biens. L'avenir s'ouvrait donc sous les plus heureux auspices.

» Après la noce, nous fîmes, comme de bons bourgeois, le voyage traditionnel. *Italiam! Italiam!* Mais la terre classique des fumistes me ménageait une singulière fumisterie. Passé la frontière, M. Bionne devint le comte de Bionne, et moi la *contessina*. Roturier en deçà des Alpes, gentilhomme au delà, — ce n'était plus en Italie que nous voyagions, mais dans le pays du rêve. D'autant plus que la réalité lui donnait un corps. Partout où nous passions, on nous faisait fête. A Bionne, dans la province de Brescia, la fête prit des proportions d'apothéose. On vint nous chercher en procession ; on nous donna des sérénades ; il y eut en notre honneur des raouts officiels. Les indigènes donnaient à mon mari, à sa mère, à son aïeule, les titres les plus pompeux : comte, comtesse, douairière, gros comme le bras ! Il y avait là je ne sais quel mystère généalogique qui m'intriguait au dernier point ; et je me demandais par quel miracle mon mari, né fortuitement, à Naples, de père et mère français — et Bionne tout court — était devenu comte et « seigneur du village ! »

» Ce fut le premier nuage dans notre ciel bleu. De retour en France, j'eus avec M. Bionne, à qui je refusais obstinément la particule, quelques explications au sujet de ses parchemins. Il voulait que les domestiques m'appelassent comtesse ; moi, je protestais comme un beau diable. « Je suis grande-duchesse, disais-je plaisamment, je ne veux pas déchoir ! » Un jour il m'annonce qu'il retourne en Italie. Sans penser à mal, je lui demande : « — Vous allez chercher vos titres ? — Ce sont là des plaisanteries déplacées ! me répond-il sèchement. — Si vous êtes noble, risposté-je, comte et *de* Bionne, prouvez-le moi... Sinon, laissez-moi tranquille avec votre noblesse !... » La discussion s'aigrit ; pourtant je l'accompagne à la gare. « Je vous pardonne ! » fait-il, sur le marchepied du wagon... Je lui ris au nez et réplique gaiement : « J'attends les preuves ! »

» Il part. Deux mois après, j'apprends par le *Figaro* que le tribunal de Florence m'a séparée de corps d'avec *le comte* de Bionne. Je tombai des nues, ignorant même que la demande eût été formulée par mon « noble » époux ! Je m'informe. Voici ce qui s'était passé. J'étais condamnée par défaut, comme ayant déserté le *lit conjugal*, — ce sont les termes de l'ordonnance. Par défaut !

Mais je n'avais pas été prévenue ! Il paraît cependant que les pièces nécessaires avaient été déposées à mon nom, en Italie, au domicile légal, c'est-à-dire chez M. Bionne, tandis que j'étais ici, sans défiance, m'occupant à faire construire cet hôtel avec l'autorisation de mon seigneur et maître !

» Le miracle se corsait. Mon mari n'était pas seulement devenu comte, mais encore Italien. Mystère sur mystère ! C'est parce que je n'ai pas la clairvoyance d'Œdipe que je m'adresse à la justice française pour qu'elle me dévoile le secret du Sphinx. Je la supplie de m'apprendre la nationalité de M. Bionne, — et, par conséquent, la mienne. Car, voyez l'étrangeté de la situation : je suis née de parents allemands en France, lui de parents français en Italie. Suis-je Italienne, Allemande ou Française ?... Bah ! je suis la Grande-Duchesse, n'est-il pas vrai ? Quant à mon mari, il ne saurait y avoir de doute sur sa nationalité : il a servi sous le drapeau tricolore, il est membre du barreau de Paris, il figure comme Français sur notre acte matrimonial, enfin — et c'est l'argument décisif — à vingt et un ans, il n'a pas opté pour le pays où le hasard l'a fait naître. J'espère que, demain, la première chambre de la Cour reconnaîtra le bien fondé de mes réclamations, qu'elle cassera le jugement de Florence et prononcera la séparation à mon profit. Et qui ne sera pas content ? C'est le noble comte dépouillé, par le fait, de la pension mensuelle qu'il s'était fait adjuger par les juges italiens. Trois cents francs ! Pour un gentilhomme, propriétaire de villages, quelle dèche, mon empereur ! Si pourtant la Cour maintenait cette servitude pécuniaire — réduite de moitié, selon l'usage — je paierai, monsieur, je paierai ! Mais à ma guise, comme c'est mon droit, par trois cent soixante cinquièmes et non par douzièmes ! Et j'enverrai chaque matin à mon ex-époux une coupure de cinq francs, enguirlandée d'un ruban rose, par pigeon voyageur !... Voyez là-haut... j'en élève dans ce but ! »

Le mot était drôle, ce fut le mot de la fin. Je pris congé de madame Bionne, en lui souhaitant de redevenir au plus vite Hortense Schneider.

DANS LA HAUTE FINANCE

16 mai 1881.

Bal chez le baron Hirsch, 2, rue de l'Élysée.

Il y avait là tout-Paris !... Un point d'admiration, c'est tout...

Je pourrais borner là ce compte rendu. Tout-Paris est une vieille connaissance avec laquelle le lecteur et moi, nous avons beaucoup frayé cet hiver, et qui garde, dans les milieux divers où elle promène son spleen éternel et sa soif inextinguible de plaisir, une physionomie immuable. Le décor change comme dans les féeries selon les quartiers et les latitudes. — « La figuration » ne change pas. Il semble que ce soient toujours les mêmes acteurs qui s'en vont de théâtre en théâtre, comme des comédiens en tournée, jouer la même pièce, avec une mise en scène nouvelle et de nouveaux accessoires. La pièce, depuis décembre, en est à sa centième représentation; les acteurs de la première ont tous gardé leurs rôles. Acteurs et pièce n'offrent donc plus qu'un intérêt relatif. Mais le décor est neuf; les accessoires ont été renouvelés; on a fait subir d'importantes modifications à la mise en scène. Ceci, pour l'observateur, doit primer cela.

Cette façon assez neuve d'envisager les meetings mondains ne manque pas d'une certaine élévation philosophique. S'il est vrai qu'on connaît l'artiste d'après l'œuvre, il n'est pas moins vrai qu'on connaît l'hôte d'après le logis. Les intérieurs parisiens sont le reflet exact de ceux qui les habitent. Leur personnalité s'y révèle dans les moindres détails. On en retrouve l'empreinte dans un pli de tenture, dans une particularité d'ameublement, dans une nuance d'étoffe. Les meubles, les bibelots, les objets décoratifs sont d'éternels témoins de la vie quotidienne qui en déposent avec une implacable sincérité. Partout où, depuis quatre mois, j'ai promené le lecteur à ma suite, du faubourg Saint-Germain au faubourg Saint-Honoré, des Champs-Élysées à la Chaussée d'Antin, il a pu se pénétrer de cet axiome. Chez la princesse Mathilde, on sent la grande dame doublée d'une grande artiste; chez lord Lyons, le grand seigneur doublé d'un gourmet délicat; chez Arsène

Houssaye, le poète exquis et l'amateur éclairé, respirant dans une atmosphère païenne ; chez les Bisaccia, le culte des vieilles traditions aristocratiques ; chez M. Grévy, la nouvelle couche parvenue. Naissance, art, poésie, passion des belles choses, respect des nobles héritages, tous ces Dieux s'en vont, emportés dans la tourmente moderne. Le seul qui reste debout, qui fasse encore des fanatiques et souvent des victimes, c'est l'Argent, et c'est celui-là dont la toute-puissance éclate chez le baron Hirsch, où tout ce qu'on voit, tout ce qu'on touche, tout ce qu'on respire chante à l'insolent Veau-d'Or, son incarnation visible, un glorieux hosannah !

De l'or ! de l'or ! disais-tu, Manon. Entre ici, ma belle. Tends ton tablier de linge et gratte de tes ongles roses ces murs étincelants. Ton tablier sera dix fois rempli de cette poudre jaune, tes ongles seront dix fois usés, sans qu'il y paraisse, tant la couche est profonde et riche le filon ! Gratte, gratte, Manon, quand il n'y en a plus, il y en a encore !

De l'or ! de l'or ! l'œil en est ébloui, il voit jaune. Cette teinte agaçante voile comme d'une buée les superbes tapisseries des Gobelins, les admirables meubles de laque, les tableaux de maître, les vitrines bourrées de vieux Saxe, les boiseries artistiques, dont l'hôtel est encombré ! Les bougies électriques elles-mêmes pâlissent dans cette irradiation aveuglante.

Les plumes spéciales avaient célébré par avance la solennité fastueuse du grand escalier.

Celui de l'Opéra n'était auprès de lui qu'une échelle de mansarde. Il est superbe, cet escalier, dans son évolution grandiose, avec ses rampes délicieusement ouvragées et ses bénitiers de marbre où baignent des gerbes de fleurs. Il n'a qu'un défaut, c'est qu'il n'est point à sa place. Il écrase de sa masse énorme ce minuscule *home* parisien. On dirait Léviathan dans une cuvette. A des escaliers de ce style et de cette envergure, il faut des palais comme Fontainebleau.

. . . .
. . . .

Là bas, tout là bas, l'orchestre fait rage. Et, bizarre illusion, on dirait que les cuivres poussent des notes d'or, que les archets glissent sur des cordes d'argent, et que les valses, les polkas, les quadrilles, dont les sourds échos arrivent à travers la foule grondante, ne soient qu'une suite de variations métalliques sur la chanson de Marco !

HENRI RIVIÈRE

18 mai 1884.

Il y aura, ce matin un an qu'il est tombé, face à l'ennemi, sur la route de Son-Tay. Il y a sept mois, presque jour pour jour, que des mains pieuses ont recueilli ses tristes dépouilles. Et, dans ces sept mois, ce gouvernement si jaloux de nos gloires n'a pu trouver, malgré le serment fait à sa veuve, les quarante jours nécessaires pour ramener en France ce grand soldat!

Supposez, — toutes les suppositions sont admises, même les plus invraisemblables, — supposez donc Jules Ferry mort, dans des conditions analogues, au champ d'honneur. Il y a belle lurette que ses nobles débris eussent réintégré la patrie française, et que le bronze ou le marbre eût immortalisé son profil auguste, pour l'édification de nos arrière petits-neveux.

Grâce au beau livre de mon confrère Baude de Maurceley, qui paraît aujourd'hui chez Ollendorf, on connaît dans tous ses détails atroces le traquenard sauvage où notre héroïque compatriote a si misérablement péri. Ce qu'on ignore, c'est le dessous des cartes qui servit de prologue à ce sombre drame; c'est comment la rancune d'un irascible tribun fut la cause indirecte de la mort de Rivière. L'histoire vaut qu'on la raconte, ne fût-ce que pour justifier une fois de plus la théorie des petites causes et des grands effets.

C'était pendant la période électorale de 1881. Rivière, en véritable enfant de Paris qu'il était, se faisait une joie d'assister à la réunion où Gambetta, dont l'étoile commençait à pâlir, déchaîna contre lui la meute bellevilloise en la traitant « d'esclaves ivres », et menaçant de l'aller poursuivre jusque dans « ses repaires ». Donc, après le dîner, le commandant, en compagnie d'un de ses intimes, le baron de Saint-A... frète un fiacre, et tous deux, coiffés de chapeaux de feutre pour ne pas faire loucher les casquettes de soie, mettent le cap sur Charonne. En chemin, il croisent une victoria, dans laquelle se prélassait un de leurs amis communs — alors avoué de l'ex-dictateur — qui les salue et leur crie :

— Où donc allez-vous comme cela ?

— A Charonne, faire du chahut ! répond Henri Rivière, d'un ton blagueur, auquel un homme avisé n'aurait pas dû se méprendre.

L'avoué s'y méprit, et le lendemain même il répétait à Gambetta l'innocente boutade du commandant :

— Comment ! lui dit-il, tu t'étonnes d'avoir été conspué par tes électeurs !... Mais ils étaient travaillés par d'infâmes bonapartistes, les Rivière, les Saint-A... et bien d'autres !... Les véritables organisateurs du « chahut », c'est eux ! Ils m'en ont fait l'aveu cynique.

Gambetta, furieux, malmena le ministre de la marine, l'amiral Cloué, qui malmena le commandant. Celui-ci n'eut, du reste, pas grand'peine à se laver d'une accusation stupide. Il exposa simplement que, parti trop tard pour Charonne, il n'avait pu pénétrer dans la salle où le Christ des nouvelles couches avait trouvé son Golgotha.

Or, en ce temps-là, il était question d'envoyer Rivière dans la Nouvelle-Calédonie, qu'il avait si promptement pacifiée lors de l'insurrection canaque. MM. Hickenson, Routier de Granval et plusieurs autres colons de marque étaient venus tout exprès en France pour porter au gouvernement le vœu de la colonie, qui réclamait Rivière comme gouverneur. Le ministre allait donner sa signature, quand la plainte du tribun mit son projet à néant. Encore une manœuvre ignorée du « pouvoir » occulte ! Rivière, préoccupé des ennuis ultérieurs que lui ménageait la haine gênoise, résolut, quelle que fût sa répugnance, de faire connaître à Gambetta la vérité vraie sur l'incident. Il lui dépêcha donc un ambassadeur qu'il savait devoir être ce qu'en langage diplomatique on appelle *personna grata*. Coquelin aîné — car c'était lui — s'acquitta de cette mission avec un zèle auquel il faut rendre justice. Et, quelques semaines plus tard, Henri Rivière prenait la mer.... non pour aller gouverner la Nouvelle-Calédonie, mais pour aller mourir au Tonkin, de la mort épouvantable que l'on sait !

C'était une disgrâce. On ne négligea rien pour en accentuer l'amertume. Je ne parle pas de l'abandon systématique dont cette victime expiatoire fut l'objet. Mais il semble qu'en l'associant à certaines œuvres grotesques étrangères à son mandat, on prit à tâche de froisser son amour-propre. C'est ainsi qu'en février 1882, M. Le Myre de Villers, alors gouverneur de la Cochinchine, le chargea de remettre à Norodom, roi de Cambodge, de la part de M. Ferry, les *palmes d'officier de l'instruction publique*.

— Je n'ai que le brevet, lui dit-il, et pas les insignes. Je vous donnerais bien mes palmes, mais elles sont dans un piteux état. Tenez-vous-en donc au brevet, pour cette fois, et remplacez les insignes par de bonnes paroles. Dites, par exemple, à Sa Majesté qu'elle est seule avec moi, gouverneur de la Cochinchine, à posséder ce grade éminent !...

Rivière partit pour Pnom-Penh, où Norodom le reçut en grande pompe. Pénétré de la haute distinction dont il allait être investi, le monarque avait pris un air très digne et s'était affublé d'un costume de général de division. La musique cambodgienne — elle aussi ! — joue la *Marseillaise*. Le commandant s'incline et commence : « Sire, vous et M. le gouverneur de la Cochinchine êtes les seuls à posséder... » Tout à coup, il se souvient que lui, Rivière, est officier de l'instruction publique... Et, détachant de son uniforme les palmes d'or, il les plaque sur la poitrine du roi, qui, dans son ravissement, exécute un cavalier seul des plus caractéristiques...

Le pauvre ami riait de son bon rire narquois en racontant cette ridicule histoire. En me la rappelant, j'ai presque envie d'en pleurer.

GRACE POUR LA FORÊT

DE SAINT-GERMAIN

27 mai 1884.

A *Monsieur Duverdy, avocat, secrétaire du Comité de défense de la forêt de Saint-Germain.*

Monsieur,

Bravo pour votre conférence de ce soir à la salle des Capucines ! Vous avez poussé le cri d'alarme contre le projet ténébreux que mijotte le Conseil municipal de déboiser une partie de cette forêt superbe pour y déverser les eaux des égouts de Paris. Permettez-moi de joindre mon humble voix à la vôtre et de développer quelques arguments à l'appui de votre thèse.

Moi qui vous écris, monsieur, j'avais mes petites habitudes. Chaque dimanche, dès le matin, ma femme sous un bras, belle-maman sous l'autre, les deux petits gambadant devant nous, nous gagnions la gare de l'Ouest et nous mettions le cap sur Chatou, le Vésinet, le Pecq, Saint-Germain ou Maisons-Laffitte. Aux grands jours nous poussions jusqu'à Cormeilles-en-Parisis, Andrésy, Conflans. Mais toujours, de ces haltes diverses, nous *rappliquions* — comme dit le bambino — sur la forêt de Saint-Germain, si touffue, si fraîche, si délicieusement drapée de feuillages verts, avec son tapis d'herbes hautes où les fleurs jetaient leurs éclatantes bigarrures. On cherchait un petit coin, et, débouclant le panier aux provisions, on déjeunait gaiement sous les grandes ombrelles de la nature et sur sa nappe diaprée. On eût dit, monsieur, que le printemps pour nous avait mis le couvert ; avec les oiseaux jaseurs, on avait de la musique, et, dans les fourrés environnants, on entendait de frais et jeunes rires rythmant la chanson des baisers ! Ah ! les bains d'air exquis ! Ah ! le beau soleil ! qu'il faisait bon de vivre, d'oublier Paris et les affaires ! Plus tard, au temps chaud, il vous montait aux narines de bonnes odeurs de foin coupé ; on en aurait mis sur son mouchoir ! En automne même, on était heureux de courir à travers les feuilles sèches qui craquaient sous les pas. Ces jours-là, monsieur, vous me croirez si vous voulez, belle-maman et moi nous nous pardonnions les taquineries de la semaine !

Ce joli roman, monsieur, est celui des trois quarts des Parisiens. Grâce au conseil municipal, nous en sommes au dernier chapitre. C'en est fait de toute cette délicieuse campagne qui servait de rayonnante monture à ce joyau sans prix : la forêt de Saint-Germain. Sur l'avis des ingénieurs, nos édiles ont décrété qu'il en fallait faire un foyer d'infection ! Faut d' l'engrais, comme on dit dans la *Cagnotte !*

Tout à l'heure, monsieur, vous avez parlé d'or.

Vous avez dit bravement leur fait aux divers systèmes derrière lesquels les ingénieurs et le conseil municipal masquent leurs trames scélérates : l'irrigation *facultative* ou l'irrigation *obligatoire* — et laïque aussi sans doute — comme il sied à tout bon système républicain. Je ne suis pas un grand clerc et je n'entends pas malice à toutes ces escobarderies techniques. Un seul argument m'a frappé, et c'est le seul que je veuille retenir : la salubrité de Paris, ce sont les forêts qui l'entourent ; or, supprimer tout ou partie de la forêt de Saint-Germain, pour en faire le grand collecteur de nos égouts, c'est remplacer un des anneaux de la chaîne de… salubrité par un anneau de mort, c'est déchaîner sur la banlieue parisienne toutes les pestes, le choléra, le typhus, les fièvres paludéennes et la mal'aria.

Délicieuse perspective !

Il y a longtemps que j'en suis hanté. Tenez, l'autre dimanche, j'ai mis ma fillette à cheval sur ma jambe droite et mon garçonnet sur ma jambe gauche, et je leur ai dit :

— Nous allons à Saint-Germain…

Ils ont poussé des cris d'allégresse.

— …Mais c'est pour la dernière fois !

Leur mine s'est rembrunie et ils y sont allés de leur larme. Moi, j'ai tâché de leur expliquer ce rébus ; mais faites donc comprendre à des enfants que cette idée saugrenue a pu venir à des ingénieurs de couper une partie de la forêt et d'empester l'autre de façon qu'on n'y puisse plus aller du tout !... Faites donc comprendre à des enfants qu'un conseil municipal a pu voter cette chose ! Là-dessus, ma fillette, une charmante enfant — mais, que voulez-vous ? quand elle a du chagrin, il faut que ça sorte ! — s'écria :

— Zut pour le conseil municipal !

Et mon fils, retirant son index de son nez, y colla son pouce, agita ses doigts avec le geste familier aux enfants de Paris, et, se tournant vers l'Hôtel-de-Ville où gît le conseil que nous envie l'Europe :

— Tiens ! fit-il, v'là pour lui !

Agréez, monsieur, etc.

UN PARISIEN.

ET L'ON REVIENT TOUJOURS...

20 mai 1881.

Il semble que ce doux refrain de *Joconde* soit le refrain favori du comte de Beust et de la princesse de Metternich. Eloignés de Paris par le jeu de la bascule diplomatique, ils y reviennent toujours sous l'empire de je ne sais quelle nostalgie incurable. Je les ai rencontrés presque simultanément rue de Sèze, à l'Exposition de Meissonier. Alertes, pimpants, le visage épanoui, dans ce milieu si français et cette atmosphère si parisienne, ils avaient l'air de dire : « Enfin, nous voilà chez nous ! » Ils sont chez eux, en effet, par droit d'adoption autant que par droit de conquête.

Paris aime qui l'aime, et c'est par là que s'explique sa tendresse sans défaillance pour la princesse de Metternich et pour le comte de Beust. Tous deux ont aimé Paris d'un amour que n'ont pas découragé ses infortunes. On les a retrouvés tels, aux jours amers, qu'on les avait connus aux jours heureux. S'ils ont ri nos rires, ils ont aussi pleuré nos larmes. Ils sont nôtres par la double fraternité du bonheur et du malheur.

Aussi fallait-il voir comme les Parisiens de Paris faisaient fête à ces Parisiens d'Autriche, comme on s'empressait autour de cette grande dame qui, malgré les ans écoulés, demeure la reine de toutes les élégances, de ce beau vieillard, aux lèvres minces et malicieuses, au nez droit et bien dessiné, au menton fin, au sourire narquois et bienveillant tout ensemble, qui, presque octogénaire, a conservé la verdeur de corps et la netteté d'esprit de la trentième année !

Il est vraiment bien Français, ce Saxon, adopté par l'Autriche. Très épris de notre littérature, qu'il proclame la première du monde, il a pour nos romans un goût tout particulier. Le roman judiciaire surtout le passionne : Boisgobey le transporte et Gaboriau le ravit. Personne, selon lui, n'a connu la police comme le père de *Monsieur Lecoq*. « — S'il vivait encore, disait-il un jour avec le plus grand sérieux, et qu'il fût Autrichien, je conseillerais à l'Empereur de le faire préfet de police. » A chaque voyage, une de ses plus grandes joies est de « faire la fête » au cabaret en compagnie de trois ou quatre romanciers. C'est Claretie, dont il tient le talent en très haute estime, qui, d'ordinaire, a mission d'organiser ces agapes. L'aimable vieillard y développe, avec une verve endiablée, des paradoxes diplomatiques qui renversent toutes les idées en faveur dans les chancelleries, celui-ci, par exemple : « J'ai remarqué que le roman était plus vrai et moins romanesque que l'histoire, et j'ai la conviction que le meilleur moyen, pour un politique, un diplomate, de connaître intimement les hommes, c'est de lire des romans ! »

Paradoxe, peut-être ; mais on sait que les paradoxes ne sont pas toujours l'envers de la vérité.

Voyez plutôt la princesse de Metternich. Lorsque, en 1861, elle voulut, malgré la cour, malgré la ville, imposer la musique de Wagner à l'admiration des Parisiens ; lorsque, à la première du *Tannhæuser*, penchée hors de sa loge, défiant la tempête et menaçant de son éventail brisé, que Janin célébra dans une page immortelle, toute une salle déchaînée contre son favori, elle lui lançait cette apostrophe prophétique : « Ce que vous brûlez aujourd'hui, vous l'adorerez demain ! » ne criait-on pas au paradoxe ? Paradoxe en ce temps-là, axiome aujourd'hui. Ainsi va le monde.

Madame de Metternich fut, pendant tout l'Empire, elle est encore, après quatorze ans, ce qu'on appelle une jolie laide. Ceci soit dit sans intention malséante, car jolie laide, et surtout à ce point, ne l'est pas qui veut. Elle rachetait, d'ailleurs, par une suprême élégance, dont la tradition s'est perdue, cette disgrâce physique, et, dans sa bouche spirituelle, il n'a rien d'invraisemblable ce mot que lui prêtait Bachaumont : « Je suis le singe le mieux habillé de Paris ! » Elle avait même un tel mépris de l'opinion sur ce point délicat et elle mettait une si fière désinvolture à la braver que l'idée lui vint un jour de fonder le « Club des Laides ». Le plus incroyable, c'est qu'elle recueillit un certain nombre d'adhésions : celle d'une comtesse qui portait un nom littéraire justement estimé ; celle d'une aimable marquise qui s'appelle comme le village des environs de Paris dont la fête est la plus célèbre ; celle d'une princesse russe, fameuse par ses hivernages méditerranéens ; celle, enfin, d'une légitimiste de pur sang et d'un charmant esprit, mais boiteuse comme le feu prince de Talleyrand... Et ce fut tout. Ces cinq vaillantes ne trouvèrent personne pour les suivre, et le « Club des Laides » ne vécut guère que la durée de la cigarette princière qui l'avait fait naître.

Faudra-t-il lever les masques ? A quoi bon ? Tout Paris connaît les visages.

JUIN

NOS BONS TERRITORIAUX

2 juin 1881.

Depuis deux jours, on rencontre à peu près partout, sur les boulevards, au théâtre, aux courses, dans les cafés, dans les cercles, des jeunes hommes, au teint hâlé, qui, le nez au vent, hument l'air et se baignent dans l'atmosphère parisienne avec l'avidité voluptueuse de prisonniers fraîchement élargis.

Ils vont et viennent, heureux de se sentir vivre, frétillant, gesticulant, en arrêt devant tous les étalages, lorgnant les belles filles qui passent, parlant haut et distribuant les poignées de mains avec une effusion quelque peu banale.

Ce sont les territoriaux, qui, leurs treize jours faits, affranchis de leur dette, reprennent possession de leur bonne ville de Paris.

Et, de la Bastille à la Madeleine, de la Concorde à Longchamps, on saisit au vol ces bouts de dialogue :

— Hé ! bonjour, cher !
— Comment !... C'est vous, déjà ?
— Dites-donc, malhonnête !
— Dame ! treize jours, ça passe si vite ! Il me semble que nous nous sommes quittés hier.

— Vous en parlez bien à votre aise, et je voudrais vous y voir !

— Alors, c'est sérieux, la territoriale ?

— Crevant, cher !... tout ce qu'il y a de plus crevant !... Levés comme les coqs, couchés comme les poules !... Brutalisés, du matin au soir, par des malotrus à trois brisques, qui se vengent sur les condamnés à temps de leur condamnation à perpet.!... Et puis, entre nous, ça manquait de femmes !... Je ne compte pas mame Pitou...

— Mame Pitou ?

— Oui, la cantinière du bataillon... Vous voyez ça d'ici, pas vrai ? Un remède contre l'amour ! Elle m'a fait prendre le sexe en haine !... Crevant, je vous dis ! Il y avait pourtant une bonne heure dans la journée, l'heure du tir... Ça me donnait l'illusion de Gastine-Reinette ! Les ai-je épatés, ces conscrits ! Et le capitaine instructeur donc !... un gros court, tout en ventre ! Figurez-vous que le premier jour, quand je suis arrivé sur le terrain, il m'a dévisagé du képi aux godillots, et j'ai cru l'entendre qui mâchonnait entre ses grosses moustaches : « Mauvais soldat ! » Moi, j'affectais la gaucherie, j'écoutais d'un air godiche son petit boniment... le jarret tendu... le fusil à l'épaule... l'œil ici, le doigt là !... « Va, va, mon bonhomme, me disais-je, tout à l'heure tu feras un nez !... » Tout à coup il vocifère : « Mais partez donc, crongnieu !... » Je pars... paff ! en plein dans la cible ! Et, comme ça, dix-huit fois sur vingt !... Le capitaine n'en revenait pas... J'ai voulu faire le modeste... Il a cru que je me f...ichais de lui... Il m'a flanqué deux jours de bloc.

— Sapristi, pas de veine!

— Au contraire, cher. Ces deux jours sont les meilleurs que j'ai passé là-bas!... J'ai lézardé délicieusement pendant que les autres mouillaient au soleil leurs gilets de flanelle!... Et savez-vous comment j'ai trompé les longs ennuis du *carcere duro?*... En faisant des réussites!

— Noble passe-temps!

— Je n'avais pas le choix... Enfin, n, i, ni, c'est fini!... On va pouvoir refaire la fête!... Merci, mon Dieu!

Si c'est là la morale des « treize jours », elle n'est pas consolante. J'en causais hier avec un jeune sous-lieutenant de territoriaux, qu'on avait, en raison de son grade, chargé de conduire un détachement au fin fond de la Bretagne, et de le ramener à Paris.

— J'ai mieux encore à vous offrir, me dit-il. Au départ, tous mes hommes étaient équipés et munis de leurs armes. A peine en wagon, ces héros, excités par les libations préalables, se mirent à chanter... Et quel concert, *bone deus!*

— Des hymnes guerriers, sans doute?

— Ah! bien oui!... L'un entonne: *Petits enfants, n'approchez pas...,* l'autre: *Soldat de mon pays, j'ai tué mon capitaine...,* celui-ci: *Connais-tu le rivage où fleurit l'oranger...,* celui-là: *Rendez-moi ma patrie ou laissez-moi mourir!...* Et tous, d'une voix traînante, sur un rythme de *de profundis*, comme s'ils portaient le diable en terre !

— Ils n'y allaient pas gaiement à ce que je vois !

— Les treize jours terminés, je ramène mes hommes. Plus soldats, tous civils, dépouillés de tout appareil militaire, désarmés, en un mot. Le train part. Tout à coup, par les portières ouvertes, éclate, dominant le sifflet de la locomotive, ce refrain belliqueux :

> Aux armes, citoyens ! Formez vos bataillons !
> Marchons ! qu'un sang impur abreuve nos sillons !

C'étaient mes bons apôtres qui célébraient à leur façon les douceurs du foyer reconquis et les joies pacifiques de la famille !

Moralité... Il n'y en a pas.

UN DUEL DE M. GOT

14 juin 1881.

Je viens de passer quarante-huit heures aux champs avec M. Got. Deux journées charmantes, grâce à cet aimable compagnon, qui n'est pas seulement un artiste de grande race, mais encore le plus original et le plus verveux des causeurs.

Dans ces causeries à bâtons rompus, qui donnent des ailes aux heures parfois si lentes à la campagne, nous avons effleuré toutes les questions à l'ordre du jour. Celle du duel, entre autres, « actualisée » par de récents conflits, a servi de thème à toutes sortes de variations humoristiques.

— Vous parlez duel, dis-je à M. Got, en homme pour qui le bel art de l'escrime n'a pas de secret... Etes-vous allé quelquefois sur le terrain ?

— Presque ! me répondit l'éminent sociétaire de la Comédie-Française.

— Comment !... presque ?

— C'est-à-dire que l'affaire n'a pas abouti... C'était du temps où j'étais journaliste...

— Journaliste !... vous avez donc été du bâtiment, vous aussi ?

— Oh ! sur le seuil, tout au plus !... En ce temps-là, j'étais jeune... Bastid, qui m'avait en grande affection, me fit entrer au *National*, où je connus Marrast, Trélat, Marie Aycard, Rolle, et tant d'autres, alors en vedette, aujourd'hui tombés dans l'oubli. J'écrivais, au rez-de-chaussée du journal, de courtes nouvelles, et j'alternais avec un pauvre diable, débutant comme moi, un nommé Pichon, mort depuis sans laisser de traces...

— Dame ! les journalistes, sauf quelques exceptions très rares, ne travaillent guère pour la postérité !

— Pas plus que les comédiens, hélas !... Tenez-vous à connaître la fin de l'histoire ?

— Je vous en prie.

— Le jour où, nous deux Pichon, nous passâmes pour la première fois à la caisse du *National* fut un bien beau jour, je vous jure !... Le roi n'était pas notre cousin ! Nous étions si naïvement heureux que nous résolûmes de fêter, le soir même, *inter pocula*, ce premier sourire de la Fortune. Le balthazar eut lieu dans une taverne voisine du Divan Le Peletier... Un balthazar à trois francs — vin compris — mais qui parut, à nos estomacs de jeunes Lacédémoniens, le dernier mot du faste gastronomique... Nous nous en fourrâmes jusque là !... Si bien que, lorsque nous arrivâmes au Divan où, chaque soir, la tâche accomplie, nous tenions nos assises, nous crûmes entrer dans une salle de bal !... Tout tournait, tout tournait, comme en une ronde folle !... Là, des libations copieuses achevèrent ce que les cachets rouges et verts de notre amphitryon à trois francs avaient si bien commencé... Nous étions gais en entrant ; en sortant, nous étions ivres !... C'était un gros problème que de regagner la Bastille, où nous habitions, ma mère et moi... Pichon, qui portait mieux cette petite débauche, m'offrit de me reconduire... J'acceptai... Nous voilà donc remontant en zigzag la ligne des boulevards, faisant escale à tous les cabarets, dissertant, entre deux petits verres, sur le mépris des richesses, interpellant les bourgeois attardés et nous livrant aux paradoxes les plus audacieux sur la politique courante, la littérature et les arts ! Enfin, tant bien que mal, l'un calant l'autre, nous atteignîmes la place du Château-d'Eau... A partir de là, nuit opaque dans ma mémoire ! Comment Pichon prit-il congé de moi ? Comment me retrouvai-je dans ma petite chambre, entre mes draps, dormant ce sommeil de plomb qui répare les folles orgies ?... Double énigme dont je ne devais avoir le mot qu'à mon réveil, et quel réveil, miséricorde !

— Je flaire déjà comme une vague odeur de duel !

— Ça fait l'éloge de votre flair. Vers huit heures, on toque à ma porte... Entrez ! dis-je machinalement... Et, debout sur le seuil, se découpant sur la paroi blanche du corridor, je distingue les silhouettes de deux hommes noirs, à la mine sévère, à la redingote hermétiquement boutonnée.... Des huissiers ! pensai-je. Mais cette illusion, d'ailleurs peu souriante, allait s'évanouir. Les deux intrus s'approchèrent de mon lit, et l'un d'eux, avec une politesse froide :

— Monsieur, fit-il, pardonnez-nous cette invasion un peu matinale.... Mais la pénible mission dont nous sommes chargés ne souffrait aucun retard.

— Expliquez-vous ! balbutiai-je, interloqué par cet exorde *ex abrupto*.

— Cette nuit, monsieur, dans l'emportement d'une querelle littéraire avec M. Pichon, vous vous êtes oublié jusqu'à le frapper au visage...

Je bondis sur mon traversin, ne sachant si j'avais affaire à des mystificateurs ou bien à des fous :

— Moi !... moi ! j'ai frappé Pichon, un excellent camarade, que j'aime de tout mon cœur !

— Ces sentiments affectueux vous honorent, et

notre client les partage... l'amitié doit se taire quand parle l'honneur outragé !

— Donc, j'ai frappé Pichon ?
— Au visage, oui, monsieur !
— Vous en êtes bien sûrs ?
— Douteriez-vous de notre parole !
— Dieu m'en garde !... Et vous venez pour...
— Est-il besoin de vous le dire ?... Un soufflet veut du sang...

— Et Pichon a soif du mien ! C'est trop juste. Laissez-moi vos cartes, messieurs... mes témoins seront chez vous tout à l'heure... Mais puisque j'ai frappé Pichon, serait-il indiscret de vous demander à quel propos !

— A propos du *Médecin du Pecq*.
— Vous dites ?
— Le dernier ouvrage de M. Gozlan... Vous prétendiez que c'était un chef-d'œuvre... M. Pichon n'était pas de votre avis... Les opinions sont libres, surtout en littérature. Et les gifles, permettez-nous de vous le dire, sont un moyen très peu correct de conviction...

— D'accord... mais je me demande comment j'ai pu vouloir imposer à mon contradicteur une conviction que je n'avais pas et que je ne pouvais pas avoir, n'ayant pas lu le livre objet de la querelle !

— Vous n'avez pas lu le *Médecin du Pecq* ?
— Pas encore !
— Alors l'affaire peut s'arranger !
— Comment cela ?
— M. Pichon, non plus, n'a pas lu le *Médecin*

du Pecq !... Or, dès l'instant que ni l'un ni l'autre n'avez lu le *Médecin du Pecq*, la gifle n'a plus de raison d'être !... Pardon du dérangement, monsieur, et dormez sur vos deux oreilles !

. . . .

Depuis ce jour, M. Got ne boit plus que de l'eau rougie.

« PASSION »

16 juin.

C'est le titre d'un livre qui paraît aujourd'hui même à la librairie Dentu, et qui sera l'un des fruits les plus délicats et les plus savoureux de cette arrière-saison bibliographique.

L'auteur est madame Carette, née Bouvet, une étoile disparue dans la tourmente de 1870 avec toutes les autres étoiles du firmament impérial, et qui reparaît, voilée d'une brume mélancolique, après une éclipse de quinze ans.

Quinze ans !... quinze siècles !... J'ai revu l'impératrice Eugénie, l'année dernière, à l'hôtel du Rhin ; et je ne saurais peindre l'attendrissement douloureux où me plongea la vue de cette auguste veuve, qui porte si noblement son triple deuil — deuil de reine, deuil d'épouse, deuil de mère — et qui, sous sa couronne de cheveux blancs et ses longs voiles noirs, évoquait à mes yeux une tragique figure d'Eschyle !... Est-ce bien-là, me disais-je, l'admirable créature que Winterhalter a représentée de profil, une touche de rose pour narine, dans la splendeur de ses cheveux blonds et l'éclat de sa fière beauté, et qui, presque au même moment, par une coïncidence ironique, rayonnait, belle parmi les belles, jeune parmi les jeunes, à l'Exposition des Portraits du Siècle, entre la princesse Mathilde et madame de Pourtalès ? Oui, c'était bien la même, hélas ! mais après quinze ans d'exil sombre, d'épreuves surhumaines, de mort lente, quinze ans lourds comme des siècles à ces épaules mal préparées au fardeau des douleurs !

Et quel prologue enchanteur à ces quinze ans expiatoires ! Winterhalter nous en a montré l'une des faces, la plus charmante peut-être, dans une autre toile où l'impératrice apparaît, comme Diane au milieu de ses nymphes, au milieu de cet escadron volant de femmes accomplies, sur lesquelles elle répandait sa grâce exquise et qui en furent les inoubliables reflets. Le Décameron revivant en pleine société contemporaine, avec je ne sais quel parfum des traditions galantes d'autrefois ! Faut-il nommer ces reines de beauté, d'esprit et d'élégance ? A quoi bon ? Leurs noms sont sur toutes les lèvres comme leur règne est dans tous les souvenirs ; le triple sceptre qu'elles tenaient d'une main experte et légère, elles le tiennent encore aujourd'hui ; et ces radieux automnes ont gardé plus de charmes que n'ent ont les printemps éclos sous l'ingrat et pâle soleil de la troisième République.

La lecture du livre de madame Carette m'a

donné pendant quelques heures la vision de ce monde évanoui ; et ce voyage rétrospectif, en compagnie d'une femme d'élite, qui pourrait écrire au frontispice de son roman : *Quorum pars magna fui*, m'a causé la plus délicieuse des joies, et la plus poignante. On sait le rôle qu'a joué madame Carette auprès de la souveraine déchue ; on sait que ce titre modeste de « lectrice » déguisait une amitié quasi-maternelle, d'une part, et, de l'autre, un dévouement poussé jusqu'au fanatisme. Toujours aux côtés de l'Impératrice, aux heures d'apparat comme aux heures intimes, douée d'un esprit d'observation que sa charge et le commerce journalier des maîtres en l'art de penser et d'écrire rendaient plus aigu, elle a vu plus loin qu'à la surface l'entourage impérial, elle a sondé les reins et les cœurs et s'est fait une précieuse réserve de souvenirs, — documents humains, s'il en fut, pour parler l'argot à la mode. Le jour où madame Carette écrira ses *Mémoires*, bien des voiles seront levés, bien des mystères seront éclaircis, bien des physionomies remises en leur vrai jour. Pour le moment, elle se borne à lever un coin de ces voiles, à percer discrètement quelques-uns de ces mystères, à tirer de l'ombre quelques-unes de ces physionomies, — mais toutes marquées de traits tellement typiques, esquissées d'un crayon si exact, que, sous les personnages de convention, héros ou comparses, les personnages réels apparaissent et palpitent. Ces énigmes, aussi simples à deviner que celles du *Nabab* et des *Rois en exil*, et non moins intéressantes, ne dépassent pas le cadre de l'intimité, et de l'intimité féminine plus spécialement. Tout ce monde ardent au plaisir qui s'agitait autour de l'Impératrice, qui faisait le charme de ses Lundis, qui jouait des charades ou chassait le cerf à Compiègne, traverse, comme un vol d'ombres, les treize chapitres de ce livre étrange. A l'évocation des personnes, l'auteur joint l'évocation des choses, si bien que le cadre est en parfaite harmonie avec le tableau. De ce cadre, il ne reste guère que d'informes débris ; les Tuileries ne sont plus qu'un souvenir, mais un de ces souvenirs qui ne s'effacent pas, grâce aux pages émues où madame Carette a décrit les appartements privés de l'Impératrice. C'est de la photographie, avec l'âme en plus.

Il y aurait une part d'autobiographie dans *Passion*, que je n'en serais pas étonné. Les douleurs et les joies vécues ont seules cette émotion communicative. Madame Carette a pleuré les larmes et subi le contrecoup du drame qu'elle raconte. Drame simple et passionnant, où s'entrechoquent et se brisent deux nobles cœurs. L'auteur — et ceci n'est point une critique — a subi l'influence d'Octave Feuillet, mais avec un accent personnel qui est le charme propre de son roman et lui donne une saveur tout à fait originale.

Dans une préface qu'elle a supprimée à la dernière heure, par un scrupule de modestie peut-être excessif, madame Carette avait, en quelques lignes, esquissé le sujet et défini le caractère de son roman. Je trouve dans ces pages, qu'un heureux hasard a mises sous mes yeux, la preuve que *Passion* a, dans maints endroits, une valeur autobiographique. Est-ce pour dépister les indiscrétions que l'auteur a fait disparaître ce curieux document ? Et n'est-ce pas plutôt pour ne pas avoir l'air d'être son avocat dans sa propre cause ? C'est là sans doute une délicatesse bien féminine, mais qui n'est pour surprendre aucun de ceux qui connaissent madame Carette et sa chatouilleuse dignité. Cette préface était, en effet, une sorte de plaidoyer *pro domo*, le cri désespéré d'une souffrante et d'une vaincue, pour qui l'existence, après n'avoir eu que des sourires et des rayons, n'a plus que des amertumes et des ombres. « J'ose tenter cette aventure littéraire, disait-elle à ses futurs lecteurs, parce qu'il m'importe de savoir si ma plume peut être considérée par moi *comme un instrument de travail !* »

Je m'arrête au seuil de cette douleur, que madame Carette n'a pas voulu profaner elle-même en l'étalant aux regards sceptiques du public. Qu'elle me pardonne de n'avoir pas eu le même scrupule et d'avoir trahi son triste secret. Si tous ceux qui l'ont connue, si tous ceux qui l'ont aimée, si tous ceux qui, fidèles au culte du souvenir, sont restés les courtisans du malheur, achètent son livre, *Passion* aura bientôt atteint le *centième mille*, ce rêve doré de quiconque met du noir sur des feuilles blanches. Je le lui souhaite de toute la force de ma profonde et respectueuse sympathie.

JUILLET

MARIAGE D'ACTRICE

2 juillet 1881.

L'historiographe des *Jolies Actrices de Paris* raconte que mademoiselle Augustine Leriche, rencontrant sa camarade Alice Lavigne, lui dit à brûle... corset :

— A votre place, moi, je changerais de nom... parole d'honneur, je ne voudrais pas m'appeler Lavigne.

— Et pourquoi donc? demanda l'excentrique pensionnaire de M. Briet.

— Parce que j'aurais toujours peur d'attraper le phylloxéra.

Le mot n'était que plaisant ; il est devenu prophétique. Mademoiselle Alice Lavigne vient d'être atteinte du phylloxéra... matrimonial... Elle épouse, samedi prochain, un jockey qu'on dit célèbre, — ce que je veux bien croire, n'ayant pas le loisir de vérifier, et mon oracle sportique, Robert Milton, étant à la campagne. D'ailleurs, le mari n'est rien dans l'affaire ; le mariage est tout.

Or, le public, qui se fait presque toujours son opinion d'après la surface des choses ou les dehors des gens et ne voit guère au delà de cette surface ou de ces dehors, considère le mariage de mademoiselle Lavigne comme une des mille et une fantaisies dont cette actrice pleine d'humour est coutumière.

Il n'est pas, en effet, sur les planches contemporaines, de fantaisiste plus échevelée que la créatrice de Ma camarade et du Train de plaisir. Ce gavroche en jupons, qu'on a baptisé pittoresquement « un Lassagne femelle », semble avoir pris à tâche de ne pas faire mentir ses parrains. Douée d'une diction et d'un masque *sui generis* — dit vulgairement écumoire — elle élève la cacophonie et la grimace à la hauteur d'un art très raffiné, et cela sans étude, sans effort, par un don de nature. Elle trouve la note juste dans l'absurde et donne à la parodie l'accent irrésistible de la vérité. C'est la protagoniste née du théâtre impossible. Elle paraît, on rit ; elle parle, on se pâme ; elle se tait, on se tort ; elle agite les bras, on demande grâce. Elle est comique par essence et par destination, comique depuis la racine des cheveux jusqu'à la plante des pieds.

Et cette « comique » prendrait la vie au sérieux ! Elle ferait une « fin ! » bourgeoise, comme telle ou telle de ses camarades qu'on a vues, sans surprise aucune, piquer une tête de l'avant-scène dans le pot-au-feu conjugal ! Pas de ça, Lisette ! dit le public. Et ce public, dont l'oreille est encore égayée par l'inimitable : *C'est fini, nous deux !* s'entête à voir dans ce mot épique, non un simple mot d'auteur, mais une profession de foi, comme un programme. Il n'admet pas que les extrêmes se touchent, et que « le commencement » soit si près de la « fin ».

En quoi, le public a tort. Chez mademoiselle Lavigne, l'artiste et la femme sont proprement les antipodes. Les gens qui nous font le plus rire sont parfois ceux que leur nature semble le moins y prédisposer. Molière était un mélancolique ; et tout le monde connaît cette anecdote du vieux Monrose qui, sortant de scène, après avoir mis le parterre en délire par la bouffonnerie de son jeu, fondait en larmes et, montrant le poing à la salle, criait à travers des sanglots : « Riez, bêtes féroces ! » Mademoiselle Alice Lavigne n'est pas précisément de cette école-là ; elle apporte dans la vie un grain de cette excentricité qu'elle prodigue au théâtre ; elle est gaie, enjouée, fringante, verveuse, et son commerce tient ce que promet sa physionomie éveillée, selon l'heureuse expression d'un de ses biographes, comme un nid de souris. Elle excelle à dire le couplet grivois, et sa conversation ultra-rabelaisienne pétille comme une pelletée de gros sel sur un brasier. Elle a l'esprit alerte et la riposte prompte. On cite d'elle des mots à l'emporte-pièce, celui-ci, par exemple, sur le bonhomme Montrouge, alors qu'elle était sa pensionnaire à l'Athénée :

« Quand il cuira dans la grande marmite, en enfer, je gage qu'il crie à Satan : — Pas tant de bois, monsieur le diable ! Le bois coûte cher. Je vous affirme que je rôtirai tout aussi bien à petit feu ! »

A la ville comme au théâtre, elle réalise le type, si parisien, du *bon garçon*. Mais, à la ville, le bon garçon est doublé d'une bonne « femme », régulière, rangée, un peu « popotte » même, et préférant aux distractions tapageuses, les joies tranquilles du foyer. Bonne mère, elle l'est entre toutes. On l'a vue souvent chez Gruber, dans une de ces tablées d'artistes où sa verve intarissable donnait le *la* de la gaieté, jeter un œil anxieux sur sa pendule, repousser le verre, se

> Où sa chanson mouillait son aile
> Avant de s'envoler en l'air,

lever brusquement et s'en aller sans tambour ni trompette. Et quand les camarades, attristés de son départ, essayaient de la retenir : « Hé ! mes enfants, répondait-t-elle, si je m'attardais, que dirait *la gosse ?* » Souvent aussi l'on a vu s'éteindre son bon sourire et sa belle humeur faire relâche, parce que *la gosse* avait la coqueluche ou qu'il y avait du tirage dans sa dentition.

Les habitués des courses n'en voulurent pas croire leurs yeux, le jour où mademoiselle Lavigne fit une entrée triomphante sur l'hippodrome de Longchamps, mollement étendue sur les coussins d'une victoria de grand style, où trônait auprès d'elle la rayonnante Marie Magnier. Ce fut un spectacle d'une étrange nouveauté que le contraste de cette reine des élégances avec cet embryon de femme au minois chiffonné, dépourvue de *cant*, fagotée à la diable, et dont les oripeaux voyants trahissaient la « queue rouge » ! Alice Lavigne sportwoman, *bone deus !* L'économe Alice risquant des sommes folles sur la casaque d'un jockey ! Dame ! c'est que le jockey venait d'entrer dans sa vie !

Avant trois jours, il en sera le souverain maître. Alice Lavigne sera madame Pettet. En attendant, elle doit être hantée par ce mot d'un vieux vaudeville : « Pourvu qu'elle soit heureuse ! » Et pourquoi ne le serait-elle pas ? Je me suis laissé dire que les jockeys, par état, étaient aptes à toutes les vertus domestiques, et que Chantilly, leur résidence, était une pépinière de ménages modèles. Puisse-t-il bientôt en compter un de plus ! Et puisse, dans le silence de l'alcôve, ne jamais retentir le sinistre :

— C'est fini, nous deux !

LES GAIETÉS DU TÉLÉGRAPHE

16 juillet 1881.

A Son Excellence Monsieur Cochery

Monsieur le Ministre,

Supposez — pardon pour cette hypothèse irrévérencieuse — que vous êtes un simple contribuable, comme votre serviteur, et que vous vous livrez à la villégiature dans une des stations de la banlieue desservies par la gare Saint-Lazare, — Rueil, Chatou, le Vésinet ou le Pecq.

Supposez qu'un jour de l'autre semaine — samedi, si vous voulez — à sept heures et demie sonnant, n'attendant aucun convive, vous vous soyez mis à table en face d'un menu comme celui-ci : « Potage pour un, hors-d'œuvre pour un, vol-au-vent pour un, rôti pour un, salade pour un, dessert pour un, café, liqueurs et cigare pour un », — en un mot, un balthazar solitaire.

Supposez qu'au moment où vous entamiez le potage, deux voitures se soient arrêtées à votre grille, que de ces voitures soient descendues six personnes, et que ces six personnes aient fait irruption dans votre salle à manger, avec des cris et des gestes trahissant la plus alarmante fringale.

Supposez... mais j'arrête ici les suppositions et j'entre en scène, car c'est à moi que la mésaventure est arrivée.

Si vous voulez avoir une idée de ma tête à la vue de ces faméliques envahisseurs, remémorez-vous, monsieur le ministre, l'attitude probable des petits Ugolin devant leur ogre de père. Ventre affamé n'a pas d'oreilles, dit le proverbe. Et, pendant quelques secondes, j'ai subi l'angoisse du « petit blanc » que des « petits noirs » aux dents aiguës vont découper en tranches, et consommer tout vif!

Le premier effarement passé, de part et d'autre, on s'expliqua. Et comme vous fîtes, monsieur le ministre, tous les frais de l'explication, mon devoir était de vous la transmettre. Peut-être eût-il convenu d'employer à cet usage votre fil spécial, et non celui du *Figaro*. Mais je tiens à ce que ma communication vous parvienne, ce qui vous explique et justifie ma préférence.

Voici donc le dialogue que nous avons échangé, mes intrus et moi.

Moi. — Bah ! vous ici !... à cette heure !

Mes intrus. — Comment !... Vous ne nous attendiez pas ?

— Pas ce soir, assurément !

— Vous n'avez donc pas reçu notre dépêche ?

— Quelle dépêche ?

— Celle que nous avons mise, vers quatre heures, au bureau de la rue Milton...

— Et cette dépêche, que disait-elle ?

— Elle disait : « Chaleur malsaine à Paris. Avons soif air pur des champs. Arriverons six par train sept heures, très en appétit. Donnez ordres en conséquence à Jeanneton. »

(Jeanneton, c'est ma bonne, monsieur le ministre. Elle s'appelle Jeanneton, comme la bonne du roi d'Yvetot. Excusez cette coïncidence qui rappelle les plus mauvais jours de la monarchie. Mais elle est de pur hasard, je vous le jure.)

Suite du dialogue :

— Il est possible que vous m'ayez expédié la dépêche, mais il est certain que je ne l'ai point reçue !

— En quatre heures !... Elle est roide !

— Roide ou non, c'est comme ça !

— Les employés de Cochery n'en font jamais d'autres !... A mort, Cochery !

Le Chœur. — A mort ! à mort !

Je vous l'ai dit, monsieur le ministre : ventre affamé n'a pas d'oreilles. Inutile de vous affirmer que je ne fis pas chorus à ces clameurs homicides. Je m'efforçai, tout au contraire, d'y mettre une sourdine, de peur qu'elles n'éveillassent dans les villas environnantes de trop sympathiques échos.

Ce fut ma bonne, une fille de tête — nom oblige — qui sauva la situation. Grâce à je ne sais quel miracle d'économie domestique, qui rappelle celui de la multiplication des pains, on dîna tant bien que mal, plutôt mal, pour être sincère. Je soupçonne même qu'en rentrant à Paris, mes convives, mis à la ration, ont dû se refaire de leur demi-jeûne dans quelque cabaret.

Le lendemain, je voulus en avoir le cœur net, et je me rendis au bureau télégraphique. Je tais le nom de l'endroit affligé de votre disgrâce, pour ne point attirer vos foudres sur une employée dont le seul crime est de n'avoir pas un outillage suffisant. Je fus reçu de la plus aimable façon par une dame, déjà mûre, qui cumule l'emploi de secrétaire des postes et de directrice des télégraphes.

— Madame, lui dis-je, n'avez-vous pas reçu hier, entre cinq et six heures, une dépêche au nom de M. Parisis ?

— En effet, monsieur, me répondit-elle, elle est là qui vous attend !

Et, du doigt, elle me montrait sur la tablette un télégramme proprement serré dans son enveloppe d'azur.

Je n'en pouvais croire ni mes yeux ni mes oreilles.

— Eh ! madame, m'écriai-je en oubliant presque les égards qu'on doit au sexe, le rôle des dépêches n'est pas d'attendre les destinataires, mais d'aller les trouver chez eux !

— Vous parlez d'or, monsieur, mais encore faut-il qu'ils y soient, chez eux, les destinataires ! Or le facteur m'a dit : « C'est pas la peine de faire une course inutile ! Il n'est jamais là, ce monsieur Parisis... Toujours à circuler sur la ligne !... Ses voisins disent même qu'il y a de la gabegie là-dessous ! Ces allées et venues, ça n'est pas naturel ! La dépêche est bien là, qu'elle y reste ! »

— Votre facteur est un faquin !... Et rien ne vous obligeait à le croire sur parole !

— Comment aurais-je fait, monsieur ? Cet homme n'est à ma disposition que par intermittences... Le port des dépêches est un hors-d'œuvre dans sa vie ! Il en prend et il en laisse...

— Je vois qu'il en laisse plus qu'il n'en prend !

— Ce n'est que trop vrai, mais je n'y puis rien. Et vous concevez que, tenue par mon double service, il m'est impossible de me mettre un troisième boulet au pied et d'aller faire la distribution à domicile !... Si vous avez quelque influence, monsieur, obtenez qu'au moins pendant la belle saison on augmente un peu mon maigre personnel, et le contretemps dont vous avez été victime ne se renouvellera plus.

C'est cette petite augmentation de personnel que je viens solliciter, monsieur le ministre. Et non seulement pour la localité dont je suis l'hôte accidentel, mais pour toutes les localités du réseau qui souffrent de la même insuffisance et subissent le même dommage.

Il y a, dans le service dont vous êtes l'arbitre souverain, une anomalie qu'il est temps de faire cesser. Le télégraphe a toutes sortes de tendresses pour ceux qui, libres de toute entrave, peuvent s'en aller en villégiature à quarante, soixante et même cent lieues de Paris. Pour nous autres, les éternels tâcherons, qu'un labeur obstiné retient au rivage parisien, il a « des rigueurs à nulle autre pareilles ». Est-ce juste, cela ?

Pour nous, être à la campagne, c'est presque être en maraude. Et par *nous* je n'entends pas que les plumitifs, gens de peu dont on n'a cure, mais les négociants, les industriels, les travailleurs de tout poil, esclaves de leurs affaires, comme nous le sommes de notre tâche. Un événement considérable, que nous ne prévoyons pas, peut, à toute heure de la journée, nous rappeler d'urgence à Paris. Et nous vivrions aux champs dans des transes cruelles, si nous n'avions pas cette sécurité de nous dire :

— Le télégraphe est là !

Oui, le télégraphe est là, mais comme une cloche d'alarme qui ne donnerait aucun son.

Faites que la cloche sonne, monsieur le ministre !

Des gens bien informés m'affirment qu'on bénit votre nom aux extrémités les plus lointaines de la France. Les bénédictions, comme l'argent, n'ont pas d'odeur, et celles de la banlieue de Paris valent bien qu'on fasse quelque chose pour les obtenir.

Dans l'espoir que vous voudrez bien jeter sur elle un regard secourable, je vous prie d'agréer, monsieur le ministre, l'expression de mes meilleurs sentiments — je voudrais pouvoir ajouter : de reconnaissance.

LE LIT DE PROCUSTE

28 juillet 1884.

Moi aussi, maintenant qu'ils sont terminés et que la moisson de lauriers est faite — maigre moisson ! — je voudrais dire mon mot sur les concours de déclamation au Conservatoire.

Pour la première fois depuis bien longtemps, je n'ai pas suivi ces séances où la critique arrive, chaque année, pleine de douces illusions et d'où elle n'emporte que regrets et tristesses. Mais j'ai lu les diverses appréciations qu'elles ont inspirées à mes confrères, victimes résignées de ce devoir annuel. Toutes peuvent se condenser en cette formule :

« Ce qui frappe chez tous les candidats sans exception, lauréats compris, c'est l'absence absolue d'originalité. Rien de personnel, de senti, de vécu, de sincère. On dirait de jeunes médailles frappées à de vieilles effigies. »

Et chacun de dauber sur les pauvres diables et de leur crier : racca !

Est-ce juste ? Et n'est-ce pas plus haut que devrait remonter le blâme ?

Certes, le mal est grand; mais est-ce bien à ceux qui — pour employer une expression à la mode — en sont contaminés d'y chercher un remède ?

A mon humble avis, ce ne sont point les élèves qu'il faut rendre responsables de la pauvreté des concours, ce sont les procédés d'enseignement en vigueur rue Bergère, ce sont les professeurs qui les distribuent.

On les connaît, ces professeurs : ce sont, au théâtre, des comédiens accomplis, très experts dans leur art, en possédant à fond toutes les ressources, mais qui, dans leur chaire, façonnent trop complaisamment et trop uniformémemt à leur image la matière qu'ils sont chargés de pétrir.

Ils n'admettent qu'un type, le leur ; il faut qu'on s'y conforme et qu'on s'y modèle, qu'on s'y grandisse ou qu'on s'y rabaisse, qu'on monte ou qu'on descende à son niveau, si rebelle qu'on soit de tempérament et de nature, dût l'effort ne produire qu'un misérable avorton. Ils ne souffrent pas qu'on comprenne, qu'on traduise, qu'on incarne, qu'on interprète un personnage comique ou tragique autrement qu'ils ne l'ont eux-mêmes compris, traduit, incarné, interprété.

Il en est un cependant qui, frappé de la stérilité toujours croissante des concours et de la déplorable banalité des « sujets », s'efforce d'introduire dans sa classe des formules d'enseignement plus large, plus libéral et même un tantinet naturaliste, estimant que le « connais-toi toi-même » doit être le point de départ de toute bonne éducation dramatique, comme de toute bonne philosophie. Mais sur celui-là, pour ne le point compromettre, je laisserai planer un prudent anonyme.

Il serait chimérique d'espérer que ces messieurs changeront leur méthode ou qu'ils modifieront en quoi que ce soit leur train-train routinier. Que faire alors ? Oh ! mon Dieu, c'est bien simple : détruire les effets en supprimant les causes, ou, si l'opération semble trop radicale, infuser du sang nouveau dans les veines anémiques du professorat.

Je n'ai point le mérite de l'invention. D'autres, plus en crédit, ont conseillé cette réforme. Lorsque, il y a deux ou trois ans, à la veille de prendre sa retraite, mademoiselle Fargueil, une des quatre ou cinq actrices originales de ce siècle, sollicita du ministre des beaux-arts une chaire de déclamation au Conservatoire, sa demande fut apostillée par Hugo, Feuillet, Augier et Sardou, Le patronage de Sardou, d'Augier et de Feuillet n'était que le payement d'une dette, car chacun d'eux devait à mademoiselle Fargueil quelques rayons de sa gloire, et des plus purs. Seul Hugo ne lui devait rien, et cette façon de payer une dette qu'il n'avait pas contractée n'était-elle pas la plus haute recommandation et la plus flatteuse ?

Cela ne revenait-il pas à dire : « Vous n'avez joué ni *Lucrèce*, ni *Marion*, ni *Marie Tudor*, ni la *Tisbé*, ni *Gunamara*... et c'est une couronne qui manque à ces filles immortelles de mon génie ! »

Il semblait donc que la chose dût aller de soi. Mais, avant d'avoir son brevet en poche, mademoiselle Fargueil eut l'imprudence d'écrire au *Temps* une lettre dans laquelle, donnant au public un avant-goût de sa méthode, elle traçait, en quelques lignes le portrait du professeur idéal.

Après avoir exprimé le vœu téméraire qu'on élargît, dans les cours, le cadre du travail élémentaire des élèves, qu'on donnât moins de place aux souvenirs traditonnels et plus d'importance à la recherche du *pourquoi* des sentiments et de leur *vérité humaine,* elle ajoutait :

« Le professeur doit aider à l'éclosion et à l'application des grandes facultés, ou bien alors qu'est-ce qu'il fait donc ? Il devrait même, selon moi (je vais bien plus loin), être un philosophe, un psychologue : il devrait étudier attentivement les mœurs, le caractère, les habitudes, le point de départ et l'arrivée dans la vie de ceux dont l'éducation dramatique lui est confiée. En effet, j'ai remarqué que dans les arts, quels qu'ils soient, *on fait comme on est.* En d'autres termes, le *produit du travail réfléchit l'individu.*

» Les professeurs actuels ne s'embarrassent guère de ces questions qui me semblent considérables. Eh bien, sans l'observation profonde des qualités et passions du sujet, sans le grand souci de la distribution de ses études, eu égard à ses dons comme à ses défauts, le professeur est un traître et le professorat un mécanisme ridicule et perfide. »

C'était tout un programme révolutionnaire, cela, ni plus ni moins, et c'était folie ou naïveté de croire qu'il trouverait grâce devant les yeux de M. le ministre des beaux-arts ; car c'en eût été fait de l'enseignement officiel de la déclamation, tel qu'il se distribue au coin de... la rue Bergère. Il en devait cuire à mademoiselle Fargueil d'avoir un peu trop tôt démasqué ses batteries. On doubla les sentinelles autour du Conservatoire. Et les voisins de ce monument national, consacré par l'Etat au serinage des perroquets et des perruches dramatiques, entendirent un jour le dialogue suivant :

— Qui vive ?
— Anaïs Fargueil.
— Passez au large !

Et c'était facile à prévoir. Comment, ô chimérique artiste, vous réclamez un tabouret auprès des chaises curules où trônent dans leur gloire cinq ou six praticiens illustres, vénérables et superco quentieux ! Et, sans crier gare, vous venez leur dire :

« Assez de routine comme ça !
» Plus de convention, la vérité !
» Cherchez l'âme dans l'élève, et non l'instrument !
» Pliez-vous à sa nature au lieu de le plier à la vôtre !

» Faites-en une voix, non un écho, une flamme, non un reflet !

» Le produit du travail doit refléchir l'*individu*, non le *maître !*

» On ne *fait* pas comme *on apprend,* mais comme *on est !*

» N'employez pas envers les aspirants comédiens les procédés que les marchands de soupe emploient envers les aspirants bacheliers !

» Soyez pour eux des pères nourriciers intelligents, et non des gaveurs mécaniques !... »

Mais c'est de la démence, cela, tout simplement !

En frappant, avec ce programme sous le bras, à la porte du Conservatoire, vous rappeliez cet original qui se présentait chez un marchand de porcelaines en brandissant un énorme gourdin :

— Place ! criait-il au patron, à qui cette pantomime ne disait rien qui vaille et qui lui barrait le passage... Vos potiches me déplaisent, je veux en faire une purée !

Vous aussi, ô grande iconoclaste, vous vouliez faire une purée des potiches de la rue Bergère. Votre programme, véritable gourdin, était la satire la plus acerbe, en même temps que la plus juste, des pratiques d'enseignement en honneur dans cette pagode vermoulue, où l'élève se couche comme le maître lui fait son lit, lit de Procuste, construit à la taille du maître, dans lequel l'élève, pour être à la mesure, doit déformer et disloquer son corps, l'étirer ou le racornir, et se mouler dans l'empreinte déjà creusée !

Vous deviez vous attendre à trouver les patrons de l'établissement entre vous et... leurs porcelaines !

C'est égal, la brèche est ouverte... A qui le tour ?

AOUT

SAPHO

2 août 1884.

Daudet et Belot collaborent-ils ou ne collaborent-ils pas ? Font-ils ou ne font-ils pas ensemble une pièce avec *Sapho* ? Les uns disent oui, les autres disent non. Voici la vérité vraie, prise aux bonnes sources.

Belot, qui sut tirer de bonnes pièces de ses romans : *le Drame de la rue de la Paix*, *l'Article 47*, etc., a trouvé dans la dernière œuvre de Daudet une idée de comédie dramatique et.. la met au théâtre. Daudet, son ami plutôt que son collaborateur, qui, ayant créé *Sapho*, est tout imprégné d'elle, l'aide dans son travail.

Ce n'est pas la première fois, du reste, que Daudet et Belot font de la collaboration théâtrale. Ils ont écrit pour le vaudeville *Fromont jeune et Rissler aîné*, dont le succès fut très vif, et que Deslandes aurait repris sans aucun doute, si mesdemoiselles Bartet et Pierson, les deux principales interprètes, n'avaient émigré de la Chaussée-d'Antin à la rue Richelieu. Ils sont donc habitués à travailler ensemble, et c'est le secret de ce travail en partie double que je vais dévoiler.

Tous deux grands amateurs de campagne, très friands de verdure, c'est toujours en été qu'ils se réunissent : tantôt à Maisons-Laffitte, chez Belot, en plein bois, tantôt à Champrosay, chez Daudet, en pleins champs, des champs arrosés par la Seine et qui vont jusqu'à la forêt de Sénart.

Mais s'ils aiment tous deux la campagne, ils n'ont pas la même façon de l'aimer. Daudet apprécie surtout les beaux après-midi, les couchers de soleil, les soirées qui se prolongent, les nuits peuplées d'étoiles. Il travaillerait volontiers au clair de lune. C'est un noctambule. Belot, au contraire — son âme serait-elle plus pure que celle de son collaborateur ? je ne le crois pas, elles sont pures toutes les deux — Belot aime à voir lever l'aurore, à devancer le coq, à se coucher comme les poules. Levé dès cinq heures du matin, il ne songe qu'à se mettre au travail, tandis que son compagnon, dont la veillée fut laborieuse, n'aspire qu'à dormir.

Comment se joindre, se rencontrer avec des habitudes si disparates ? Ce miracle s'est accompli, grâce à des concessions mutuelles. D'un commun accord ils ont stipulé que l'un se lèverait plus tard, l'autre plus tôt, et qu'on se coucherait à minuit sonnant. Mais, jusqu'à ce protocole, que de tiraillements, que de luttes entre les deux amis !

Vers huit heures, Belot, qui n'a pu tenir dans son lit et qui y est déjà de trois cigares, frappe à la porte de Daudet : « — Debout, mon petit Alphonse, rappelle-toi nos conventions ! — Mon petit Adolphe, répond une voix plaintive, encore une heure, je t'en prie. Va te promener au bord de l'eau, et pioche la grande scène de Sapho avec Gaussin au troisième acte. » Désespéré, Belot allume un quatrième cigare, et s'éloigne en maugréant. Le soir, autre guitare. A dix heures, Adolphe tombe de sommeil. « — Tu n'as pas le droit de dormir ! lui crie Alphonse. Nous avons juré de veiller jusqu'à minuit. Travaillons !... Que dirais-tu si la tante Divonne intervenait à l'acte quatre ? — Moi, ça m'est égal ! fait Belot en bâillant. Allume une pipe, ta vingt-cinquième, et réfléchis à cette grave situation pendant que je vais sommeiller un petit quart d'heure. »

Si encore il n'y avait de dissemblance entre eux que dans les habitudes ! Mais les tempéraments !... Belot a toujours trop chaud, Daudet toujours trop froid. — « Mon petit Alphonse, j'étouffe... veux-tu que j'ouvre la fenêtre ? — C'est drôle ! Je gèle. Vois, j'ai trois couvertures sur les jambes. — Rien qu'une bouffée d'air ! — Vas-y !... mais comme tu fais abus de mon hospitalité ! — Quand nous serons à Maisons-Laffitte, je te promets de te faire du feu dès le 15 août. — Alors, entr'ouvre, mais à peine ! » Belot entr'ouvre, respire à pleins poumons, et revenant à Daudet : « — Ah ! je me sens renaître !... Je tiens le dénouement ! — Moi, je tiens un rhumatisme », murmure le frileux, qui s'élance vers la croisée et la referme.

« S'élance » est une façon de parler. Daudet n'aime pas à quitter sa place, devant son bureau, tout le corps penché, le nez frôlant le papier où il prend ses notes. Il est si myope qu'il a renoncé à se faire la barbe ; il ne pouvait pas trouver son menton. Et tandis qu'il reste au pupitre, comme cloué, Belot marche, marche toujours, à droite, à gauche, en long, en large, usant les tapis, creusant les parquets. Il ne s'assied que pour dîner, mais il dîne si vite ! Une, deux, trois, c'est fini ! S'il reçoit une visite sérieuse, il installe confortablement son hôte dans un fauteuil et l'écoute debout. Si la visite est intime, il s'allonge sur un canapé, mais il ne s'assied pas.

« — Mais, arrête-toi donc ! lui crie Alphonse. Tu me fais l'effet d'un ours dans sa cage ! — Tais-toi ! fait Adolphe sans s'arrêter... On ne parle pas d'ours quand on écrit une pièce !... Et puis, je ne te force pas à te lever... Pourquoi veux-tu me forcer à m'asseoir ? »

Ils finiraient par se prendre aux cheveux, si la partie était égale. Mais elle ne l'est pas. Daudet est chevelu comme un Mérovingien. Belot ramène. Et encore ramène-t-il ? Je crois qu'il n'y a plus mèche.

Toutes ces discordances ne seraient rien sans les éternelles papillonnes des deux amis. Belot s'échauffe, trouve des idées, est lucide pendant un bon quart d'heure. Tout à coup sa lucidité le fait penser à celle d'une somnambule qu'il a vue la veille, et, de Sapho dans l'atelier de Dechelette, le voilà qui passe subitement à la Salpêtrière dans le service du docteur Luys. Sa papillonne du moment est l'hypnotisme, et il explique à son compagnon que la nommée Esther, une hystérique *di cartello,* est un sujet incomparable, que le docteur la met, comme il veut, en léthargie, en catalepsie, en somnambulisme, et que, dans ce dernier état, elle subit toutes les suggestions mentales qu'on lui veut imprimer. Daudet, qui s'est occupé d'hypnotisme avec le docteur Charcot, lui répond, et voilà la pauvre *Sapho* mise dans un coin !

On y revient, on la reprend, mais pour la quitter encore, quelquefois pour la promener. Daudet est inquiet. Son fils passe en ce moment ses examens à la Sorbonne. « — Si nous allions à Paris savoir des nouvelles, dit-il. — A Paris ! Et Sapho ? — Nous l'emmènerons avec nous. On travaille si bien en chemin de fer ! — Si c'est pour me promener sur la ligne que tu m'as fait venir à la campagne ! — Voyons, mon petit Adolphe, sois gentil. Fais ce sacrifice, sinon à l'amité, du moins à Sapho. Elle est enfermée ici depuis trop longtemps. Elle a besoin de l'air de Paris, cette fille ! — Soit ! pour Sapho ! Tout pour Sapho ! »

Et les voilà partis. Mais lorsque le train passe, ils font monter Sapho dans le compartiment des dames seules et se placent dans le wagon des fumeurs, en compagnie de Tartarin de Tarascon, qui se rend à Paris avec l'idée d'entrer au théâtre.

Et malgré tout, malgré leurs habitudes, leurs tempéraments, leurs caractères si dissemblables, malgré les papillonnes qui voltigent autour de leur esprit toujours en éveil, les deux vieux amis s'aiment tellement qu'ils finissent toujours par s'entendre et que le plan très détaillé de la pièce, commencé il y a quinze jours à peine, est aujourd'hui terminé.

LA PREMIÈRE CARTOUCHE

6 août 1884.

L'armée du divorce est en train de prendre ses positions en face de la première chambre civile. La première cartouche a même été déjà tirée.

Ce tirailleur impatient est notre confrère Mario Uchard. Son nom va marquer une ère nouvelle. On dira l'ère d'Uchard, comme on dit l'ère de Mahomet. Voilà l'auteur de l'*Oncle Barbassou* devenu prophète de la religion dont M. Naquet est Dieu. Ce dernier rayon manquait à sa gloire.

Donc il n'était pas assez large le fossé que dix-huit ans de séparation avaient creusé — l'élargissant chaque jour davantage — entre Mario Uchard et Madeleine Brohan! Si j'étais moraliste, j'y trouverais un thème à développements faciles sur ce qu'on est convenu d'appeler — par antiphrase sans doute — les mariages d'amour. Car ce fut un mariage d'amour l'union de ces deux êtres jeunes et beaux, qui, s'ils avaient été sages, s'en seraient tenus à la formule galante de Chamfort ou bien à celle plus naturaliste de Napoléon Ier. Mais je suis un simple conteur, et j'aime mieux vous esquisser ce petit roman parisien, qui commence en idylle et va finir en tragédie bourgeoise.

En ce temps-là — 1854 — Mario Uchard, qui s'entraînait pour les lettres dans le commerce des écrivains à la mode, était le compagnon inséparable d'Alexandre Dumas fils. Ils faisaient de la villégiature à frais communs, tous les étés, à Monte-Cristo — ce Vaux dont le Fouquet fut l'auteur des *Trois Mousquetaires*. En été, Dumas fils se trouva seul dans le fief paternel. Qu'était devenu Mario? Mario s'était marié!

Il était depuis quelque temps en relations galantes avec une jeune actrice de la Comédie, et n'avait d'yeux que pour elle. Un soir, ces yeux-là s'égarèrent sur Madeleine Brohan, qui jouait *Mademoiselle de la Seiglière*, et dont le talent, la beauté, la jeunesse battaient leur plein à ce moment-là. Ce fut le coup de foudre. L'inflammable Mario prit peur, et de six mois on ne le revit plus au théâtre. Mais on n'échappe pas à sa destinée ; ce qui est écrit arrive.

Il était écrit que le ténor Roger, ce fastueux artiste, donnerait, pendant le carnaval, en son hôtel du boulevard Rochechouart, une de ces fêtes travesties dont les Mémoires du temps ont laissé la description féerique. Celle de 1851 fut splendide entre toutes, et le comte de Viel-Castel y consacre un chapitre particulier. C'est même un des rares où la note satirique ne domine pas, et encore! La fête était turque. Les appartements, outre des bougies en grand nombre, recevaient leur lumière d'une infinité de petites lampes de couleur. Il y avait, loin du bal, une fumerie orientale, tapissée de nattes et meublée de divans très bas. Une salle de spectacle joignait la salle du bal, et une troupe de singes savants y déployait ses grâces sur un joli petit théâtre. Les costumes étaient beaux, presque tous exacts : c'était un fouillis de femmes de Smyrne, d'Alger, de Benarès et de Bagdad, de quoi reconstituer les *Mille et une nuits*. Quelques-unes avaient porté le scrupule de l'exactitude tellement loin, que leurs vêtements étaient plus nus que la nudité complète. Toutes sentaient le sérail non qu'elles eussent l'air d'y vouloir entrer, mais certainement elles en sortaient. Les rafraîchissements, les sorbets, les glaces étaient servis sur de grands plateaux d'argent, par des négrillons vêtus à la turque, conduits par un Turc à longue robe...

En habile impresario, Roger, chaque hiver, variait sa mise en scène. La turquerie de 1851, fut, en 1854, transformée en un bal de Porcherons. Mario Uchard, à qui sa puissante carrure permettait cette fantaisie, y parut en fort de la Halle. Dans le va-et-vient des salons, il croisa Madeleine Brohan, délicieusement costumée en madame Angot. Il n'y avait pas à s'en défendre. Notre amoureux, dont la flamme s'était subitement rallumée, ne l'essaya même pas. Il s'approcha de la belle et, lui tendant son chapeau fleuri de lilas blanc :

— Faites votre cueillette ! lui dit-il.

Madeleine prit une branche de lilas, la mit à

son corsage et, pendue au bras du galant, l'entraîna dans le tourbillon de la valse.

A la fin du bal, ils étaient fous l'un de l'autre. Ils s'épousaient à la fin du mois. Un an après, ils rompaient leur chaîne, librement, amiablement, en gens d'esprit, se promettant de rester les meilleurs amis du monde. Ce qu'ils ont fait.

Qui diable eût pu penser, après cela, que Mario, dans le feu de file du divorce, tirerait la première cartouche !

—

OSCAR II

9 août 1884.

Un après-midi de l'année 1861, j'allais rendre ma visite hebdomadaire à mon maître Alphonse Karr, dans sa jolie villa de Saint-Etienne, près Nice. L'auteur des *Guêpes* était en conversation avec un homme de haute taille, au front large et découvert, au teint de brique, à la barbe drue et d'un noir bleuâtre, à l'abord un peu rude, mais tempéré par la douceur du regard et la grâce du sourire. C'était le petit-fils de Bernadotte, alors prince héritier de Suède, roi, depuis 1872, sous le nom d'Oscar II, et notre hôte depuis deux jours.

Alphonse Karr voulut bien me présenter à Son Altesse, en ajoutant que j'appartenais au corps universitaire :

— Oh ! monsieur, me dit le prince, je suis

très épris de votre littérature, et si vous vouliez me faire l'honneur de venir en causer avec moi, de temps à autre, j'en serais bien heureux.

Je n'eus garde de décliner une invitation aussi flatteuse, et, dès le lendemain, eut lieu la première conférence avec le royal élève qui, je l'avoue à ma honte, en remontra sur bien des points à son professeur.

Le prince habitait la villa Bermond, sur la colline de Saint-Etienne, à deux portées de fusil de la maisonnette d'Alphonse Karr. Il y vivait de l'existence la plus bourgeoise, entre sa femme, la princesse Sophie de Nassau, et les trois enfants qu'il avait eus d'elle en quatre années de féconde union, partageant ses heures entre le jardinage et l'étude, compulsant d'énormes dossiers historiques ou taquinant la Muse qui le visitait, chaque soir, entre chien et loup.

Je revis le prince six ans après, à l'Exposition universelle, dans la section suédoise, où il figurait... comme exposant. Il avait eu l'idée ingénieuse de réunir en une bibliothèque élégamment reliée les œuvres des membres de sa famille — tous doublés d'un littérateur, d'un poète, d'un musicien ou d'un artiste — en commençant par son aïeul Bernadotte — Charles XIV — le chef de la glorieuse dynastie. Il y avait peut-être un peu de coquetterie — je ne dis pas de vanité — personnelle dans cette fantaisie de collectionneur, car Son Altesse avait fourni le plus volumineux contingent à la collection, et le plus remarquable. A côté de ses œuvres poétiques, telles que les

17.

Souvenirs de la flotte suédoise, les traductions du *Cid*, de Herder, et du *Tasse*, de Gœthe, figuraient ses discours académiques et ses grandes publications sur l'histoire militaire de la Suède de 1711 à 1713. Un bagage plus que suffisant, comme on voit, pour ouvrir toutes grandes les portes des cinq académies.

Un journal, en annonçant l'arrivée du roi de Suède « dans nos murs », insinue qu'il déteste la France et que toutes ses sympathies sont allemandes, même prussiennes. Prussien, le beau-frère du ce duc de Nassau dont la Prusse, en 1866, escamota la couronne ducale ! Prussien, le petit-fils de Bernadotte ! Prussien, le frère de ce Charles XV, qui, au lendemain de l'année terrible, dans les convulsions de l'agonie, s'écriait : « Je meurs de la mort de la France ! » Prussien, ce patriote serviteur de l'*idée scandinave*, qui, au moment de quitter son royaume pour quelques mois, le saluait de cette strophe brûlante de tendresse filiale : « O patrie bien-
» aimée, ô nourrice des âmes héroïques, reçois
» la foi et l'hommage de nos cœurs émus ! Cet
» amour que tu as allumé en nous flamboiera
» sans pâlir, dans les jours sereins du bonheur
» comme au milieu des sombres menaces de la
» tempête. Je me sens heureux d'habiter parmi
» tes fils, je me sens fier d'être nommé tien. Ton
» avenir rayonne comme une réponse à mes
» prières, et mes regards plongent avec respect
» dans les profondeurs de ton passé. » Prussien, ce poète, allons donc !

Non, Oscar II ne renie pas le sang français qui coule dans ses veines ; il n'oublie pas la formule que, le jour de son sacre, les hérauts proclamèrent *urbi et orbi :* « A présent, Oscar II est couronné comme roi de Norwège, *lui et nul autre* ! » Il sait quel ennemi traditionnel désigne ce *nul autre*, depuis Gustave-Adolphe et Charles XII, dont il s'est fait le pieux historien !

A propos de cette formule, il me revient une plaisante anecdote.

Lorsque Bernadotte fut couronné, il s'impatienta, paraît-il, en vrai général de Napoléon, de la longueur du banquet officiel, et quitta brusquement la table, après avoir à peine effleuré quelques mets. Les convives, par étiquette, durent en faire autant, et l'un d'eux, dans sa mauvaise humeur, dit assez haut pour être entendu :

— Le Roi a dîné, — *lui et nul autre !*

GEORGE SAND INTIME

10 août 1884.

Il y a des sujets qui sont comme certaines mines — jamais taris. A mesure qu'un filon s'épuise, d'autres s'ouvrent, plus abondants et plus riches. Ainsi les souvenirs de l'illustre femme, à qui l'on vient de dresser une statue.

Il semble qu'on ait tout dit sur George Sand, — il reste encore beaucoup à dire. Et tandis que mon collaborateur Giffard faisait son enquête sur place, je faisais la mienne auprès des trois personnalités littéraires qui furent le plus avant dans l'intimité de la « bonne dame de Nohant ». C'est ce carnet de notes *impersonnelles* dont je donne aujourd'hui la substance à mes lecteurs.

J'en élague tout ce qui pourrait avoir un parfum de déjà lu, me limitant aux particularités intimes, où seuls avaient accès les témoins familiers de sa vie.

En lisant n'importe quelle de ses œuvres, d'une structure si finie et si cherchée en apparence, il est impossible de se rendre compte de ses procédés de travail. Et c'est bien simple, de procédés elle n'en avait guère. Elle n'écrivait pas, au sens ordinaire du mot. Elle *se racontait* de la plume une histoire qui lui faisait plaisir. Pas d'autre objectif. De composition, pas l'ombre. Elle s'embarquait sur un point de départ, et improvisait ensuite, se souciant peu de savoir où ça la conduirait, par déduction, attrait, entraînement ou caprice. Elle allait, voilà tout.

Tout ce qu'elle accordait au métier, c'était de numéroter ses feuilles. Quand elle approchait du nombre qui constituait un volume, alors seulement elle se préoccupait de finir, de conclure, de dénouer.

Mais, à s'abandonner à la jouissance intellectuelle de n'écouter que sa fantaisie, il arrivait souvent qu'elle s'enfonçait dans un cul-de-sac dont il n'y avait pas moyen de sortir. Alors, sans mauvaise humeur, elle plantait tout là, et commençait autre chose, dans les mêmes conditions, c'est-à-dire sur un point de départ dont elle était éprise.

De cette incohérence, il s'ensuivait parfois, chez elle, d'étranges oublis. Un jour, un de ses fanatiques la rencontre.

— Ah ! chère amie, je viens de lire un de vos romans... quelle merveille de cœur, d'esprit et de grâce !... J'en suis encore tout remué !

— Vraiment ! Et lequel ?

— La *Famille Germandre*.

— Vous dites ?

Stupéfait de cette interrogation, l'ami lui rappelle les personnages et les principaux épisodes du roman.

— Oui, oui, je me souviens ! fit-elle. Voyez-vous, j'oublie vite les livres que j'ai tirés de mon imagination... je ne garde la mémoire que de ceux qui sont tirés de ma vie !

D'ailleurs, personne autant qu'elle n'a *vécu :* non de la vie réelle qu'elle semblait dédaigner, mais de la vie fictive, idéale. Amour, orgueil, fortune, renommée, joies de toutes sortes, elle a tout goûté..., uniquement en imagination.

Ce n'est pas qu'elle méprisât rien ni personne, Mais, à moins qu'on n'eût besoin d'elle, de son dévouement, de son affection, de sa bourse, choses et gens lui étaient *à côté*, suivant sa pittoresque expression.

Par un sentiment parallèle, elle avait horreur de la notoriété, et se complaisait dans l'ombre. A Palaiseau, c'est à peine si son nom était connu.

Peu de temps après son installation dans cette villégiature, Dumas fils vient la voir et s'enquiert de son logis. Mais partout il se heurte contre cette réponse invariable :

— Madame Sand ?... Connais pas !

Il entre enfin dans une boutique d'épicerie et poursuit son enquête :

— Attendez donc ! lui dit l'homme au tablier vert, ça ne serait-il pas cette bonne femme qui m'achète tant de papiers ?

— C'est cela même.

— Fallait donc le dire ! Tenez, c'est là-bas !

Dans le commerce usuel, un seul sentiment : bonté protectrice quand même, malgré l'ingratitude, malgré tout, — comme une soif, une fringale de *protéger*.

Pauvres, malheureux, coupables, imbéciles, voilà son affaire ! Elle ne s'arrête à rien : on geint, c'est suffisant, elle compatit. Ne lui dites pas qu'elle a tort, qu'on la dupe. Elle aime tout ce qui souffre, à tort ou à raison. Une seule inconséquence : elle exècre ceux qui sont ingrats envers les autres. Mais envers elle, il importe peu. Sa faculté dominante, irrésistible, essentielle, fatale, c'est la maternité étendue à tous les faibles.

Ainsi s'explique son républicanisme, qui n'était, en somme, que le masque de sa philanthropie. On m'a raconté qu'après le coup d'Etat, elle alla demander au prince président la liberté pour deux personnages arrêtés le 4 décembre.

— Qui sont vos protégés ? demanda le prince.

— Le premier est un brave garçon digne de votre clémence... un égaré !

— Voilà sa grâce... et l'autre ?

— L'autre est un républicain de la veille... Il vous hait... Si vous le relâchez, il ne vous en aura pas de reconnaissance, et sera toujours pour vous un ennemi !

— Irréconciliable ?

— Irréconciliable !

Le prince changea brusquement la conversation, et George Sand quitta l'Elysée, très inquiète sur le sort de son second client. Deux heures plus tard, elle le trouvait chez lui... libre.

Elle avait l'amusement facile, et il lui fallait peu de chose pour qu'elle admirât.

A La Châtre, une troupe ridicule jouait, deux mois durant, des vaudevilles parisiens. Il y en avait d'exécrables... N'importe ! elle était ravie... Et si l'on s'en étonnait :

— Eh ! eh ! disait-elle, avec cette bonne foi supérieure qu'elle apportait en toutes choses, je suis incapable de faire une chose pareille !

Parbleu !

Cette anecdote a son pendant, ou plutôt son envers :

Un soir, à la Porte-Saint-Martin, elle assistait à la représentation d'un drame ruisselant d'inouïsme et... d'ennui. Un de ses amis va lui rendre visite :

— Mes compliments ! lui dit-il, vous avez héroïquement subi deux actes, et vous ne me paraissez pas disposée à battre en retraite !

— Mon cher, répondit-elle nonchalamment, j'écoute toujours une pièce... Quand elle est bonne je la suis... quand elle est mauvaise, je la refais !

Ce sont là deux *mots*, et fort spirituels, il me semble. Cependant, George Sand passe pour n'avoir jamais eu d'esprit. Elle-même, en le répétant à qui voulait l'entendre, encourageait cette légende à laquelle trouvaient si bien leur compte son indolence et sa timidité.

Sur la demande de Dumas fils, elle avait invité Gautier, qu'elle ne connaissait pas, à venir passer une quinzaine à Nohant. Vingt-quatre heures après, le matin, Alexandre entre dans la chambre de Théo et le trouve en train de boucler sa valise :

— Comment ! tu pars ?
— Tout de suite !
— Et pourquoi ?
— Mon Dieu, les sympathies sont libres... mais je vois que je déplais à notre hôtesse...
— Tu plaisantes ?
— Pas du tout... Je suis ici depuis vingt-quatre heures... elle n'a pas encore soufflé mot !... Parce que je lui suis antipathique... Mais il était inutile de me faire venir de Paris pour...

Dumas ne fait qu'un bond jusque chez George Sand :

— Gautier part !
— Déjà !... Qu'est-ce qui l'y force ?
— Dame ! comprenez donc... depuis qu'il est ici, vous ne lui avez pas adressé la parole ! c'est gênant pour lui !...

— Vous ne l'avez donc pas prévenu que j'étais bête ! ! !

Et Gautier resta.

TROP DE PALMES !

17 août 1884.

Devant Tortoni, entre cinq et six heures. Quelques boulevardiers incorrigibles assistent, de cet observatoire, au défilé de ce qu'il reste de Parisiens à Paris. Un de nos plus brillants professeurs de Sorbonne s'est fourvoyé — *proh pudor !* — dans ce cercle de pestiférés, au mépris du cordon sanitaire. Je le nommerais bien, si je ne craignais de nuire à son avancement. Mais vous l'avez déjà reconnu, mesdames.

La conversation était des plus capricieuses et des plus ondoyantes, la diversité des promeneurs y introduisant, à chaque seconde, une note nouvelle, un élément nouveau. Notre sorbonien n'y prêtait qu'une oreille distraite. Son attention était ailleurs.

Tout à coup, je le vis tirer sa montre et l'entendis compter à mi-voix, en soulignant chaque nombre d'un léger signe de tête :

— Un, deux, trois, quatre, cinq, six, sept, huit, neuf...

A dix, il remit brusquement son chronomètre dans sa poche, et murmura :

— Parole d'honneur, c'est trop fort !

— Que comptez-vous ainsi ? lui demandais-je.

— Je compte, me répondit-il, ce qu'il passe, en quelques minutes, de boutonnières ornées du ruban violet sur ce point microscopique de Paris... Croiriez-vous que j'en ai compté dix de cinq heures vingt-cinq à cinq heures trente !

— Et ce n'est pas fini !... Tenez, ce gros garçon qui se dandine en roulant des yeux effarés, c'est un chanteur comme le Conservatoire en fabrique à la grosse... Il y a trois ans à peine, qu'il versait la goutte sur le comptoir d'un mannezinc ! On l'a fait officier d'académie !... Cet autre, à la barbe de fleuve, à la tournure pédante et maniérée, c'est encore un virtuose... Il *fait* Paris l'hiver, et l'été la province... Et, dans les salons où on se l'arrache, il place alternativement des romances sentimentales et des barriques de Bordeaux... Ceci fait avaler cela !... Officier d'académie !... Ce poussah, tout bouffi de suffisance, c'est un commissionnaire en marchandises, qui écume déjà le Tonkin, sans savoir au juste où ça se trouve !... Officier d'académie !... Ce vibrion papillonnant, c'est un échappé de la gamelle, qui s'est fait reporter, et qui professe pour la propreté le même dédain que pour l'orthographe !... Officier d'académie !... Et ceux-là ne sont pas les plus indignes ou, pour rester parlementaire, les moins méritants... Seul le *Bulletin de l'Instruction publique* pourrait dire ce que cet insigne banal amnistie et classe de déclassés de toute sorte, ramasseurs de bouts de cigare, ouvreurs de portières, distributeurs d'imprimés, batteurs d'estrade, escamoteurs, magnétiseurs et somnambules !

— Vous allez trop loin. Mais il est certain que l'abus existe, au grand dommage des membres de l'Université pour qui la croix d'officier d'académie était la suprême distinction et la récompense de longs et utiles services. Et comment expliquez-vous cet abus ?

— C'est avant tout un expédient politique. Aujourd'hui, on ne gouverne plus les hommes par les dîners, mais par les rubans. Le ruban violet est une pâture donnée à certains appétits, qu'il serait imprudent, au point de vue électoral, de ne point satisfaire. On ne s'est pas contenté de les satisfaire, on les a gavés ! D'où cette boulimie académique qui nous dévore. Un jour, ceux qui l'avaient fait naître, effrayés de leur œuvre, essayèrent de réagir. Eux aussi, comme vous, s'écrièrent : Trop de palmes. Mais on ne pouvait fermer cette soupape sans en ouvrir une autre, sous peine d'explosion. Et le doux Méline fut chargé d'ouvrir la soupape du Mérite agricole. Hélas, l'essai ne fut pas heureux. Cela vous avait un parfum de crottin et d'étable qui chatouillait désagréablement les narines de notre jeune démocratie. C'était bon, tout au plus, pour les maraîchers qui, d'ailleurs, en fait d'élections, ne sont pas une quantité négligeable. Et la boulimie académique recommença de plus belle à sévir.

— Mais quand tous les Français seront officiers d'académie, ce qui ne tardera guère.

— Que fera-t-on ? On fera des officiers de l'instruction publique. La chose est, du reste, en bon chemin. Tenez, pas plus tard qu'avant-hier, M. Gaudemar a vu ses palmes d'argent se changer en palmes d'or, son bout de ruban en rosette...

— Où prenez-vous Gaudemar ?

— Je le prends à deux pas d'ici, à l'Opéra-Comique, où il trône sur le rond de cuir de l'administrateur général. Gaudemar, c'est l'Opéra-Comique fait homme, c'est l'*alter ego*, le bras droit, l'ombre de M. Carvalho... tantôt devant, tantôt derrière, suivant la loi des ombres, mais toujours dans le rayon... Il faut marcher sur l'ombre pour arriver au corps... On ne comprend pas plus Carvalho sans Gaudemar, que Nisus sans Euryale, que Pythias sans Damon, que saint Roch sans son... ami ! Excellent homme, au demeurant, et serviable, et modeste ! Je suis bien sûr qu'il n'a pas plus intrigué pour avoir la rosette qu'il n'avait intrigué pour avoir le ruban.

— Il ne s'est pourtant pas accroché tout seul à sa boutonnière ?

— Presque. Un jour Gaudemar se trouvait en visite chez M. Rambaud, chef du cabinet du ministre des Beaux-Arts. Tout à coup, comme si quelque mouche l'eût piqué : « — Mais, Dieu me pardonne, s'écria le fonctionnaire, vous n'êtes même pas officier d'académie ! Est-ce possible ?

— Hélas ! monsieur, le vrai peut, quelquefois, n'être pas vraisemblable ! — C'est un oubli du ministre !... vous le serez demain. » — Et le lendemain il le fut.

— Il avait probablement d'autres titres que celui d'oublié ?

— Certes. Gaudemar est un ancien baryton qui fit, il y a quelques lustres, les beaux jours de la province. Il était incomparable dans l'*Ame en peine*, de Flotow, et les maris d'Avignon, sa ville natale, s'en souviennent encore ! Il barytonna longtemps dans une troupe où Hervé, qui ne cultivait pas encore l'opérette, ténorisait. Je les ai vus à Montpellier, jouant côte à côte, l'un Hector, l'autre le capitaine Roland, des *Mousquetaires*, l'un Hoël, l'autre Corentin, du *Pardon de Ploërmel*. L'auteur du *Petit Faust* était déjà le fantaisiste que nous avons connu ; le futur administrateur de l'Opéra-Comique était, au contraire, un artiste sérieux, ennemi des cascades, et que rien, en scène, ne pouvait distraire de son rôle. Un soir, ils jouaient ensemble le *Pardon*. Corentin-Hervé paria qu'au moment du grand duo du deuxième acte, tandis qu'Hoël-Gaudemar chanterait sa phrase, lui, Corentin, réciterait tout haut la fable de la *Cigale et la Fourmi*, sans qu'Hoël y prît garde !

— Et gagna-t-il son pari ?
— Haut la main !
— Ah ! vous m'en direz tant !

UN COUP DE BALAI

20 août 1881.

Ce matin, l'article de Grison m'a serré le cœur. La vie parisienne a de ces côtés honteux et misérables, de ces verrues putrides ! Il n'y faudrait toucher qu'avec des pincettes... Et si parfois nous y piquons notre plume, comme le chiffonnier pique l'ordure avec son crochet et le chirurgien les plaies avec son scalpel, c'est qu'il y a une question de salubrité publique supérieure à tous les dégoûts.

Ces verrues ne poussent pas uniquement dans les quartiers borgnes ; elles germent, comme des champignons vénéneux, en plein Paris. Les abords de la gare du Havre — pour ne citer qu'un coin — en sont infestés, le dimanche surtout, à l'heure où les trains du soir vomissent une population ivre d'horizons verts et d'air libre. Ils sont partis, le matin, en bandes, les petits employés et les petits commerçants, chercher, loin des bureaux obscurs et des boutiques sombres, l'illusion des campagnes lointaines et de la grande nature... à quelques kilomètres du boulevard. Ces prisonniers du travail ont vécu toute une journée d'une vie honnête et réconfortante. Le soir, ils rentrent heureux de s'être baignés dans une saine atmosphère et d'avoir entrevu, par delà les vertes percées des arbres, un lambeau d'azur. Et graves, pensant au dur labeur de demain, ils descendent sous la voûte de la gare, et s'écoulent, ceux-ci par le grand escalier, ceux-là par la rue d'Amsterdam, d'autres par la cour Boni...

Mais voici qu'une ombre passe, à la démarche paresseuse et traînante, puis une autre, puis une troisième... La femme se serre contre son homme, qui fait l'appel des petits : « Surtout, ne nous quittez pas !... » Et le va-et-vient des ombres continue... Parfois, elles s'arrêtent net, et font un signe... Parfois, avec des mots murmurés tout bas, elles tirent un passant par la manche... Différentes par la taille et par l'âge — il y a des gamines de quinze ans et des vieilles de cinquante — elles se ressemblent toutes, l'air de famille, quoi ! Toutes ont au visage le même cachet de triste misère et d'immonde corruption ; toutes sont pâles de la même poudre de riz frelatée, avec les lèvres rouges du même carmin vénéneux ; toutes ont les cheveux collés aux tempes, et, sur le front, des mèches folles ; toutes, sous leurs jupes légèrement retroussées, montrent des bottines à lézardes... Les unes ont l'air de jeunes garçons malsains, les autres de vierges tombées !

Elles passent... elles passent... et il en vient toujours... et, quand il n'y en a plus, il en vient encore ! Et les bonnes gens qui rapportaient au fond du cœur une provision de soleil pour la semaine, pressent le pas, s'évadent de ce sabbat sinistre, se demandant comment il se fait que le bon Dieu du Ciel ait mis, à côté de la belle nature en fête, le contraste de ces tristesses et de ces infamies !

Les étrangers et les provinciaux qui débarquent par les grandes lignes tombent, tout d'abord, dans cette Walkyrie fangeuse... Le premier contact qu'ils subissent, à l'arrivée, c'est le contact de ces sépulcres blanchis... leur première impression est celle d'un cauchemar, le cauchemar de la plus basse prostitution, de la plus effrontée, de la plus hideuse ! Le moins qu'ils risquent, c'est de laisser une basque de leur habit aux mains de ces pieuvres, *quærentes quem devorent !*

Et malheur à ceux qui se laissent séduire !... Ce n'est pas leur habit seulement qu'ils exposent, c'est leur montre, c'est leur portefeuille, et quelquefois leur peau, si les souteneurs, ce qui n'est point rare, se mettent de la partie. Tout honteux d'eux-mêmes, ils hésitent à faire connaître leur identité... Alors, timidement, ils s'adressent au patron de cette souricière qu'on appelle un hôtel garni... mais le patron, un forban patenté, qui pratique sur une grande échelle la traite des blanches, décline l'arbitrage, il s'en titre par : « Ça ne me regarde pas ! » ou par : « Qu'alliez-vous faire dans cette galère ? » et, en fin de compte, par : « Allez vous-en !... je ne veux pas de scandale chez moi ! » Le pauvre diable ose-t-il pousser la chose plus loin et requérir un sergent de ville ! Celui-ci se retranche derrière un invariable *non possumus !...* Quant aux commissaires... il y en a — c'est historique — qui répondent d'un ton persifleur : « Fallait pas qu'y aille... c'est bien fait ! »

C'est immonde ! Une honnête femme seule doit, au bas du perron même, hêler une voiture et y monter en fermant les yeux ; avec sa fille, elle doit baisser les stores. Heureuse si, partant à pied, elle n'est pas insultée par les filles, accompagnée par ce cri : « Eh ! va donc, poseuse ! » et si, par surcroît, elle ne tombe pas dans une bataille de souteneurs ! Ah ! c'est gai de rentrer le soir par la gare Saint-Lazare !

Et pourtant, ce mot « Saint-Lazare », suspendu sur la tête de ces créatures, devrait leur donner à réfléchir. Mais bah ! la police le sait, et elle ne peut rien, comme dans la *Muette*. Tout le quartier proteste, les commerçants écrivent à qui de droit lettres sur lettres, réclamations sur réclamations. De temps à autre, on fait une rafle ! Mais les phénix renaissent éternellement de leurs cendres !

Au nom des honnêtes femmes qui vont à pied, nous demandons un coup de balai là-dedans, mais un coup de balai sérieux, définitif !

Après une bonne journée de grand air, de gai soleil, de rivière presque limpide, on n'est pas pressé de retourner à l'égout.

LE DERNIER ROI DE BADE

23 août 1884.

Il y a des articles qui sont comme des pressentiments.

L'autre jour, Albert Wolff, faisant un retour mélancolique sur le passé, évoquait les grands jours de Bade et les années heureuses où, dans cet Eldorado devenu la succursale du Boulevard, les Parisiens retrouvaient leur Paris, rehaussé de tous les raffinements d'une hospitalité princière.

Or, à l'heure même où paraissait cet article, l'homme qui, le dernier, exerça cette hospitalité fastueuse, le dernier « roi de Bade », Émile Dupressoir, s'éteignait obscurément, sans que Wolff se doutât qu'il prononçait son oraison funèbre.

Il me sera bien permis — sans la refaire — de consacrer quelques lignes de souvenir à ce galant homme, dont je n'oublierai jamais — pour en avoir reçu de nombreux témoignages personnels — la courtoisie parfaite et la cordiale affabilité.

C'est en 1867 que Dupressoir recueillit, à Bade, l'héritage d'Edouard Benazet, deuxième du nom, celui qu'on avait surnommé Louis XIV. Il s'était préparé, par un long apprentissage, à l'exercice du pouvoir. Depuis plusieurs années déjà, Benazet ne régnait guère qu'en monarque oriental, c'est-à-dire d'une façon occulte. Il décrétait du fond de ses appartements, et Dupressoir était l'exécuteur de ses décrets, — et pas seulement l'exécuteur, mais aussi l'inspirateur, à la fois le bras et la tête, *manu et consilio*, — une sorte d'Eminence grise. Il fut pour moitié dans toutes les grandes initiatives qui firent de Bade la reine des villes d'eaux, entre autres dans l'organisation de ces magnifiques chasses d'hiver où toutes les aristocraties — naissance, arts et lettres — furent conviées. C'est encore grâce à lui que le théâtre bâti par Benazet put aller de pair avec les premières scènes du monde, et que les ouvrages inédits des auteurs et compositeurs en vogue alternèrent, chaque saison, avec les chefs-d'œuvre consacrés. On y avait tous les ans la primeur d'une comédie ou d'une opérette — voire d'un opéra — que nous applaudissions ensuite à Paris, aux abords de décembre. Ces répétitions générales étaient un gros événement, et l'arrêt rendu par ce public cosmopolite, composé de la fleur de tous les publics, était rarement cassé par le public de la première.

Le chant du cygne fut, il m'en souvient, la *Princesse de Trébizonde*, de notre cher Offenbach. Désiré, Berthelier, Bonnet, MMmes Peschard, Thierret, Raymonde et Fonti furent les créateurs acclamés de cette œuvre exquise. Où sont-ils ? Où sont les neiges d'antan ? Mort Offenbach ! Mort Désiré ! Morte Mme Thierret ! Mme Peschard a quitté le théâtre; la jolie Raymonde — toujours jolie, quoiqu'un peu grasse, n'est plus qu'une actrice intermittente; la brune Emilia Fonti s'est réfugiée, les uns disent dans le mariage, les autres dans le cloître. Seuls, Berthelier et Bonnet sont toujours sur la brêche — mais ils n'iront plus à Bade, les lauriers sont coupés !

Entre tant de qualités précieuses, Dupressoir avait un vice déplorable... chez un fermier de jeux : il était joueur comme les cartes. La roulette et le trente et quarante exerçaient sur lui la fascination du boa sur un oiselet. Mais comme il eût été d'un fâcheux exemple de jouer contre son propre capital, il cherchait, en dehors du Kursaal, d'autres exutoires à son vice. Il fut, pendant plusieurs années, un des « quatre » de la fameuse table de dominos, en permanence dans l'allée des boutiques, et dont les « trois » autres étaient Auguste Villemot, Dantan et M. Wingle, de Strasbourg. La partie, sans être meurtrière, n'était pas sans risques ; on y faisait, au cours de la saison, des différences assez sensibles. C'est ce qu'indiquait spirituellement Villemot lorsqu'à Villemessant qui lui demandait : « Depuis quand êtes-vous à Bade ? » il répondit : « Attendez donc... depuis deux mille francs ! »

Quand la tentation de l'inverse ou du numéro plein devenait trop violente, Dupressoir s'y dérobait par la fuite. Il fallait alors lui chercher un remplaçant à la table de dominos. Mais aucun de ses partenaires ne se préoccupait de ses fugues périodiques. On savait qu'il tirait une bordée vers Ems, ou vers Wiesbaden, ou vers Hombourg, et que, constamment malheureux et déveinard, il engraissait de ses deniers les entreprises rivales.

Parfois, à Bade même, il arrivait à mettre d'accord sa conscience et son incurable passion. Quand des étrangers de marque arrivaient au Kursaal, il les accueillait avec sa bonne grâce habituelle et leur faisait les honneurs de chez lui. Puis, quand il les avait astucieusement amenés près de la roulette : « Vous ne me semblez pas, leur disait-il, bien comprendre la marche du jeu... Vous allez voir... c'est bien simple ! » Et, sous prétexte de démonstration, il se mettait à ponter avec rage, jusqu'à ce que, décavé de fond en comble, il tirât sa révérence aux visiteurs ahuris !... Ne trouvez-vous pas bien originale cette manière de donner une leçon... en payant le cachet ?

Tant va la cruche à l'eau qu'à la fin... la source se tarit. Quand éclata la guerre de 1870, elle était tarie aux trois quarts, cette source que l'aveugle Dupressoir croyait inépuisable. Et le jour où les jeux furent supprimés en Allemagne, il ne lui restait plus que quelques épaves des douze cent mille francs gagnés en deux saisons. Ce fut un coup terrible. L'âge, en venant, avait refroidi son ardente activité. Il tomba de l'action dans le rêve, et se mit à rouler dans sa cervelle toutes sortes de projets chimériques, Kursaals babyloniens, Casinos léviathans, bâtis — sur le papier — dans toutes les contrées du monde, en Espagne surtout, hélas ! Viandes creuses que tout cela ! Et il fallait vivre ! Un moment, il crut avoir désarmé la fortune. Des capitalistes naïfs, qui en étaient encore au Dupressoir d'avant la guerre, se laissèrent gagner par sa superbe conviction, d'où il tirait certains effets d'éloquence,

18.

et l'aidèrent à fonder, 6, boulevard des Capucines, dans les anciens locaux du Crédit lyonnais, le Cercle international, plus connu sous le sobriquet de Péloponèse. Mais avec ses habitudes de nabab fastueux, il fit une telle brèche à son capital pour parer, orner, pomponner cette création de son génie, qu'au bout de quelques mois de fonctionnement la machine s'arrêtait faute de combustible, et que le Cercle international serait mort de mort violente si le Cercle de la Presse n'était venu, fort à propos, lui donner le renfort de sa prospérité.

Je rencontrai Dupressoir peu de temps après cette première déception. Il avait toujours sa démarche cavalière de chasseur d'Afrique, sa moustache et ses cheveux taillés en brosse — d'un trop beau noir pour être sincère. Mais la taille s'était épaissie, les épaules s'étaient voûtées, et il traînait la jambe visiblement. Je crus devoir risquer quelques mots de condoléance :

— Ah ! mon cher, me dit-il, c'est un bien pour moi que le Cercle international n'ait pas réussi ! Ça va me permettre de mener à fin ma grande affaire...

— Votre grande affaire ?

— Eh ! oui, vous savez bien, le casino d'Andorre !... J'ai la concession... Les ingénieurs dressent les plans et les devis... Très prochainement, vous aurez de mes nouvelles... car je ne vous oublie pas !

Deux mois plus tard, nouvelle rencontre.

— Eh bien ! lui demandai-je, ce Casino ?

— Ah! mon pauvre ami, les ingénieurs m'ont découragé... Il fallait faire des routes, percer des montagnes, créer des voies de communication à travers un pays inaccessible !... deux existences d'homme n'y auraient pas suffi !... Et je me fais vieux ! mais j'ai mieux que cela...

— Pas possible !

— Sans comparaison. J'ai sollicité du gouvernement turc la concession d'une ferme de jeux à Constantinople... Il m'a refusé...

— Et alors ?

— Refusé... dans la ville même... mais en mer, à bord d'un bâtiment, j'ai carte blanche... Pardon du jeu de mot !... La roulette flottante !... Le navire-kursaal ! C'est une idée qui ne serait pas venue à tout le monde !

— Certes !

De longs mois s'écoulèrent avant que je revisse Dupressoir. Il m'apprit, cette fois, que le navire-kursaal avait fait naufrage, mais que l'île de Ceylan allait ouvrir à ses conceptions géniales ses ports hospitaliers.

Le trente et quarante à Ceylan ! C'était le coup de grâce ! Le malheureux ne devait pas s'en relever. Il aurait pu prendre ses invalides à Monaco. Mais on demandait à ce pauvre corps sans moelle un effort qu'il ne pouvait plus fournir. Et il s'en est allé mourir à Bade, parmi les souvenirs de son ancienne fortune, et dormir son dernier sommeil sur les bords de cette jolie rivière de l'Oos qu'il a tant aimée.

Paix à sa cendre !

NOCE DE TOUS LES... MÉTAUX

26 août 1884.

Si Grivot, l'excellent trial de l'Opéra-Comique, avait été, comme ses camarades des deux sexes, piqué de la tarentule épistolaire; s'il avait cédé, comme eux, à la tentation d'embellir de sa prose certains journaux hospitaliers, — la jolie page qu'il aurait eu l'occasion d'écrire !

Mais Grivot est modeste; il connaît le proverbe : *Ne sutor ultra crepidam !* ou peut-être seulement sa traduction française : Savetier, fais ton métier! Il sait qu'écrire et chanter font deux, et qu'il est sage de laisser aux mères les enfants, aux rosiers les roses et aux journalistes les journaux.

Ce que d'autres auraient écrit, Grivot, qui, du reste, est un très joli conteur, me l'a très joliment conté, — et je me borne à le transcrire.

Comme tous ceux de sa profession, qui peinent dix mois de l'année dans l'air énervant des coulisses et la vapeur asphyxiante du gaz, Grivot est fanatique de la campagne. Mais il aime la campagne pour elle, pour le grand repos qu'on y goûte, pour la paix profonde qui s'en dégage, et pour la santé physique et morale dont on y fait provision. C'est pour cela que, fuyant les villégiatures bruyantes, où, sous la verdure brûlée de quelques arbres rabougris, on retrouve toutes les fièvres et toutes les excitations parisiennes, il va passer ses vacances sur la lisière de cette adorable forêt de Fontainebleau, si pleine de fraîcheur, de silence et d'ombre — la terre promise des rêveurs, des artistes et des amoureux.

Connaissez-vous By, près Thomery, — le Chanaan où les chasselas mûrissent ? Les gens de By pouraient s'appeler les Bydards, car, en aucun endroit, la vie n'est plus heureuse, plus ensoleillée. Grivot est de ces Bydards-là, de juillet à septembre. La maisonnette qu'il habite est mitoyenne de celle qu'habite Rosa Bonheur ; les deux artistes vivent en relations d'excellent voisinage, et, aux heures de travail, quand l'un pioche ses rôles et que l'autre esquisse quelque belle vache pensive, il s'établit de l'un à l'autre une sorte de courant harmonique, et le piano, touché d'une main discrète, rythme et cadence les mouvements du pinceau.

By, du reste, est le centre d'une petite pépinière artistique. Grivot n'a que quelques pas à faire pour aller à Bois-le-Roi fraterniser avec Olivier Métra, et, un peu plus loin, à Nemours, avec Dupuis, du Vaudeville, Bressant et Geffroy, de la Comédie-Française, M. et madame Lagrange, du Gymnase, et Chollet, l'illustre créateur de *Marie*, de *Zampa*, de la *Fiancée*, des *Deux Nuits*, du *Postillon de Longjumeau*, du *Brasseur de Preston*, de *Fra Diavolo*, etc., près duquel il retrouve les grandes traditions, aujourd'hui perdues, de l'opéra-comique.

Or, l'autre jour, c'était fête dans la région, et

fête triplement carillonnée. L'église paroissiale de Fontainebleau, toute illuminée et toute fleurie, offrait un spectacle bien rare par ce temps de concubinage légalisé sous le nom de mariage civil. Le joyeux trial de la salle Favart y mariait sa nièce, une enfant blanche et rose, tandis que les père et mère de la fiancée célébraient leurs noces d'argent, et que ses père et mère à lui, Grivot, célébraient leurs noces d'or. Savez-vous rien de plus attendrissant que ces deux couples, l'un septuagénaire, l'autre sexagénaire, demandant à Dieu la consécration d'un demi-siècle et d'un quart de siècle de bonheur, passant un nouveau bail devant son ministre, et montrant au couple novice les étapes de la vie heureuse ? Savez-vous rien de plus poétique que ce Printemps, cet Automne et cet Hiver, agenouillés côte à côte aux pieds de Celui qui fait les printemps féconds, les automnes savoureux et les hivers robustes ?

Puis, on a lunché, comme on lunche à la campagne, à belles dents, non du bout des lèvres ; puis, par un beau soleil, on s'en est allé, dans des carrioles — qui valent bien des landaus — faire à travers la forêt — qui vaut bien le bois de Boulogne — le circuit traditionnel. Et le soir on a dansé, et les vieux ont ouvert la danse, et, la danse finie, l'Hiver et l'Automne ont fait la conduite au Printemps, tandis que les violons attaquaient en sourdine le *Bras-dessus, bras-dessous* de Judic, et le mélancolique *Souvenez-vous en* de M. et Madame Denis !

Je sais des gens que ce récit fera sourire. Moi,

quand Grivot me l'a conté, je ne sais pourquoi, mais je me suis senti tout chose.

LE PLANTON NOIR

28 août 1884.

Je revenais hier de Saint-Germain avec un de mes vieux camarades récemment libéré du service. A la station de Rueil, il mit la tête à la portière et fit flamber son cigare, pantomime destinée à tenir en respect les « personnes du sexe » réfractaires à la fumée de tabac. C'était sans doute le cas d'une dame en grand deuil qui s'apprêtait à violer notre tête à tête, car elle recula d'horreur devant une bouffée magistrale, et s'élança dans un compartiment voisin.

Je n'avais fait que l'entrevoir à travers la glace, mais mon compagnon s'était trouvé presque nez à nez avec elle, et, comme si les yeux de la voyageuse eussent été des revolvers, il fit un bond en arrière et s'écroula sur la banquette, en murmurant :

— Dieu me pardonne !... C'est le planton noir !

— Le planton noir ! m'écriai-je, violemment intrigué, quelle est cette énigme ?

— Une énigme, en effet, mais dont on ne saura jamais le mot.

— Bast ! en cherchant bien .. à deux, peut-être !

— Je vous vois venir... Vous flairez là-dessous quelque bonne histoire pour le *Figaro*... mais je vous préviens qu'elle n'est pas gaie.

— Cela m'est bien égal, pourvu qu'elle soit intéressante.

— Oh! je vous en réponds!... Jugez-en.

— Mon lieutenant, vous avez la parole!

. . . .

. . . .

Vous vous rappelez, sans doute, commença mon compagnon, le brave colonel Le Perche, dont on a célébré le bout de l'an il y a quelques jours... Le *Figaro*, lorsqu'il mourut, l'année dernière, lui tressa des couronnes bien méritées. C'était un fier soldat, un type accompli de loyauté, d'honneur et de bravoure. Et pourtant, dans cette vie pure et limpide, ouverte à tous les regards comme une maison de verre, il y avait un recoin obscur, mystérieux où jamais œil profane n'a pu pénétrer.

Il y a bien longtemps de cela, nous étions à Montargis. Je venais d'être nommé sergent, et je commandais pour la première fois la garde de police. Une femme, toute de noir vêtue, grande, élancée, le visage emmitouflé d'une épaisse voilette, se présente à la porte du quartier.

— Le sergent de garde? demanda-t-elle.

Je m'avançai.

— Le colonel Le Perche est-il à la caserne?

— Non, madame.

— Où croyez-vous qu'il soit?

— Chez lui, sans doute.

Elle eut un geste de désappointement, et, sans mot dire, elle tourna les talons.

Mon caporal de consigne, un vieux brisquard, fit entendre un grognement sourd et, me tirant par la manche :

— Sauf votre respect, sergent, me dit-il, m'est avis que vous allez être mal dans les papiers du colonel...

— Et pourquoi donc ?

— Pour avoir dit à cette particulière qu'il était chez lui.

— Il ne fallait donc pas ?

— Cette bêtise !... c'est le planton noir !

— Hein ?

— Vous ne savez pas ?... C'est juste, vous êtes encore un « pierrot !... » Mais as pas peur !... vous la reverrez, et on vous dira la chose !... Pour lors, il n'y a pas de mal... Le sapeur a des ordres... il ne la laissera pas monter !

En effet, le lendemain, le colonel, en entrant au quartier, me jette un regard de dogue... A vingt pas derrière lui venait le sapeur, et, dans l'ombre du sapeur, le spectre de la veille... Je compris alors ce sobriquet de planton noir. J'arrêtai la dame à la porte.

— C'est bien !... murmura-t-elle, j'attendrai !

Et, ramenant son voile, elle se mit en faction à quelques pas de la guérite. Au moment où le colonel sortait, le rapport fini, elle s'effaça derrière la « niche à Fidèle » ; puis, emboitant le pas, elle suivit à distance, de front avec le sapeur.

. . . .
. . . .

Le train stoppait à la station d'Asnières. Une ombre noire glissa le long de notre compartiment et jeta sur nous au passage un regard inquiet, souligné d'un sourire sardonique. C'était le planton noir. Nous le vîmes se diriger lentement vers la sortie des voyageurs, puis se perdre dans la foule.

— Enfin ! fit mon compagnon avec un soupir de délivrance... J'éprouvais un véritable malaise à sentir ce revenant dans mon dos !

Et, comme le train se remettait en marche, il continua son récit.

. . . .
. . . .

A quelques années de là, j'étais sous-lieutenant et j'allais en permission. En entrant dans la gare, j'aperçus le colonel au guichet. Il le quittait à peine quand le planton noir s'y précipita et, jetant un billet bleu sur la tablette :

— Une première pour... où va ce monsieur ! demande-t-elle fiévreusement.

Ce n'était plus le hussard, c'était le colonel persécuté !

Plus tard, enfin, alors qu'il tenait garnison à Paris, nous causions ensemble au coin de la Chaussée-d'Antin et de la rue de la Victoire. Tout à coup, je vis son front se crisper, et, suivant la direction de son regard, j'aperçus, sur le trottoir d'en face, le planton noir, immobile, les bras croisés.

— C'en est trop ! gronda le colonel... Mon cher, allez, je vous prie, me chercher un sergent de ville !

Cinq minutes après, Le Perche, le planton noir et moi, nous étions au commissariat, rue de Provence. Et là s'échangea le dialogue suivant entre la « victime » et son « bourreau » :

— Voilà vingt ans que madame me suit comme mon ombre !... J'entends faire cesser cette obsession !...

— Je ne fais aucun mal à monsieur... Je ne lui parle ni ne l'approche jamais... La rue n'est-elle pas à tout le monde ?

Que répondre à cela ? Le colonel sortit exaspéré... Mais, à la porte du commissariat, il fut rejoint par le planton noir, et j'entendis cette « implacable » lui murmurer à l'oreille :

— Toujours !... toujours !... jusqu'à la mort !

Et elle tint parole !... C'est le planton noir qui jeta la dernière poignée de terre sur le cercueil du malheureux Le Perche !... Et je ne suis pas bien sûr qu'elle n'y ait pas mêlé quelques cailloux !

Quelle est cette femme ? Personne ne l'a jamais su. Quelle fatalité l'avait rivée, remords vivant ou scie obstinée, aux flancs du colonel ? Il y a là-dessus cent légendes de caserne toutes plus romanesques les unes que les autres... Un seul homme peut-être pourrait dire la vérité, c'est le parrain de Le Perche, le brave général Bourbaki... Mais, si vous l'interrogez, je doute fort qu'il vous réponde !

. . . .
. . . .

Pauvre colonel Le Perche !... Comme il a dû savourer l'amertume poignante du sonnet d'Arvers :

> Ma vie a son secret, mon âme a son mystère...

UN JOLI DÉBUT

29 août 1884.

Il y a quinze ans — dix-huit peut-être — à huit heures du soir, un train omnibus, venant de Paris, entrait en gare de Bourges.

On était en décembre. Il faisait grand froid. Une jeune fille, presque une enfant, descendit d'un wagon de troisième classe, les lèvres bleuies, toute grelottante sous sa pauvre robe d'indienne et sous son méchant mantelet de mérinos. Elle s'achemina lentement vers la sortie, puis, arrivée sur la place où scintillaient, à travers le brouillard, les lanternes des omnibus, elle jeta de tous côtés un regard de détresse, et, ne voyant pas sans doute la personne qu'elle attendait, ou plutôt qui devait l'attendre, elle s'assit sur une borne et se mit à pleurer.

Sur le perron, un gendarme se promenait de long en large. Cette pantomime suspecte attira son attention. Et, s'approchant de la voyageuse, qu'il prenait pour une mendiante :

— Faudrait voir à déguerpir ! lui dit-il brusquement.

— Ah ! gendarme, s'écria la fillette en s'essuyant les yeux, c'est le bon Dieu qui vous envoie !

— Ce n'est pas le bon Dieu, c'est ma consigne !

— Eh bien ! que votre consigne soit bénie !... Pourriez-vous m'indiquer le café-concert ?

— Ous qu'on sert ?. . ous qu'on sert ?... Ah ! bon !... voyez-vous ce café là-bas, en face ?... on vous y servira tout ce que vous voudrez...

— Ça ne serait pas de refus, car j'ai le ventre d'un creux !... mais vous faites erreur, gendarme, sauf votre respect !... Il s'agit du café-concert... où l'on chante.

— Bizarre !... Connais pas !... Et, comme ça, vous chantez ?

— Oui, gendarme .. Je viens de Paris où j'ai signé mon engagement...

— Votre engagement ?... Bizarre !... Comme vivandière, alors ?

— Non... comme chanteuse.

— Drôle de régiment !... Hum ! tout cela n'est pas clair !... Exhibez votre feuille de route.

— Voici, gendarme !

— Qu'est-ce que c'est que ce grimoire-là ?... « Entre les soussignés X..., directeur du café-concert de Bourges, et mademoiselle Léonore. » C'est-y vous, Léonore ?

— Personnellement.

— Joli nom, ma foi !... Léonore... mais attendez donc... fectivement, ça se chante...

Léonore, mon amour brave,...

— Bravo, gendarme !... nous avons aussi...

Ma Léonore, adieu !

— Connais pas !... De moins en moins clair !... Votre âge ?
— Quinze ans.
— Quinze ans !... Et vous chantez déjà ?
— Vous n'avez pas l'air d'en être convaincu. Vous vous dites : c'est une vagabonde qui se f... iche de l'autorité ! Faites donc une chose... escortez-moi jusqu'au café-concert, et, si je vous ai menti, je suis votre prisonnière !
— Ça va !... La gendarmerie française est toujours heureuse quand elle peut accorder ce qu'on doit au sexe avec le devoir !... En route, mauvaise troupe ! Mais, sapristi ! Votre fourniment me paraît bien léger pour la saison !
— Gendarme, vous avez raison ! fit la petite dont les dents claquaient et dont le sang gelait dans ses veines.
— Alors, introduisez-vous là !

Et Pandore entr'ouvrit son vaste carrick, dans les profondeurs duquel Léonore se blottit sans méfiance, comme un oiseau frileux.

Ils allaient. Combien de temps allèrent-ils ? L'enfant ne pouvait s'en rendre compte. Mais la route lui parut d'un long !... Bourges était donc une bien grande ville !... Ce qui la frappait et l'effrayait presque, dans sa chaude prison, c'était le silence ambiant. Bourges était donc une ville morte !... Et ils allaient..., et la route s'allongeait sans cesse, et le silence grandissait toujours !... L'enfant ne tremblait plus de froid, et voilà qu'elle tremblait de peur !... Le singulier gendarme !... Pour qui ces bruyants soupirs qui gonflaient son uniforme ? Pourquoi ces étreintes passionnées ?... Et que faisait là cette main curieuse dont elle sentait la chaleur sous le gant de buffle ? La petite n'était pas très experte en tactique amoureuse, mais, à quinze ans, on devine ce qu'on ne comprend pas, et elle devinait que, dans le cœur du guerrier, Vénus était en train de supplanter Bellone ! Tout à coup, elle se sentit enlevée de terre... Dans ce mouvement, sa tête émergea du carrick, et elle vit qu'ils entraient dans un chantier désert, hors de portée de toute assistance humaine.

— Mais, gendarme, cria-t-elle en se débattant, nous ne sommes pas au café-concert !

— Non, ma toute belle, nous sommes à Cythère, et Mars y vient faire un bout de causette avec Vénus !

Cette mythologie mit le comble à l'épouvante de Léonore. Elle se sentit perdue. Appeler ?... Une main de fer s'était posée sur sa bouche. Résister à ce colosse ? Il n'y fallait point songer... Soudain, elle eut une inspiration qu'on peut qualifier de providentielle.

— Voyons, gendarme, articula-t-elle à travers son bâillon, ce n'est pas gentil ce que vous faites-là !... Est-ce ainsi qu'on s'y prend avec le sexe ?... Fi! le vilain brutal ?... Est-il besoin d'employer la violence quand on ne demande qu'à s'entendre ?

— Quoi !... vraiment; vous consentiriez ? balbutia Pandore, ahuri.

— Lâchez-moi d'abord, nous causerons ensuite.

Les bras du géant se détentirent. Prompte comme l'éclair, Vénus se dégagea; et, cinglant de sa petite main la face rougeaude de Mars, elle lui dit avec l'accent et le geste intraduisibles de Gavroche :

— On t'en paiera des rosières, mon fiston !

Puis, prenant ses jambes à son cou, elle s'élança d'une course folle à travers la campagne.

Pandore, furieux d'avoir été joué par une gamine, se mit en devoir de la rattraper. Mais la partie n'était pas égale. D'ailleurs, il réfléchit qu'il avait tout à redouter d'un esclandre, et que, si le poète latin n'avait pas prévu la métamorphose d'un gendarme en satyre, le Code, lui, l'avait prévue. Aussi, la fâcheuse vision du Conseil de guerre hantant son timide cerveau, se résigna-t-il à rejoindre la caserne. En quoi tous les gens raisonnables trouveront qu'il agit sagement.

Et Léonore courait toujours ! En quelques minutes de cette allure, elle atteignit les premières maisons de la ville. L'idée ne lui vint pas de demander son chemin, tant elle avait peur de retomber sur un autre gendarme. Bravement, elle s'engagea dans un dédale de rues étroites et maigrement éclairées. Tout à coup, en débouchant sur une petite place, elle aperçoit, au-dessus d'une large porte vitrée, un cordon de gaz et ces deux mots : *Café-Concert*, écrits en lettres lumineuses. C'est bien là. Sur une des vitres, une grossière affiche à la main est collée avec quatre pains à cacheter. Elle lit :

CE SOIR

DÉBUTS DE Mlle LÉONORE

(*Genre Thérésa*).

Elle entre, enfile un couloir obscur et tombe comme un boulet dans la loge du directeur :

— C'est moi ! s'écrie-t-elle gaiement, bonsoir la compagnie !

— Ah ! bien, gronde le limonadier, vous en prenez à votre aise !

— Il fallait m'attendre à la gare, comme c'était convenu, il y a belle lurette que je serais là !

— Madame a peut-être besoin de gardes du corps !

La conversation allait tourner à l'aigre, quand, par la galerie conduisant à la loge directoriale, monte une sourde rumeur. Dans la salle, le public hurlait, sur l'air des *Lampions* :

— Léonore ! Léonore ! Léonore !

— Vous entendez! fait le directeur, c'est vous qu'ils réclament! Les brutes vont tout chambarbarder!... Vite, en scène!

— Comment! en scène! Vous ne voyez donc pas comment je suis faite?

— Je m'en bats l'œil!... Je ne veux pas qu'on ferme mon établissement!... Allons, en scène!... et plus vite que ça!

— Alors faites une annonce!...

— On la fera, mais, au nom du ciel, dépêchez-vous!

Pendant qu'on faisait l'annonce, Léonore s'aperçoit qu'elle a perdu, dans sa course folle, un de ses talons, et que, pour compléter son aventure mythologique, elle boitait comme Vulcain. Elle arriva clopin-clopant devant le trou du souffleur, et c'est d'une voix tremblante qu'elle entonna :

J' n'suis pas un' fill, j' suis un garçon!

Elle eut un succès fou! Bourges avait son étoile!

— Eh bien! demanda-t-elle au directeur quand elle l'eut rejoint dans sa loge, êtes-vous content!

— Peuh!

— Mâtin!... Vous êtes difficile!... Voyons, qu'est-ce qu'il y a?

— Il y a que vous m'avez trompé!

— Non, je rêve!

— Pas moi. Vous ne m'aviez point prévenu que vous étiez boiteuse!...

— Cette farce!... Si je boite, c'est qu'il me manque un talon... Regardez plutôt?

— A d'autres!... Il y a tromperie sur la marchandise engagée!

— Marchandise!... Insolent!

— Pas tant de paroles! L'engagement est nul... Je vous donnais trois francs par soirée... Je réduis à quarante sous... Et je suis bon prince!

— Quarante sous!

— C'est à prendre ou à laisser!

Elle prit.

La Léonore d'il y a quinze ans, dix-huit peut-être, s'appelle aujourd'hui madame Bonnaire.

Et si j'ai raconté le roman de ses débuts, c'est qu'elle débute, ce soir même, au Concert-Parisien.

A ceux qui demanderont pourquoi cette originale artiste quitte l'Eldorado, le caissier du Concert-Parisien répondra qu'elle a pour cela *cent cinquante bonnes raisons*... par jour.

Excusez du peu!

SEPTEMBRE

MONOLOGUE-MORBUS

2 septembre 1884.

Le bruit ayant couru, l'autre jour, que Coquelin cadet était gravement malade, je me suis transporté de ma personne au domicile du sympathique comédien. Mais j'ai trouvé visage de bois : une consigne inflexible interdisait à tout visiteur l'accès de son lit de souffrance.

L'établissement d'un cordon sanitaire, par ce temps de menaces épidémiques, justifiait les plus noires suppositions. Et je voyais déjà, dans mes cauchemars, l'affreux microbe inaugurant par ce pauvre Cadet la série de ses exploits parisiens, quand j'ai reçu tout à l'heure cette lettre rassurante :

« Mon cher Parisis,

» Grâce à Dieu, non, je ne suis pas malade, mais je le deviendrais infailliblement, si je n'employais les mesure prophylactiques dont vous avez été victime, à mon grand regret.

» Ah ! cher ami, que le sort ne fasse jamais de vous un monologueur ! On ne vit plus... on est pourchassé, comme un lapin, par les monologuistes qui ne prennent en pitié ni votre fatigue, ni vos préoccupations quotidiennes, ni les rôles à creuser, ni les parents à recevoir, ni les héritages à recueillir !... Depuis que mon frère et moi nous sommes livrés à ce Minotaure qui s'appelle Monologue, il nous prend chaque jour un morceau de notre chair. Il faut remercier la Providence qui nous laisse encore assez de nous pour pouvoir, avec *ce reste* de nous, faire notre service à la Comédie-Française !

» Oh ! les monologuistes !... Ici, c'est un monologuiste anglais qui nous envoie un récit humoristique en anglais, avec prière de le faire traduire... On court après un traducteur qui n'est pas chez lui... on attend des semaines avant d'avoir l'objet en français... on lit... c'est ignoble !... oh !... on fait alors écrire en anglais, en Angleterre, au monologiste anglais, une lettre polie où l'on déclare — on est bien élevé — que son récit est un chef-d'œuvre anglais, mais qu'il est impossible pour Paris !

» Là, c'est un vieil écrivain chassé de partout pour manque absolu de talent, et qui s'est écrié, quelque matin, dans son lit : « Euréka ! Je vais faire un monologue ! » Il s'attable, écrit une pochade écœurante de nullisme, en se disant : « Ce sera toujours assez bête ! » Puis il nous arrive, sonne modestement, s'introduit et nous inflige sa prose qu'il veut lire lui-même, et qu'il *joue* en vieux cabotin de Pézenas !... On perd un temps !... oh !... on le pousse vers l'huis et on lui glisse en douceur que sa petite machine est spirituelle en diable, mais qu'elle est impossible pour Paris.

» Le vieil écrivain, profondément froissé, ne dit mot... Il salue... Vous fermez la porte sur ses talons... Vous la rouvrez au bout de dix secondes, et vous entendez dans l'escalier : *Imbécile !* sortir du vieil écrivain.

» — Ah ! monsieur, mon fils est encore au collège... mais quelle verve !... Il a fait un... comment appelez-vous ça ?.. une de ces babioles... de ces bêtises... de ces âneries que vous récitez si bien !... La voici, monsieur !... Mon fils a pour vous plus que de l'admiration, du fanatisme !... Il veut faire du théâtre... Je le crois bien doué... Vous qui dites ces stupidités, voyez ça... et vous verrez quel avenir a le galopin !...

» — Voyons ça !... *La jeune Fille et l'Andouille !* Le titre nous suffit... Nous parcourons l'opuscule — 500 vers, monsieur, dont 350 faux ! — et nous le rendons au père en lui certifiant que jamais plus belle espérance ne fut donnée par un collégien... qu'il faut lui faire connaître Augier... mais que *la jeune Fille et l'Andouille* n'est pas possible pour Paris !

» Une dame à cheveux blancs, l'air respectable, se présente, un rouleau sous le bras, et déclare que sa petite fille est née monologuiste, qu'à quatre ans elle écrivait des monologues pour sa poupée !... On a beau se défendre, il faut avaler le rouleau !... C'est un récit épouvantable où il n'est question que de crimes à faire dresser les cheveux sur la tête...

» — Passez chez Mounet-Sully, madame...

Mais je ne crois pas qu'il puisse dire ce monologue à Paris !

» Nous allons en province pour respirer un peu. Débarque un monsieur qui tire avec précaution de sa poche une liasse de monologues...

« — Vous n'avez qu'à choisir, monsieur Co-
» quelin... Il y en a pour Cadet aussi !... J'en
» fais, voyez-vous, c'est extraordinaire !... J'en
» ponds, j'en ponds ! partout, le matin, le soir, à
» midi... j'ai vraiment le don du monologue ! »

» Nous prenons le ballot, nous repartons pour Paris, d'où nous écrivons au monologuiste de province que ce serait absolument impossible... à Paris !

» Dans les restaurants, dans les gares, derrière les arbres du boulevard, nous voyons surgir des bonshommes, le monologue à la main. Nos repas et nos nuits sont interrompus par les coups de sonnette des monologuistes ! On en glisse dans la poche de nos bonnes... L'autre jour, un de ces spécialistes m'envoie un délicieux pâté... Qu'est-ce que je trouve au fond ?... Un monologue !... Inutile de dire que je le réciterai, celui-là ! Ç'a été, du reste, ma seule consolation depuis plusieurs années que je pérore en public... solitaire.

» J'attribue à l'obsession des monologuistes la perte d'une partie de mes cheveux... J'ai des monologues en plus, mais des cheveux en moins !.. Je me suis tant fait de bile !... On sonne... ô bonheur !... C'est une chère visite impatiemment désirée !... Patatras ! C'est un monsieur maigre qui

me jette un ours dans mes bras amoureusement tendus !... Je saute dans une voiture... Un monsieur grassouillet, mais alerte, y grimpe près de moi... « — Rien qu'un mot, monsieur Coquelin...
» J'ai fait un monologue... Le voici... Vous m'en
» donnerez des nouvelles !... Mon adresse est
» sur la couverture ! »... Et le monsieur grassouillet, mais alerte, s'éclipse, vous laissant une drôlerie qui ne conviendra pas à Paris !

» Même les créanciers nous menacent de monologues !... Tout le monde en fait... C'est une fureur, une maladie... Le microbe du monologue vole sur l'univers !... On en dit partout !... Alors 250 lettres nous arrivent par trimestre, où on nous demande un monologue pour jeune marié, dont la femme est brune, un monologue pour militaire, un monologue qui serait d'un effet certain dans une réunion intime à la sous-préfecture, un monologue avec lequel on voudrait séduire une riche héritière, un monologue pour baptême, un monologue pour mariage, un monologue pour enterrement, — ça s'appelle oraison funèbre — des monologues pour toutes les choses de la vie !

» Il faudrait avoir trois secrétaires... mais nous n'en voulons pas... ils feraient, eux aussi, des monologues... et, par bonté d'âme, nous les dirions et les rendrions possibles à Paris !

» Mon cher ami, la vie est intolérable ! Et si les monologuistes continuent à nous attaquer, mon frère et moi, nous serons contraints de nous passer chacun un monologue au travers du corps et de nous en aller, bien seuls, monologuer dans la paix des tombeaux !

» C'est pour éloigner ce fâcheux dénouement que je me gare !

» A vous,

» CADET. »

Je pourrais répondre à Cadet : « Tu l'as voulu, mon bon ! » ou bien : « Fallait pas qu'y aille ! » Mais il faut plaindre les incurables, non les railler !... Et Cadet est incurable !... Il ne s'est pas aperçu, le malheureux, que, sous prétexte d'anathématiser le monologue et les monologuistes, il a fait lui-même un monologue, et qu'il le rendra possible, cet hiver, à Paris !

SPORT ACADÉMIQUE

5 septembre 1884.

La campagne est ouverte autour des trois fauteuils, laissés vacants, à l'Académie française, par la mort de MM. d'Haussonville, Mignet et J.-B. Dumas. Déjà les journaux dressent leurs listes, discutent les droits des aspirants à ce triple héritage et se livrent aux plus ingénieux pronostics.

Car il y a pour ce genre de sport, comme pour les autres, des fabricants de pronostics qui connaissent ou croient connaître à fond les performances de tous les champions engagés dans la course, comment à l'avance les favoris et vont même jusqu'à prédire en quel ordre ils arriveront au poteau.

Par malheur, ce sont là de pures hypothèses, que ruine parfois, au moment suprême, la malignité des Immortels. Il arrive, en mainte occasion, que les favoris se dérobent au second tournant — pardon, au second tour... de scrutin — et que les *sujets* sur lesquels on comptait le moins prennent et gardent la tête.

Le sport académique est plein de ces surprises ; et j'admire le courage de X... qui ne craint pas de s'y exposer, cette fois encore, après la mésaventure dont il fut victime à l'un de ces derniers... Longchamps.

M... est ce doux poète, cher aux Pénélopes bourgeoises, et dont la physionomie un peu terne, un peu grise, un peu quelconque, répond admirablement à l'idée qu'on a du parfait académicien selon la formule.

Après plusieurs tentatives infructueuses, il croyait, cette fois, l'affaire dans le sac. Il avait la promesse de B..., qui dispose de huit voix à lui tout seul, et de Z..., et de Y..., et de Q..., les chefs de trois groupes considérables. En additionnant ses chances, il arrivait au chiffre fatidique de 17, le chiffre nécessaire, que trois ou quatre hésitants, d'ailleurs très sympathiques, viendraient grossir au moment décisif. Comment M... avait-il conquis ces précieux suffrages ? L'histoire est drôle et mérite d'être racontée, ne fût-ce que pour crier aux futurs candidats : casse-cou ! ou plutôt *cave feminam* !

Il existe, paraît-il, un manuel à l'usage des aspirants académiciens. On y trouve, entre autres conseils, le suivant qu'on dit infaillible : « Voulez-vous obtenir la voix de M. C..., n'allez pas la solliciter vous-même ; chargez votre femme de ce soin. »

M... prit le conseil au pied de la lettre ; il l'exagéra même, car il se dit : « Pourquoi ce qui réussit si bien avec M. C... ne réussirait-il pas avec ses collègues ? » Et, successivement, il dépêcha sa femme auprès des trente-sept immortels survivants.

L'aimable messagère arrivait avec sa leçon toute faite : « Monsieur, disait-elle, vous excuserez ma démarche... Elle est étrange, insolite, anormale... Mais elle a sa justification dans le sentiment qui me l'a dictée !... Mon mari sollicite votre suffrage pour la prochaine élection académique... Ce malheureux fauteuil hante sa veille et son sommeil !... Il y a des droits, que vous appréciez sans doute Mais il est si timide !... et je l'aime tant !... Si votre appui lui manquait, ce serait une déception si cruelle qu'il en mourrait, je vous le jure !... Et moi-même je ne lui survivrais point !... » Et, sans attendre la réponse, toute confuse de sa témérité, l'aimable messagère serrait la main de l'Immortel avec une chaleur pleine d'éloquence, et s'éclipsait, laissant le bonhomme remué dans ses vieilles fibres par ce beau trait de dévouement conjugal.

A peine était-il revenu de son émotion que M... sonnait à sa porte, entrait comme une bombe dans l'appartement, et les cheveux en désordre, l'œil hagard, la voix haletante :

— Au nom du ciel, monsieur, s'écriait-il, dites-moi toute la vérité !... — Remettez-vous, de grâce ! répondait l'académicien effrayé par cette pantomime et flairant une querelle de jaloux. — Ma femme sort d'ici, n'est-ce pas ? — En effet, monsieur, mais je vous assure... — Oh ! j'en étais sûr... elle va m'aliéner votre bienveillance, compromettre mon élection ! — Croyez qu'au contraire... — Je ne m'illusionne pas, allez ! Je sais qu'incorruptible comme vous l'êtes, une semblable démarche ne peut que me nuire, au lieu de me servir !... D'ailleurs, ce n'est pas à des considérations d'ordre sentimental que je veux devoir votre suffrage, mais à mes titres, car j'ai des titres, monsieur, vous les connaissez ! — Certes ! — Oh ! les femmes ! — Vous auriez tort d'en vouloir à la vôtre... et son intervention, si naturelle, n'est point faite pour entraver la bonne opinion que j'ai de vous. — Ah ! de quel poids vous me soulagez, monsieur ! ma chère femme !... Que voulez-vous ?... elle me sait si timide !... Et puis, entre nous, elle tient à ce fauteuil plus que je n'y tiens moi-même !.. Si je ne l'obtenais pas, je crois qu'elle en mourrait. — Tranquillisez-vous, je réponds de son existence. — C'est-à-dire que votre voix ?... — Ma voix vous est acquise. — Et vos amis ? — Seront les vôtres... A revoir ! — Puissiez-vous dire vrai !

Et M... s'en allait, rayonnant, tandis que l'Immortel, demeuré seul, se disait *in petto :*

— Gentil ménage !... A Dieu ne plaise que je trouble son bonheur !... J'avais pourtant promis de voter pour S... l'autre poëte... Ma foi, tant pis, il attendra !... Pourquoi diable est-il célibataire !

Or, il advint que, le jour de la discussion des titres au Palais-Mazarin, notre Immortel dit aux huit fidèles qui venaient prendre le mot d'ordre auprès de lui :

— C'est entendu, nous votons pour M... — Nous allions vous le proposer, répondit le chœur. — Ce n'est pas que ce soit un aigle... — Oh ! non ! — Mais sa situation est des plus intéressantes.. Sa femme surtout... — Vous connaissez donc sa femme ? — Elle est venue me voir. — Bah ! Et que vous a-t-elle dit ? — Ah ! mon Dieu, un tas de choses très touchantes... elle m'a parlé de la timidité de son mari, de son désespoir si sa candidature était blackboulée... Elle m'a juré qu'il ne survivrait pas à cet échec, et qu'elle-même le suivrait dans la tombe !... — Et vous n'avez pas reçu la visite du mari? — Pardon... à dix minutes d'intervalle. — Comme moi ! fit le chef des huit en fronçant son sourcil olympien. — Et comme moi ! reprit un autre. — Comme nous aussi ! s'écrièrent une quinzaine d'académiciens qui s'étaient joints au groupe. — Mais alors c'est une mystification. — Une gageure ! — Une comédie préparée à l'avance ! — Une manœuvre électorale ! — Dans ces conditions, M... n'aura pas ma voix ! — Ni la mienne ! — Ni la nôtre ! — Pour qui voterons-nous alors ? — Parbleu ! pour M. S... n'avait-il pas notre parole ? — C'est juste. — D'ailleurs, il est célibataire.... On ne pourra pas dire qu'en le nommant nous avons subi des influences féminines... — C'est donc entendu, nous votons pour S... — Comme un seul homme ! c'est entendu !

Et c'est le célibataire qui fut nommé.

Encore un argument en faveur du divorce.

BANCS DE BOIS

ET CULS DE BOUTEILLES

15 septembre 1884.

Je suis entré hier dans une de ces « tavernes » de style ancien, qui tendent insensiblement à détrôner les cafés classiques. La clientèle assidue de l'endroit est un composé de peintres, de musiciens et de littérateurs de la jeune école, dite moderniste, et de dilettanti fanatiques de leurs idées. C'était à l'heure des larges beuveries et des discussions intolérantes. A travers les vitraux multicolores filtrait une lumière prismatique, qui s'éparpillait gaiement sur les étagères garnies de cristaux ; et les visages enluminés se plongeaient avec délices dans les « récipients » énormes pleins, jusqu'aux bords, de la bière de Lowembrau d'une belle couleur d'or bruni.

— Ce spectacle ne vous paraît-il pas singulier ? dis-je au vieux Parisien qui m'avait introduit dans ce cénable.

— Singulier ! En quoi ?

— Dame ! Tous ces jeunes gens, peintres, musiciens, littérateurs, ne sont-ils pas des « modernistes » ?

— Et à tous crins !... Après ?

— Après ! n'est-il pas étrange que ces « modernistes » à tous crins, comme vous dites, choisissent pour lieux de réunion ces tavernes moyen-âge, d'où le comfort actuel est systématiquement banni, éclairées — fort mal — par des vitraux en culs de bouteilles, et n'offrant au consommateur, pour se reposer de fatigues dites... modernes, que des sièges de bois parfaitement incommodes, contemporains, quant à la forme, de ces temps héroïques où le capitonnage était inconnu ?

— Mon cher, me répondit le vieux Parisien, votre observation semble plausi'' ' première vue ; au fond, elle n'est que naïve. Rien de plus logique, ne vous en déplaise, que l'apparente contradiction dont vous êtes frappé.

— Cela est facile à dire...

— Et facile à comprendre. Le dernier mot du moderniste à outrance devait être fatalement l'archaïsme enragé.

— Je serais heureux que vous m'expliquiez cette énigme.

— Avec plaisir. L'homme est ici-bas pour lutter contre des *ananké* diverses et pour acquérir un certain comfort. Notez que je dis un *certain* comfort, car il n'est pas dans sa destinée d'être parfaitement à son aise en ce monde. C'est si peu dans sa destinée que le développement inattendu du bien-être matériel a jeté dans l'esprit humain un trouble profond. L'avènement de la « grande névrose » coïncide avec le resplendissant triomphe de la science et l'extension vertigineuse de l'industrie. Tout en glorifiant le progrès dont elle profite, notre société le redoute... instinctivement. C'est pour cela que le jour où il y eut, dans les cafés et les hôtels de la grand'ville, surabondance de dorures, de divans moelleux, de glaces de Saint-Gobain, de sonneries électriques, de téléphones et d'ascenseurs, elle se prit tout à coup d'un violent amour pour les culs de bouteilles, les sièges de bois et les « milieux » enfumés et sombres. On a commencé par les cavernes archaïques; on a continué par les cabarets de style villageois. Après le « Chat noir », l'« Auberge du Clou; » ; après l'« Auberge du Clou », l'« Auberge des Adrets », avec ses rideaux de toile quadrillée, ses pichets de piquette et la formidable apparition de Robert Macaire, l'assassin de ce bon M. Germeuil...

— Ah ! mais vous m'ouvrez des horizons !

— Ce n'est pas tout !... Voici maintenant qu'un industriel de génie songe à ressusciter, savez-vous quoi ?... Le tapis franc de Paul Niquet, le fameux bouge des Halles !... On y débitera des « arlequins », on y rédigera des cartes en argot, avec exhibition de chourineurs et de goualeuses !... Le tout avec grand succès, n'en doutez pas. Folie ou névrose ?... Non !...

Simple protestation inconsciente contre l'envahissement indiscret de ce progrès matériel qui tue le pittoresque, détruit l'initiative humaine et, en même temps que l'émotion, supprime de la vie tout intérêt. Nous nous reposons des divans élastiques sur des escabeaux de chêne mal équarri, et de l'innocuité des rues éclairées au gaz ou à la lumière électrique en nous créant les simili-terreurs de l'auberge où « travaillait » Robert Macaire et du tapis franc où « chourinaient » les sombres héros d'Eugène Sue ! Crierez-vous encore au paradoxe ?

— Non, certes !

— Et on ne s'imagine pas jusqu'où peut aller, dans le domaine moral comme dans le domaine matériel, cette réaction de l'archaïsme contre le comfort moderne et du terrorisme contre la sécurité due à une civilisation sans poésie ! L'humanité supplée comme elle peut aux émotions dont un progrès excessif la sèvre. Et Joseph de Maistre ne croyait pas être aussi bon prophète, le jour où il a lancé cette profonde parole, rééditée par Louis Veuillot : « Lorsque la civilisation aura dit son dernier mot, il ne restera plus aux hommes, pour se désennuyer, qu'à courir nus et à brûler le monde ! »

OCTOBRE

POUR LE CHEVAL !

1er octobre 1884.

J'ai vu tout à l'heure le plus abominable et le plus écœurant des spectacles.

Une voiture de déménagement, chargée à faire crever la bâche, gravissait la pente roide de la rue des Martyrs. A la hauteur de la rue Clauzel, l'*unique* cheval qui tirait cette maison roulante, — une rosse efflanquée, poussive, tout en os, — plie sur ses jarrets et s'étale. Le cocher, furieux de ce contretemps, tire sur le mors d'une telle force que le sang rougit le cuir de la bride, et rejaillit jusque sur ses mains. Sous l'aiguillon de la douleur, l'animal concentre tout ce qui lui reste d'énergie vitale en un effort suprême ; mais ses jambes, prises entre les brancards, se dérobent, et la masse, un moment galvanisée, retombe inerte sur le sol. Alors s'engage, entre le patient et son tourmenteur, une lutte répugnante, où les sifflements ininterrompus du fouet se confondent avec des hurlements sans nom. Le long du trottoir, une foule stupide assiste en dilettante à cette besogne de boucher. De sergents de ville, par l'ombre. Et plus la victime hurle, impuissante à se redresser, plus le fouet du bourreau siffle, rayant les chairs à vif, dans un concert d'immondes blasphèmes. Tout à coup, l'homme prend du champ, retourne son arme, et le manche s'abat, comme un marteau de fer, entre les deux yeux, pleins de grosses larmes, du vaincu. Un dernier cri, lamentable comme un cri de chien errant dans la nuit noire, déchire l'air... Puis un spasme... puis une convulsion... puis rien ! La pauvre bête était morte !

Ce n'est pas là, par malheur, un fait isolé. Ces tragédies sanglantes se jouent chaque jour aux quatre coins de Paris, qu'elles déshonorent. Il n'est pas une voie « charretière » où le cœur ne vous manque à la vue de chevaux écrasés sous le poids, saignants, infirmes, mal attelés, conduits par des novices, par des incapables et parfois par des brutes féroces. Il y a pourtant quelque part une Société protectrice des animaux ; mais elle est comme madame Benoiton : quand on la demande, elle est toujours sortie.

Si l'on excepte quelques catégories de chevaux privilégiés, on peut dire que le cheval, cette noble bête, est le plus malheureux des animaux conquis par l'homme. Et encore ces exceptions, que je constate, confirment la règle. Elles ne prouvent qu'une chose, c'est qu'il y a des castes plus encore parmi les bêtes que parmi les gens, et qu'elles attendent encore leur 89 et peut-être leur 93.

Oui, certes, il y a des chevaux heureux. Sans parler du cheval de courses, dont le bonheur ne m'est pas absolument démontré, il y a le cheval du millionnaire, le cheval de luxe, en un mot. Celui-là, c'est un coq en pâte ; sa litière est épaisse et moelleuse ; son râtelier toujours garni ; il ne travaille guère, on ne le surmène pas ; il a sa livrée et ses gens. Il y a le cheval de la cavalerie française qui jouit de félicités incomparables. Oui, ceux-là sont heureux ! Mais les autres ?... Et encore ceux-là, ces chanoines, ces tireurs de bons numéros à la loterie du hasard, mangent-ils leur avoine blanche la première. Le millionnaire, si bon qu'il soit, se débarrasse de son cheval devenu trop lourd à sa fantaisie. Quant au cheval de troupe, un jour vient où on lui *fend l'oreille*, où il passe aux mains de l'entrepreneur de charrois ou de diligences, qui lui fait expier cruellement son gras et glorieux passé. C'est alors que commence, pour ces privilégiés, un supplice dont l'horreur est doublée par le contraste, supplice lent auquel la mort seule peut mettre un terme ! Et quelle mort ! La mort par le couteau des équarrisseurs !

Les équarrisseurs ! Etes-vous entrés quelquefois dans ces charniers parisiens ? Moi, je n'en ai jamais eu le courage, après les répugnants marchés que j'ai vu s'y conclure, à Naples, après les honteux maquignonnages dont les bêtes agonisantes y sont l'objet. C'est là que les conducteurs de *corricoli* recrutent leurs attelages. Lorsqu'on amène un cheval pour l'abattre, un de ces hippophiles s'approche, examine la bête, et si, par miracle, elle tient encore debout, il la prend en location à cinq sous, dix sous, quinze sous

Decourcelle, maître-écrivain, le Sosie du docteur Grégoire ; Aimé Millet, maître-sculpteur ; le Sosie de Vercingétorix, dont il s'est fait la tête, après avoir fait sa statue ; Henriot, le fin crayon, et Louis Leroy, la fine plume du *Charivari;* Henri de Bornier, l'auteur de l'à-propos en cause, et votre serviteur.

Comme les gazettes avaient raconté, le matin même, que l'auteur de la *Fille de Roland* avait mission de haranguer l'auteur du *Cid,* Pierre Véron aurait cru manquer à la plus vulgaire courtoisie s'il n'eût sollicité pour ses convives la primeur de cette harangue. Et il appuya gracieusement sa requête d'un : « Ce sera le dessert ! » devant lequel auraient capitulé tous les scrupules du poète, si les poètes avaient de ces scrupules-là !

H. de Bornier tira donc de sa poche, nullement préparée, — un manuscrit, — qui s'y trouvait comme par hasard, — le déplia lentement et prit la pose de Bonaparte cherchant une prise au fond de son gousset. Mais, avant de commencer sa lecture :

— Quelqu'un de vous, messieurs, demanda-t-il, pourrait-il me dire si la statue de Napoléon Ier est encore à Rouen ?

— Que vous importe ? répondit en chœur toute la table.

— Il m'importe beaucoup... car si les Rouennais avaient traité le bronze impérial comme on l'a fait, le 4 septembre, à Paris, puis à Bordeaux...

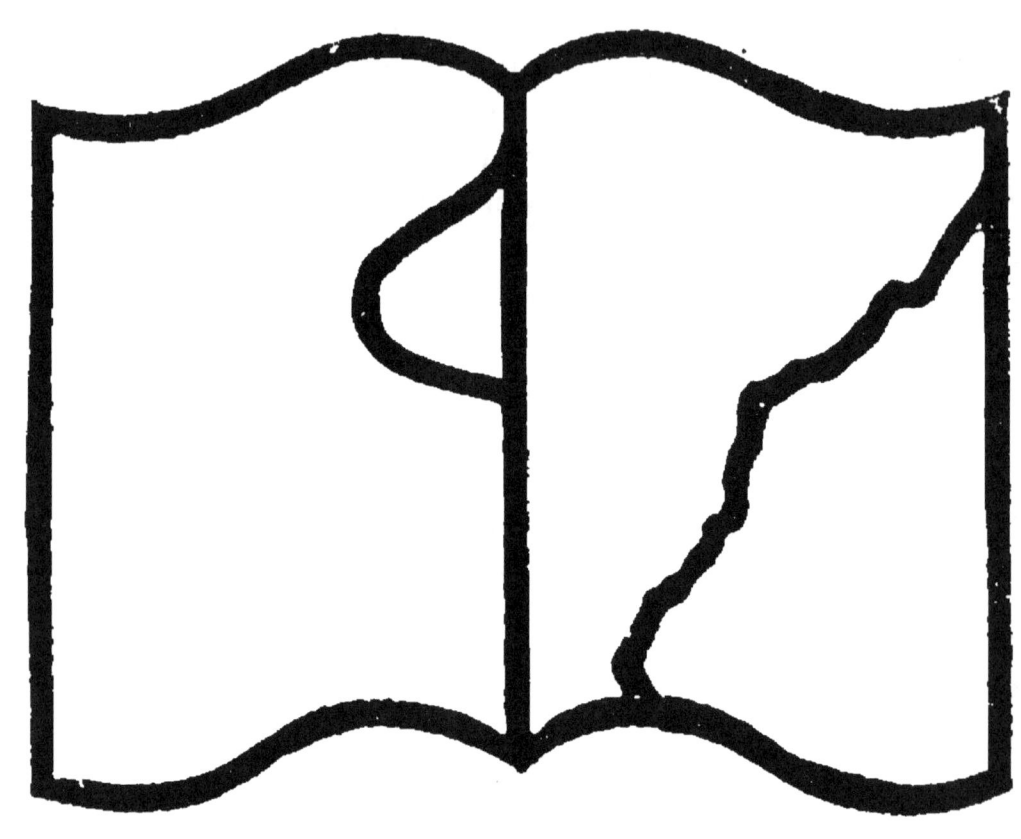

Texte détérioré — reliure défectueuse
NF Z 43-120-11

— Comme on aurait dû le faire partout ! fit une voix sortie de derrière la moustache gauloise d'Aimé Millet.

— ... Mon à-propos n'aurait plus de raison d'être.

— Parce que ?... reprit la même voix sortie de derrière la même moustache.

— Parce que mon à-propos est intitulé *Napoléon à Corneille*, et qu'il repose sur le voisinage des deux statues.

— Et qu'y a-t-il de commun entre ce soudard et ce puissant génie ?

— Vous le saurez tout à l'heure, mon cher Millet, quand vous m'aurez dit si l'Empereur est toujours sur son socle.

— Toujours... malheureusement !

— Si j'avais pu croire un instant que la statue était de vous, je vois qu'il m'en faudrait rabattre !

— Est-ce que je travaille dans les empereurs, moi

— Ah !... Je vous demande pardon ! Messieurs, je commence !

Et, au milieu de l'émotion causée par cette petite escarmouche, H. de Bornier lut son à-propos.

Dans cette version primitive, Napoléon allait au-devant de Corneille, s'inclinait humblement devant lui, lui faisait litière de sa gloire et proclamait la suzeraineté triomphante du génie intellectuel sur le génie guerrier ! *Cedant arma litteris !* Il rééditait même le mot fameux : « Si Cor-

même par jour, la peau réservée. Le marché conclu, on attelle ; et alors, par n'importe quel moyen, par le fer et par le feu, il faut que le misérable animal marche !... Et, en effet, il marche ! que dis-je ? il galope... Il le faut ! Et il va, sans qu'on lui donne un brin de paille, un jour, deux jours, trois jours. Il va jusqu'à ce que, le désespoir le prenant, il se précipite sur la route, la tête la première, pour ne plus se relever !

J'ai vu de mes yeux un cheval *se suicider* ainsi, et jamais, deviendrais-je centenaire, je n'oublierai le regard dont il poignarda son bourreau !

Ma conclusion !... c'est que la presse devrait ouvrir une campagne pour empêcher que des exécutions comme celles dont je suis encore remué puissent s'accomplir en plein soleil ; pour forcer la police à sortir de son indifférence ; pour amener une prompte et radicale transformation de la loi. Tant que des agents timides ne pourront opposer comme frein, à ces atrocités révoltantes, que quelques jours de prison ou quelques francs d'amende, la voie publique en sera toujours attristée et déshonorée. Il faut viser ailleurs et plus haut : c'est le patron, ce sont les Compagnies dont il faut fouetter la conscience par des pénalités moins dérisoires.

Il y a des gens que cette « agitation » en faveur de simples animaux fera peut-être sourire. On essaiera de leur faire comprendre, à ceux-là, que la question intéresse la moralité d'un peuple, et qu'on ne donne pas impunément aux masses l'habitude de mépriser la justice et la pitié.

LES DESSOUS D'UN A-PROPOS

13 octobre 1884.

« Tous les journaux, dit un de nos confrères, ont annoncé que la pièce de vers dont M. H. de Bornier a donné lecture aux fêtes de Rouen était intitulée : *Napoléon à Corneille*. Or, la pièce lue par l'auteur de la *Fille de Roland* s'appelle les *Trois Statues*. Quel est donc ce mystère ? »

Il y a là, en effet, un mystère, et un mystère très parisien — quoiqu'il se soit produit en Seine-Inférieure — dont je suis heureux de pouvoir offrir la clef à mes lecteurs.

On dînait la semaine dernière, entre hommes, suivant la coutume, chez le seigneur Pierre Véron, Et, comme dit le refrain populaire :

> On pouvait voir autour de cette table
> Des poètes, des journaliss,
> Des vaudeviliss, des artiss,
> Qu' c'était comme un bouquet de fleurs!

Aucun d'eux ne m'ayant recommandé l'incognito, je puis vous dire, sans être indiscret, que ces fricoteurs insignes étaient, outre l'amphitryon : Edouard Pailleron, de l'Académie ; E. Manuel, qui voudrait en être ; le général Pittié, de l'Elysée, et... du Parnasse ; Charles-Edmond, de la Pologne... très française ; Heilbuth, maître-peintre, le Sosie du Préfet que Rochefort s'obstine à baptiser Bellepuce ; Adrien

neille avait vécu de mon temps, je l'aurais fait prince ! » Seulement, à *prince* l'auteur avait substitué *ministre*, pour se donner l'innocente joie d'accoler à ce mot la rime millionnaire de *sinistre*. Bref, le plus farouche démagogue n'aurait pu qu'applaudir à cet applatissement absolu d'un abominable despote devant un simple ouvrier de la pensée !

Aussi, sa lecture terminée, H. de Bornier savourait-il avec délices l'encens qui montait autour de lui dans la vapeur des cigarettes, lorsque Aimé Millet se leva, pareil à l'esclave antique chargé de rappeler le triomphateur aux tristes réalités de ce monde, et, d'un ton sec :

— En toute franchise, dit-il, mon cher ami, si j'étais de vous, je ne dirais pas ça !

— Hein ! fit, en sursautant, le poète.

— Ce remueur d'idées n'a que faire des salamaleks de ce traîneur de sabre !... Il y a des hommages qui rabaissent !... Et c'est amoindrir la gloire de Corneille que de lui donner un pareil parrain !

— Il me semble pourtant...

— C'est mon opinion que j'exprime !... Voulez-vous connaître celle des Rouennais ?

— J'avoue qu'elle m'intéresse...

— Plus que la mienne !... Merci !... Eh bien ! les Rouennais ont souffert cruellement de l'invasion... Cette invasion, qui l'a déchaînée sur notre pauvre France ?... Napoléon III !... Sans Napoléon Ier, pas de Napoléon III, pas d'invasion ! Ce sont là des souvenirs qu'il est téméraire d'évoquer !

— Ainsi, selon vous, les Rouennais me feront grise mine !

— Grise est froid, cher ami !

— Ils me siffleront peut-être ?

— Ils ont bien sifflé Talma !

— Je ne vois pas bien le rapport.

— Ils ont sifflé Talma parce qu'il était l'ami de Napoléon !... Je m'en lave les mains, en somme ! Ce que je vous en dis, c'est par pure amitié... Et, si vous tenez mordicus à votre Sire, il n'y a qu'un moyen de le faire accepter sans protestation...

— Et lequel !

— Voici... Qu'il arrive devant le poète, et qu'au moment où il ouvrira la bouche, celui-ci la lui ferme avec ces mots où se résume toute la haine du peuple pour la monarchie : « Descends donc de ton cheval, eh ! feignant ! »

Sur cette boutade d'atelier, on quitta la table. De Bornier, au fond, était très perplexe ; le *cave imperatorem* du sculpteur l'obsédait comme un cauchemar. Au départ, Louis Leroy lui fit un bout de conduite, et, chemin faisant, il lui dit :

— Evidemment, ce diable de Millet exagère... il y a tout de même un peu de vrai dans ses exagérations...

— Comment !... Vous aussi ?...

— Dame !... j'ai de la méfiance !.,. C'est une grosse partie que vous jouez là !... Il vous serait pourtant bien facile d'en sortir à votre honneur, de déjouer les pronostics de Millet, en flattant le patriotisme de la population rouennaise.

— Je ne demande pas mieux !

— Eh bien ! au lieu de Napoléon, mettez Vercingétorix... Vous contenterez ainsi tout le monde et son père... artistique !

— Mais Vercingétorix serait un anachronisme !

— La belle affaire !... Est-ce que les beaux vers n'excusent pas tout ?...

Cette nuit-là, de Bornier ne dormit guère. Au matin, protestations et conseils avaient porté leurs fruits... Le nouveau siège du poète était fait... Il laissa Napoléon *monologuer* tout seul sur son socle mis dédaigneusement en quarantaine... et, profitant de la licence anachronique que lui permettait Louis Leroy, il fit complimenter Corneille par Jeanne d'Arc, cette noble figure, chère au cœur des Rouennais.

Et voilà comment *Napoléon à Corneille* est aujourd'hui les *Trois statues*... Voilà comment le duo s'est transformé, d'un coup de baguette, en trio... Voilà comment, dimanche, ceux de Rouen ont criblé le poète de bravos... au lieu de pommes cuites !

Mais quel opportuniste que ce Bornier !

LA DAME AUX EPINGLES

15 octobre 1881.

Par un contraste bien singulier, cette époque de réalisme à outrance et de document humain restera, pour les âges futurs, l'époque du merveilleux et du surnaturel par excellence.

C'est quand le scepticisme sévit que surgissent les devins.

En quelques mois, nous avons eu M. Stuart Cumberland et M. Alfred Capper. Voici maintenant la Dame aux épingles.

L'autre jour, dans une maison amie, on parlait de cette dame — qui n'est pas une pythonisse de profession — et de ses facultés divinatoires ; et l'on racontait les révélations étranges et les prophéties stupéfiantes qu'elle avait obtenues de ces simples pointes d'acier.

Peu crédule de ma nature, quoique croyant — ce qui n'est pas du tout la même chose — ayant débiné tous les trucs des cartomanciennes, des somnambules de foire et autres diseuses de bonne aventure, je ne pus réprimer un éclat de rire en écoutant ces fantastiques récits. Mais je vis bientôt, à l'air pincé des assistants, que je venais de commettre presque une inconvenance.

— Monsieur, me dit une jeune et charmante étrangère, j'ai ri comme vous, mais je ne ris plus... Comme vous, je sais ce qu'en vaut l'aune des tireuses de cartes et des prophétiseurs d'avenir. Mais le cas n'est point le même. Jugez-en. J'arrive, un soir, à l'improviste, dans un salon où la dame dont il s'agit entre quelques instants après. On l'invite à me « faire les épingles ». Aucune des personnes qui se trouvaient là ne connaissait les intimités de ma vie. Tout le monde ignorant que j'étais débarquée à Paris le matin même, ma visite n'était pas prévue. Donc, pas d'entente possible, ni de compérage. Eh bien !

cette dame, que je voyais pour la première fois, m'a littéralement stupéfiée. Elle est entrée au fond de mon âme et m'a dit des choses que j'étais seule à connaître. Bref, je suis sortie de là profondément émue... Et je n'avais pas plus envie de rire que vous ne l'auriez, monsieur le railleur, après une épreuve aussi décisive !

Cette conviction me rendit rêveur. Il n'y a pas de parti-pris dans mon scepticisme. Et, comme il n'en coûte rien de voir, je n'ai pas eu de repos que je n'aie vu. Donc, hier, je me suis rencontré, chez des amis, avec la dame aux épingles.

Au lieu d'une bonne vieille, d'aspect plus ou moins agréable — je me la figurais ainsi — grande fut ma surprise de me trouver en présence d'une très jolie femme, à l'air modeste et comme il faut. Rien d'excentrique en elle, rien qui forçât plus particulièrement l'attention, sauf des yeux bruns superbes, d'une étrange fixité, comme ceux des sphynx couchés sur leur socle de pierre... de ces yeux qui fouillent le cœur, et comme je n'en avais jamais vu de semblables. On lui dit ce que je désirais :

— Avec plaisir, monsieur, répondit-elle... Asseyez-vous là !

Et, tandis que je m'asseyais, un sourire énigmatique éclaira son regard troublant, et elle continua :

— Vous vous moquerez de moi peut-être !... mais n'importe ! Prenez ces épingles et jetez-les vous-même sur ce tapis !

Je fis ce qu'elle me commandait, en recommençant plusieurs fois le même manège... Elle se recueillit quelques instants, puis, tout bas, elle me dit des choses... oh! mais des choses!

On a toujours, dans quelque recoin de son cœur, certains secrets qu'on y garde avec un égoïsme jaloux! On a des qualités et des défauts qu'ignorent les indifférents et parfois les amis même. C'est la menue monnaie de la conscience et de l'âme dont on est moins prodigue que des grosses pièces et des lingots. Eh bien! elle a violé cet asile mystérieux, elle m'a donné sur les choses intimes, et d'ordre tout à fait personnel, que j'y croyais hermétiquement enfouies, des détails d'une telle précision, que cette lucidité m'a paru tenir du sortilège. Je ne passe pourtant pas pour un naïf aux yeux de ceux qui me connaissent. Mais je ne raisonne pas, je constate; on ne discute pas un semblable phénomène, on le subit.

D'ailleurs, toutes les tentatives que j'ai faites auprès de la pythonisse aux yeux si doux et si étranges pour en demander le « pourquoi », mes demandes réitérées d'explications se sont heurtées contre cette invariable fin de non-recevoir:

— Je ne sais... je ne puis dire!...

J'entends d'ici mes belles lectrices, en mal de curiosité, comme le sont toutes les filles d'Eve, me demander en chœur:

— Où perche-t-elle, votre dame aux épingles? Où donne-t-elle ses consultations?

J'ai le regret de ne pouvoir déférer à leur désir, La dame en question est du monde. Ce n'est point une praticienne, elle n'a point de « cabinet », elle ne prédit pas l'avenir, et n'en fait point commerce. Et si, parfois, elle consent à « faire les épingles », c'est, ainsi qu'elle le dit elle-même, uniquement pour amuser ses amies.

Moi, je fais comme elle... je retire mes épingles du jeu.

L'IMPÉRATRICE WANDA

19 octobre 1881.

C'est le titre d'un livre paru hier chez Calmann-Lévy ; et c'est aussi l'événement parisien du jour. Voilà pourquoi je m'en empare.

Pas de nom d'auteur. Quelle personnalité se cache derrière ces énigmatiques Trois Etoiles (***) ? Une personnalité féminine, à coup sûr. L'affectation de bon garçonnisme et la désinvolture voulue de style, qui font tache à certains endroits de cette étude passionnante, sont là pour donner le change et dépister la clairvoyance du lecteur. Mais, depuis la première jusqu'à la dernière page, il s'en dégage une pénétrante et grisante *odor di femina*.

Ce livre — je dis livre, car, bien que conçu d'après la poétique du roman, c'est bel et bien de l'histoire — est un de ces *livres à clé* dont on est si friand à l'heure présente. Seulement, ici, la clé n'est pas une de ces clés à complications dont le maniement exige de patientes études ;

c'est un passe-partout. Il n'en est même pas besoin pour ouvrir les serrures auxquelles elle s'adapte : ces serrures s'ouvrent toutes seules.

La princesse Wanda, c'est la tzarine Marie Feodorowna, l'illustre femme d'Alexandre II, la mère du tzar actuel, qu'on nous montre au berceau sous le pseudonyme transparent de Niconinka. Usant de la licence permise aux romanciers, l'auteur a condensé tous les événements de cette noble existence — depuis le mariage à la petite cour de Béotie (Hesse-Darmstadt) jusqu'à la mort en face de la mer bleue (la Méditerranée) — dans les dernières années du second Empire. Son but, en effet, était moins d'écrire une de ces tragédies intimes si fréquentes dans la famille des Romanoff que de décrire les splendeurs suprêmes du crépuscule impérial. De sorte que pour nous autres, lecteurs français, les comparses du livre deviennent des personnages de premier plan, — ce qui donne à l'*Impératrice Wanda* je ne sais quel âpre fumet de parisianisme.

Usant de la même licence, l'auteur a fait de l'anachronisme à plaisir. Pour élaguer tous les épisodes parasites, pour garder à son récit cette unité qui est un de ses plus grands charmes, il a mis au compte de son héros bien des peccadilles dont il serait injuste de charger sa mémoire. Mais les gens avisés ne s'y tromperont pas et ils sauront distinguer ce qui revient, par exemple, au prince héréditaire des « Iles Réunies » de ce qui revient à « l'Empereur d'Orient ».

Toutes les cours européennes défilent sous

nos yeux, dans l'*Impératrice Wanda*, comme dans une lanterne magique. Toutes les têtes couronnées y sont marquées, au passage, d'un trait rapide, mais définitif. Voici la petite cour de Béotie (Hesse-Darmstadt), avec ses enfantines prétentions d'étiquette, qui rappellent cette manie de « la faire à la Louis XIV » si plaisamment mise en scène dans la *Nuit aux soufflets*. Voici la cour de l'empereur Auguste VI (Napoléon III), « très fort, très fin et très bon, avec son sourire résigné, comme s'il voyait un malheur à l'horizon et qu'il l'attendît de pied ferme », et de l'impératrice Ottilie, « reine d'élégance et de beauté ». Voici la cour des Iles Réunies « très royale, mais pas drôle du tout », dont la reine « pleure publiquement son époux et le pleurera jusqu'à la dernière heure de son règne ». Voici la cour du Nord, « grave, austère et solennelle » ; celle de la Péninsule, « en révolte contre la reine Bella II » ; celle de Ligurie, « un vrai ménage de garçon » ; celle de Bohême, où la souveraine, « s'affranchissant des devoirs de la royauté, ne s'occupe que d'elle et de ses chevaux ». Quant à la cour d'Orient, elle nous apparaît, dans sa magnificence asiatique, avec son mélange de barbarie native et de civilisation raffinée, à toutes les pages du livre.

Je me borne à ces indications pour ne pas déflorer une œuvre originale. Et, pour rester dans mon rôle, je détache de ce roman d'une souveraine étrangère, où l'auteur nous montre, sous la pourpre, une âme adorablement féminine, un cœur déchiré par toutes les angoisses bourgeoises, l'épisode parisien auquel tout à l'heure je faisais allusion.

Donc Wladimir VII, alors prince héréditaire d'Orient, et sa jeune femme Wanda, qui relevait de ses premières couches, viennent à Paris, où l'Empereur et l'Impératrice les reçoivent avec tous les honneurs dus à des Altesses Impériales. C'est, pour l'auteur, une occasion de passer en revue le personnel de cette cour brillante vers laquelle toute l'Europe avait alors les yeux tendus. Ce qui, à défaut d'autres indices, nous édifierait sur son sexe, c'est qu'il ou plutôt qu'elle est très sobre de détails à propos du personnel hommes. Sauf M. Chérer, le premier ministre, et le duc de Hautmont, « issu de race souveraine, causeur aimable, ayant le mot heureux, la critique incisive, et sachant raconter », il semble que le reste ne mérite pas une mention. Mais, pour le personnel femmes, il ou plutôt elle y met moins de façons et moins de réserves ; et il ou plutôt elle nous présente à tour de rôle « la princesse de Horan — la rime y est — tenant le haut du pavé sans qu'on ait jamais su pourquoi ; la marquise de Betisey, si belle que les pauvretés de son intelligence passaient inaperçues ; madame de Moncontour, dont la beauté devait battre son plein pendant un demi-siècle : la ravissante madame Marignan, belle-fille d'un maréchal en grande faveur, née sujette russe ; la baronne aux trois maris dont les yeux seront toujours incomparables ; la chétive comtesse de

Fretin-Louvigny, passée duchesse, mal douée, faisant, au milieu de cet essaim de beautés, l'effet d'une pauvresse honteuse ; la maréchale duchesse de La Tour, superbe dans sa maturité, mais nouvelle mariée, et mère ayant l'âge de grand'mère ; la descendante d'un clan décavé épousée au hasard de la fourchette par un bouillant soldat très populaire ; la pauvre petite maréchale de Mexico, fleur des tropiques, fauchée avant d'être éclose ; la bonne, la charmante, la spirituelle princesse Bathilde, dont le beau profil de camée est respecté par le temps comme sa personnalité sympathique par les révolutions... » *Et tutte quante* ! Est-il besoin de montrer les visages sous ces masques ?

Mais, de tous ces portraits, le plus vivant, le plus à l'emporte-pièce, est celui de la duchesse de Lannsberg, l'ambassadrice de l'empire de... Bohême :

« D'une incontestable laideur, elle ne devait ses succès qu'à son originalité... C'était, à vrai dire, un gamin mal élevé, amusant les uns, blessant les autres, s'admirant à outrance, et convaincue, de la meilleure foi du monde, qu'elle prendrait rang parmi les femmes célèbres... Elle personnifiait le triomphe de l'intelligence sur le physique, et son agréable laideur, bien administrée, lui permettait de suivre en toute sécurité les chemins de traverse. Elle n'eût inspiré l'amour que si elle avait voulu le partager, et, n'ayant à redouter que des attaques provoquées par elle-même, cela lui épargnait la peine de se défendre... »

Est-il assez féminin, ce trait-là ?

Mais poursuivons. La princesse de Horan, spéculant sur la bienveillante sympathie dont Wanda — « charmée de ce qu'une fille de finance eût su prendre si bel air » lui donnait chaque jour la preuve, eut l'idée de la recevoir chez elle. Il n'y avait qu'un obstacle à la réalisation de cette idée : on ne pouvait convier le prince et la princesse héréditaires d'Orient sans convier aussi leurs augustes hôtes, et il eût été présomptueux de croire que l'Empereur et l'Impératrice honoreraient de leur présence une fête dont une femme séparée de son mari, même à l'amiable et si grande dame qu'elle fût, ferait les honneurs. Il fallait donc que, pour une nuit, le prince de Horan oubliât ses griefs et consentît à réintégrer la demeure conjugale — ce qui ne serait pas la moindre attraction de la soirée.

Le baron Hector Salandrin, père de la princesse, fut chargé de cette négociation difficile. Ah ! la jolie scène de comédie que l'entrevue entre ce financier retors et finaud et ce grand seigneur qui, s'il n'était pas « vieux jeu » était déjà « vieux chic », et dont les années, avec leurs rides et leur neige, n'ont pas modifié l'énigmatique et falote physionomie. Bref, l'homme de finance eut raison du gentilhomme ; et, quelques jours après, le prince et la princesse de Horan, rapprochés pour quelques heures, recevaient dans les plus somptueux salons de Paris les souverains des deux plus grands empires du monde. A les voir si pleins d'une affectueuse courtoisie l'un pour l'autre, on les eût pris pour deux amoureux. « Eux-mêmes ne songeaient plus à leurs dissentiments, non qu'un attendrissement quelconque pénétrât dans leurs cœurs, mais parce que, devenus étrangers l'un à l'autre, ils se jugeaient mutuellement avec impartialité : lui, voyant en elle la radieuse souveraine de ce palais ; elle, reconnaissant en lui le gentilhomme de haute race qui remplissait un devoir de haut goût. »

Ce fut une féerie, un chapitre détaché des *Mille et une nuits* par la baguette d'une enchanteresse moderne. Les détails en sont consignés par le menu dans les gazettes du temps. Dans le livre, ils servent de cadre au plus douloureux, au plus poignant, au plus humain des drames, dont je veux, ainsi que du reste, laisser la surprise à mes lecteurs.

En somme, l'impression qu'on emporte de cette lecture est des plus consolantes. L'impératrice Wanda, cette mère douloureuse, veuve du vivant de son mari, refoulant jusqu'à la mort les tendresses d'une âme et les sollicitations d'une nature créées pour l'amour, est une figure idéale digne de figurer auprès des plus pures créations de Shakespeare, de Racine et de Corneille. Wladimir VII rachète, par la grandeur de son caractère, par ses élans paternels et par ses vertus royales, ses défaillances de mari. Le couple Lascaria — la petite marquise surtout — est un rayon de soleil dans ces ténèbres morales. Boris Neseldorff, le fils du grand chancelier, évoque le souvenir des temps chevaleresques. Enfin, Ebba, la petite sauvagesse de la mer Grise, la victime inconsciente de l'érotisme impérial, nous émeut profondément par son inconscience même. L'auteur l'a fait mourir pour les besoins de la cause : mais on peut la voir, tous les jours, promener dans Paris son inconsolable veuvage, au milieu de ses beaux enfants, dans les yeux bleus desquels revit la mélancolique fierté d'un auguste martyr.

La main qui traça ces types exquis réserve tous ses coups d'ongle pour les nobles et honnestes dames dont le règne, alors dans toute sa splendeur, se perpétue en dépit des ans, et dont le crépuscule, grâce à d'ingénieux artifices, a toujours des éclats d'aurore. « La beauté de ces créatures, dit-elle non sans quelque amertume, vivra *éternellement*, si l'on en croit les chroniqueurs mondains, qui citent encore, comme étoiles, des astres suivis de deux générations, de sorte que les grand'mères sont rivales de leurs petites-filles. » Rancune de jolie femme, sans doute ; et c'est là que, sous le masque des Trois-Etoiles, l'éternel féminin montre imprudemment le bout de son nez.

P.-S. — Au dernier moment, on m'apprend deux grosses nouvelles :

L'*Impératrice Wanda* vient d'être interdite en Russie ;

L'auteur du livre est la comtesse Mirabeau.

LE DÉPART D'ULYSSE

22 octobre 1881.

Les lunes succédaient aux lunes, et toujours le divin Ulysse s'oubliait dans l'atmosphère grisante de la divine Calypso.

C'est sur les lèvres de la Muse, où leurs lèvres se rencontrèrent un jour comme par hasard, que fut scellée l'union de leurs âmes. Et, quand s'accomplit le doux mystère, toute l'Attique y fut bruyamment initiée.

Apollon et Melpomène présidèrent à ces épousailles, célébrées dans le voluptueux parfum des myrtes et le concert voilé des épithalames.

Les Athéniens, ces artistes, dont l'idéal se résume dans l'harmonie de la force et de la grâce, souriaient à ce jeune couple, qui réalisait cet idéal : elle, svelte, délicate, avec ses yeux étranges où se reflétait tout l'azur de la mer Ionienne, avec sa voix d'or où vibraient les sept cordes de la lyre, avec sa crinière blonde pareille à la toison de Vénus Astarté; lui, vigoureux et mâle, crêpu comme un fils de Cécrops et cuivré comme un fils d'Egypte, avec son front olympien et sa carrure d'Hercule, dont les douze travaux n'étaient pour lui que jeux d'enfant... du moins, telle est la légende.

Sur les théâtres d'Athènes, dans les concours poétiques de la Grèce, Calypso disait les strophes pindariques d'Ulysse, avec une mélopée si suave qu'il semblait que les abeilles de l'Hymette eussent rûché sur ses lèvres mellifluës. Et les Athéniens, ravis en extase par cette mélodie céleste, qui jetait la pourpre de son rythme sur ces poèmes inspirés, oubliaient leurs vieilles idoles tragiques, Eschyle, Sophocle, Euripide, pour s'agenouiller devant le jeune Dieu, superbe et triomphant. Et, tandis que Calypso posait le laurier vert sur le front d'Ulysse, ils faisaient pleuvoir autour de lui les talents d'or et les offrandes opimes !

Une fois même, il advint que, pris du saint délire, il chaussa le cothurne, s'affubla du masque et monta près d'elle sur la scène où les plus illustres entre les bien disants disparaissaient dans l'aveuglant éclat de son génie. Mais les Dieux, qui l'avaient comblé de leurs dons à sa naissance, n'en avaient oublié qu'un seul, l'*os rotundum*, si cher aux dilettanti de l'Attique. Cette audace lui valut moins de bravos que de sourires; et le poète put savourer tout ce qu'il y a, dans l'apologue d'Icare, d'amère philosophie.

Ce fut là le premier nuage dans leur ciel bleu. La lassitude entra sournoisement par la blessure que cet échec avait faite à l'amour-propre d'Ulysse. Il eut alors un vague souvenir de l'île natale ; et, dans ses nuits sans sommeil, il revoyait Pénélope, martyre résignée, s'acharnant à sa tapisserie sans fin, et ne se détournant de sa tâche, toujours recommencée, que pour passer sa main pâle dans les boucles blondes de Télémaque ! Et il l'entendait, quand des yeux de l'enfant s'échappait, dans une larme, une interrogation muette, lui dire, en étouffant ses sanglots : « Ne pleure pas, chéri !... Le père reviendra !.. Les Dieux nous le rendront ! » Et, dans l'attendrissement de cette vision, il sentait mollir son cœur de bronze, et il avait des envies folles de briser les fuseaux que ses doigts émasculés tournaient incessamment — comme faisait Hercule avec Omphale — aux pieds de l'ensorceleuse !

Ces douloureux symptômes n'échappèrent pas à la tendresse éveillée de Calypso. Elle comprit, avec sa subtilité féminine, que le dernier lien par où s'accrochaient encore leurs deux existences allait bientôt se rompre, si quelque diversion rapide n'arrachait Ulysse à cette dangereuse obsession. Elle l'entraîna donc à sa suite dans les tournées poétiques qu'elle entreprenait au fond de l'Hellade et dans les républiques circonvoisines. Là, pour chasser les papillons noirs qui voletaient autour de sa tête, elle épuisa le répertoire des excentricités, alternant la Muse comique avec la Muse tragique, faisant des pieds de nez aux archontes, et pliant sa voix d'or aux dialectes les plus mal famés. Peine perdue : en se métamorphosant, elle avait cru remuer des flammes ; elle n'avait remué que des cendres !

Elle aurait pu peut-être en tirer encore de pâles étincelles. Quelque chant inspiré d'Ulysse, soupiré par sa voix d'or, eût accompli ce miracle. Ce que les poètes aiment surtout, c'est leur gloire. Mais la voix d'or avait désappris les anciennes mélopées : elle ne vibrait plus que sous un autre souffle ; un autre qu'Ulysse était le *Deus, ecce Deus!* Ce fut le coup de grâce ; l'amour-propre avait achevé l'amour. Ulysse, dès lors, n'eut plus qu'une pensée : mettre la plaine bleue entre ses prunelles et les ongles roses de Calypso. Il fit sa caisse, additionna ce qu'y avait jeté de talents d'or l'enthousiasme prodigue des Athéniens. Tout compte fait, il aurait pu fréter une trirème ; il se contenta d'un simple esquif et résolut de cingler vers les îles hyperboréennes où l'on pêche les cachalots énormes et ces poissons savoureux dont la chair combinée avec le suc des oliviers de l'Attique produit cette crème appétissante que les Grecs ont baptisée *brandadès*.

Or, un matin que Calypso, debout sur la falaise qui domine le Pirée, attendait la venue d'Ulysse, elle vit une voile blanche s'enfuir rapidement vers l'horizon. Debout à l'arrière, une forme vague, que son cœur reconnut, agitait un lambeau d'étoffe. Et la brise marine apporta jusqu'aux oreilles de l'abandonnée ce terrible mot de la fin : Adieu !

Et, du matin au soir, la falaise qui domine le Pirée retentit de gémissements sinistres. Et, depuis ce jour, Calypso, toute à son deuil, se dérobe à toute consolation et refuse même d'ouvrir les nombreux messages où ses admirateurs et son nouveau poète favori la conjurent de revenir dans Athènes !

Sur la route qu'Ulysse va parcourir sont semés d'innombrables écueils. Se bouchera-t-il les oreilles avec de la cire pour échapper à la séduction des Sirènes ? Doublera-t-il, sans y sombrer, les deux caps funestes de Charybde et de Scylla ? Atteindra-t-il enfin cette Ithaque où deux cœurs fidèles guettent anxieusement son retour ? Seuls, les oracles pourraient le dire.

Mais, qu'il sorte vainqueur de ces épreuves suprêmes, ou qu'il y succombe, Calypso ne le reverra plus !

ULYSSE EN ITHAQUE

25 octobre 1884.

Le départ d'Ulysse pour les Iles Hyperboréennes n'était qu'une feinte : il fallait se mettre en garde contre les poursuites jalouses de Calypso, dépister les fidèles serviteurs qu'elle ne manquerait pas de lancer sur ses traces. Il avait bien essayé de s'en faire des complices, en couvrant d'or Klaudios, l'ilote de Laconie, son épouse Fortunata, la jeune esclave Thessalienne, et la vieille matrone préposée aux soins du gynécée. Mais il eut peur que, lui parti, ce trio mercenaire ne retombât sous le charme dont il avait été lui-même si longtemps englué. Et c'est en prévision de ce retour qu'il usa d'artifice, justifiant encore ce renom — que nous a transmis le bon Homère — du plus astucieux entre les Grecs.

Mais, dès que la falaise où Calypso promenait son inconsolable douleur se fut effacée dans les brumes du lointain, Ulysse donna l'ordre à son équipage de virer de bord et de mettre le cap sur Ithaque.

Quand ils atterrirent, le soleil descendait à l'horizon. On jeta l'ancre ; et le divin Ulysse, après avoir donné le mot d'ordre à ses hommes et baisé le sol natal, s'engagea seul dans les sentes familières.

Tout en marchant, il sentait qu'un air plus pur gonflait sa vaste poitrine ; par une délicieuse hallucination, il lui sembla que tous les arbres de la route le reconnaissaient, comme il les reconnaissait lui-même, et lui souhaitaient la bienvenue ; au coin de toutes les bornes, chantait le chœur des tendres souvenirs ; et, dans son âme tourmentée, un inexprimable attendrissement s'enfiltrait goutte à goutte, comme la rosée du ciel dans les gazons flétris.

Il atteignit enfin le seuil domestique. Comme il l'allait franchir, du fond de la cour qui précède l'habitation, le bruit de deux voix alternées vint à son oreille, et, dans l'ombre descendante, il vit se dessiner un groupe formé d'un vieillard et d'un enfant, l'un aux cheveux blanchis, à la taille caduque, l'autre à la toison dorée, aux muscles vigoureux. Dans ce vieillard, Ulysse reconnut son fidèle Eumée ; quant à cet enfant, son cœur de père ne s'y pouvait méprendre : c'était son cher Télémaque.

Le vieillard disait :

« Monseigneur, vous avez lancé le disque d'une main sûre ; vous avez frotté vos reins d'huile et vous êtes sorti vainqueur du pugilat… L'heure est venue de tenter la suprême épreuve ! »

Et, du doigt, il montrait à l'enfant l'arc du divin Ulysse, cet arc colossal que son bras, affaibli par l'âge, était impuissant à manier.

Alors Télémaque se raidit sur ses petites jambes, prit l'arc de la main gauche, glissa le javelot dans la rainure, et, rassemblant toutes ses forces, tira vigoureusement de la main droite sur la corde d'airain. La corde gémit sous l'effort, et le javelot, décrivant une courbe harmonieuse, s'alla ficher profondément en plein but.

Ulysse eut un tressaillement d'orgueil paternel. Il ouvrit les bras pour y serrer ce digne fruit de ses entrailles. Mais, entre eux, se dressa, comme un spectre, l'image plaintive de Pénélope ; et, contournant le mur de clôture, il entra dans le logis par une porte dérobée.

Il franchit l'atrium, silencieux et désert, où les Dieux Lares veillaient, seuls, sur leurs socles de marbre, traversa plusieurs pièces où régnaient le même silence et le même abandon, et parvint ainsi jusqu'à la porte du gynécée, sous laquelle filtrait une lueur discrète. Là, comprimant d'une main le tumulte de son cœur, et de l'autre soulevant l'épaisse tenture, il regarda.

Près d'une petite table où brûlait une lampe fumeuse, Pénélope, en habits de veuve, assise devant son métier, s'acharnait à la tâche vingt fois achevée, et vingt fois reprise. A ses pieds, sur une toison blanche, Argus, le vieux chien du Maître, dormait d'un lourd sommeil, semblable à la mort.

Les murs n'avaient plus leur primitive physionomie. Les tentures anciennes avaient été remplacées par des tentures nouvelles : celles-là chantaient la jeune gloire d'Ulysse, celles-ci sa gloire récente. On y lisait en cinq panneaux, ornés d'alexandrins épiques, l'épopée merveilleuse du prince indien, Nana-Saïbos. Sur un autre, des doigts arachnéens avaient fixé la sombre légende de Makbetidès, le farouche roi de Scotie, et de sa douce compagne.

Parfois, Pénélope s'arrêtait, songeuse, l'aiguille immobile sur la trame interrompue ; et de sa paupière, où le chagrin avait mis un cercle bleuâtre, s'échappait une grosse larme, qui, glissant le long de sa joue pâle, venait se mêler, perle liquide, aux perles d'or de sa broderie.

Tout à coup, Argus, agitant sa queue avec une impatience nerveuse, fit entendre un joyeux aboiement.

— Paix, Argus ! gronda Pénélope... cette joie est hors de saison, tant que le Maître n'est pas revenu !

Mais le chien, bondissant vers la porte, se dressa tout debout le long de la tenture, et, comme s'il avait mis dans cet élan ses dernières forces, retomba lourdement sur le sol.

Il était mort !

Pénélope comprit ; tout son sang reflua vers son cœur ; elle se leva, toute frissonnante, et, d'un pas lent, presque automatique, elle marcha vers celui que sa tendresse avait deviné.

Ulysse était devant elle, les genoux pliés, n'ayant qu'un mot sur les lèvres :

« Pardon ! »

Mais elle, le relevant d'un geste plein de noblesse :

« Il ne vous sied point, lui dit-elle, de vous humilier... Vous êtes mon seigneur et maître... je ne suis que votre humble servante !... Jupiter vous avait éloigné... Jupiter vous ramène... que Jupiter soit béni ! »

Puis, appelant ses femmes, elle versa l'eau lustrale dans une aiguière d'or, y mêla de molles essences, et, dénouant la chaussure poudreuse du voyageur, elle lava, de ses propres mains, ses pieds meurtris par la marche.

A ce moment entra Télémaque... Ici, nous jetterons un voile sur les épanchements délicieux de ces trois êtres, qui, jusqu'à la douzième heure, répétèrent sur tous les tons, dans des embrassements sans fin, la rapsodie ionique :
« Bonheur de se revoir ! »

L'AMOUR FOU

27 octobre 1884.

Le bruit courait ce soir, au Vaudeville, que mademoiselle Raymonde, du Palais-Royal, avait été frappée, dans la journée d'hier, d'aliénation mentale.

Vérification faite, il s'agit d'une simple surexcitation nerveuse, et la raison de la sympathique artiste ne semble heureusement pas en péril.

. . . .

. . . .

C'était le 22 mars 1869. Les Bouffes-Parisiens étaient heureux. Offenbach y régnait en maître; et ses deux compères, Henri Meilhac et Ludovic Halévy, désertant le passage des Panoramas, étaient venus, sous le pavillon de la Grande-Duchesse, tenter la fortune au passage Choiseul.

Ce soir-là, les fauteuils et les avant-scènes faisaient prime. Songez donc : Hortense Schneider allait paraître dans un rôle qui, d'après la chronique, était une véritable autobiographie. Madame Thierret devait faire Minerve, et, se rappelant ses lointains débuts dans les *Burgraves*, dialoguer dans la langue des Dieux :

> Je viens, moi, la chaste déesse,
> Moi, dont le casque d'or est orné d'un hibou,
> Moi, déesse de la sagesse...

Les « pannes » avaient été distribuées à tout un essaim de jolies filles dont quelques-unes ont eu des fortunes diverses : Alice Regnault, qui, depuis, a troqué le gant à dix-huit boutons contre une mitaine de soie; Christiane, la pupille du joyeux Christian, des Variétés, que la finance a prise au théâtre, pour en faire une exquise mère de famille ; et Valtesse, qui, des pages, est passée aux Égéries, et qui, s'inspirant du plus aimable éclectisme, a gravé successivement sa triomphante devise : *Ego !* sur les arbres des Jardies, à la devanture des libraires et sur les palettes illustres de l'avenue de Villiers.

Mais ce qui mettait en révolution tous les gilets en cœur — on en portait alors — et toutes les cravates blanches, c'était le début promis, dans la *Diva*, d'une jeune fille, presque une enfant, venue tout exprès de la Gironde pour faire l'Amour, — c'est, bien entendu, du rôle que je parle.

La débutante avait sa légende, avant même d'avoir débuté. Un jour, les habitués de la mère Lafont, à Bordeaux, virent apparaître, derrière le comptoir où, jusqu'alors, la bonne dame avait trôné seule, une délicieuse créature, blonde comme les blés, fraîche comme une pomme d'api, dont la bouche, largement ouverte en un gai sourire, avait l'aspect d'une grenade aux pépins d'ivoire, le tout éclairé par une paire d'yeux où le soleil de là-bas semblait avoir mis toutes ses flammes et l'Océan tout son azur. La fortune de l'établissement était faite. On y vint de tout Bordeaux, moins pour se rafraîchir au cellier de la mère Lafont que pour se brûler aux regards de la jolie Raymonde. Mais la jolie Raymonde était, pour ces appétits de province, un morceau trop friant. Et voilà qu'un beau matin les habitués trouvèrent le comptoir vide et la cabaretière en larmes. L'ingénue avait filé sur Paris, nuitamment, et, comme dit la romance,

En emportant un... ténor sous son bras !

L'histoire avait couru les gazettes : aussi toutes

les séductions de l'affiche, annonçant la première de la *Diva*, s'effaçaient-elles devant ces huit lettres : Raymonde, mises en regard de ces six autres : l'Amour.

Le premier acte et la première moitié du second furent écoutés avec une froideur nuancée d'impatience : la débutante n'en était pas. Mais, dès qu'elle apparut, à travers une vapeur de gaze, moulée dans son maillot couleur de chair, ses petites ailes battant sur ses épaules éblouissantes, il courut, de l'orchestre au cintre, ce frisson voluptueux qui dut secouer le vieil aréopage, quand Phryné, pour plaider sa cause, eut recours aux arguments que l'on sait.

Raymonde aurait pu faire comme Phryné : s'en tenir à l'éloquence plastique. Elle parla. Que dis-je ? elle chanta. Et, dans le murmure des respirations haletantes, on entendit ces vers qui, tombés de ces lèvres où nichaient tant d'amoureuses promesses, avaient l'air d'une profession de foi :

> Mesdames, messieurs, moi, je suis l'Amour !
> Chacun peut ici me faire sa cour !

La voix était mince, mince, avec l'acidité d'un fruit vert. Mais bah ! C'était la fête des yeux et non celle des oreilles ! Avec des jambes ainsi modelées, le reste eût été vraiment du superflu !... Ah ! ces jambes ! Un poème de Parny relié en soie rose, comme dit galamment l'historiographe des *Jolies Actrices de Paris*... On en parla longtemps de ces jambes, au Café Riche, au Grand-

Seize, à la Maison-d'Or, au Moulin-Rouge, chez Bignon, chez Brébant, partout où de jeunes messieurs, doués le plus souvent d'un conseil judiciaire, font, défont et refont les réputations du jour.

Mais on ne peut pas jouer rien que l'Amour, du moins au théâtre. Dans la vie dramatique, les plus belles jambes du monde sont parfois obligées de garder l'incognito. Le jour où Raymonde ne put plus exhiber les siennes, le charme fut rompu. Il alla diminuant à mesure que s'allongeaient ses jupes. D'où l'on peut conclure que, si Sosthène de Larochefoucauld eût été surintendant des théâtres, l'aimable fille n'eût jamais connu les joies éphémères de la popularité.

Elle passa le siège et la Commune à Bordeaux. Puis, elle s'en fut au Caire; et nous apprîmes que, là-bas, sans doute par horreur de la polygamie, elle s'était faite monogame, en épousant un de ses camarades, le ténor Emmanuel. Mais Alfred Naquet n'avait pas encore commencé sa croisade, que ce couple impatient avait déjà fait l'essai loyal du divorce.

De retour en France, elle vagabonda de théâtre en théâtre, plus souvent dans les avant-scènes que sur la scène. Elle s'était, en dernier lieu, fixée au Palais-Royal. Et quand elle se montrait, de temps à autre, dans un de ces rôles habillés, qu'elle tenait, d'ailleurs, avec une rare élégance, je fermais machinalement les yeux, et je revoyais dans le lointain du rêve, ces jambes troublantes... et ces jambes avaient une voix, une voix mince,

mince, avec une acidité de fruit vert... Et cette voix disait :

> Mesdames, messieurs, moi, je suis l'Amour!
> Chacun peut ici me faire sa cour!

Coïncidence étrange. Ce soir, au Vaudeville, où le bruit courait qu'elle était folle, on jouait l'*Amour!*

Pauvre Raymonde !

NOVEMBRE

MORS-VITA !

2 novembre 1884.

C'est la fête des Morts !

Et — par une de ces antithèses dont le symbolisme déconcerte les sceptiques — c'est aussi la fête de l'Immortelle — la fleur qui ne meurt pas !

Le culte des morts, qu'on trouve à l'origine comme au déclin de toutes les civilisations, repose sur la croyance innée au recommencement, sur la survivance de ce qu'il y a d'immatériel en nous à ce qu'il y a de périssable. Mettez l'incroyant le plus endurci devant le cercueil d'un être cher — père, mère, femme, enfant — et grattez-lui l'épiderme... vous retrouverez dessous le charbonnier, avec sa foi naïve et son espoir indestructible dans un « au delà » plein de redoutables ténèbres, mais plein aussi de consolantes clartés.

Entre ces deux termes : Mors-Vita, il n'y a qu'un inconnu, mais ce n'est pas « Néant » qu'il s'appelle. La Vie est un livre au bas duquel une main humaine n'écrira jamais le mot : Fin.

Je défie les plus malins d'expliquer par une autre cause l'invincible élan qui, chaque année, à cette date, pousse vers les cimetières tous les mondes habités, et, pendant vingt-quatre heures, concentre, dans les enclos de la Mort, toute la vie des peuples.

Croyez-vous sincèrement que, sur les tertres fleuris, tant de larmes amères seraient versées, si ces larmes ne devaient mouiller que des cendres à jamais éteintes? Croyez-vous que, sur les marbres, tant de douces paroles seraient murmurées, si ces paroles ne devaient pas être entendues? Croyez-vous que tant de cœurs pieux battraient contre les grilles, si, de l'autre côté, ces battements ne devaient pas éveiller des échos sympathiques ? Superstition, direz-vous. Mais la superstition qui, à un jour dit, prend tout l'univers aux entrailles ressemble beaucoup à la foi.

Paris a perdu tous les respects ; il a renié tous ses cultes ; mais il a gardé le respect de ceux qui ne sont plus ; il est resté fidèle au culte du souvenir. Il lui sera beaucoup pardonné, parce que, du naufrage de toutes les croyances, il a sauvé cette épave suprême ; il lui sera beaucoup pardonné, parce que, dans cette mêlée furieuse des idées, des intérêts, des revendications, des colères, des haines, des appétits, il observe religieusement cette trêve annuelle : la Trêve des Morts.

Il y a, je le sais, des pauvres diables, affolés de la politique, qui, méconnaissant cette trêve, refusent de désarmer, appellent les morts à la rescousse et les adjurent d'être leurs complices. Cette exploitation du cadavre a je ne sais quoi de sacrilège et d'impie. Mais ceux qui s'y livrent sont plus à plaindre qu'à blâmer. Ils sont plus à plaindre qu'à blâmer, les inconscients qui se font un tremplin d'une tombe, transforment en estrade de club la fosse commune, et battent le rappel des passions mauvaises avec des tibias. Ils ignorent la plus douce des joies, et la plus fortifiante, celle de vivre quelques heures en communion muette avec les êtres tendrement aimés, tendrement regrettés, et qui, s'ils pouvaient parler, ne réclameraient qu'un droit : le droit au silence !

Il y en a d'autres pour qui les cimetières sont de simples musées, ouverts une fois l'an, et qui s'y rendent en pèlerinage... par amour de l'art. L'éternelle morale, celle qui domine nos grandeurs et nos petitesses, trouve encore son compte à cette curiosité. L'histoire de notre pays, la glorieuse... et l'autre, est écrite sur les marbres de nos nécropoles ; et c'est là seulement, comme dans un prétoire inaccessible à la corruption, que la Postérité rend sa justice définitive. Dites-moi les hommages qui s'empressent autour d'une tombe, les lauriers qu'on y suspend, les fleurs dont on la pare, je vous dirai quel est l'homme qui dort dessous. De ce pèlerinage... par amour de l'art, se dégage ce noble enseignement : que ceux-là seuls ont des titres à l'amour et aux regrets d'un peuple, dont la mémoire jette un lustre immortel sur la Patrie, et n'éveille dans les âmes que des idées d'héroïsme, d'honneur, de loyauté, de travail, de génie, de dévouement et d'abnégation.

Il y en a d'autres, enfin, qui, en ces jours de commémoration pieuse, se cloîtrent dans la solitude attendrie de leur cœur. La porte verrouillée, les volets clos, pour que rien du dehors ne vienne troubler le doux mystère, ils allument la petite lampe, compagne assidue de leurs veilles. Puis ils vont droit au petit meuble dont chaque tiroir renferme un lambeau de leur vie. Ils ouvrent doucement, comme ils ouvriraient une tombe, le tiroir aux tendresses mortes, qui ne s'ouvre qu'une fois l'an ; et, d'une main tremblante, ils étalent devant eux ces témoins de leurs vieilles joies ou de leurs vieilles tristesses : fleur desséchée, lettre jaunie, mèche brune ou blonde, gant dépareillé, ruban sans couleur, flacon sans arome !... Dans le demi-jour de la chambre, passent et repassent mille visions charmantes ou terribles... Les yeux se mouillent à cette évocation d'un passé qu'on croyait mort, et qui ressuscite... Le long des joues glisse une petite larme, et, sous cette rosée, toutes ces douces choses retrouvent une âme, revêtent une forme et prennent une voix !...

Fête des morts !... Fête des vivants !

LE RASTAQUOUÉRISME DANS L'ART

9 novembre 1884.

Paris a brisé hier un de ses joujoux préférés. La poupée Van Zandt avait cessé de lui plaire, il a mis la poupée Van Zandt en morceaux. La nébuleuse, qu'en une heure d'engoûment il avait promue étoile de première grandeur, s'en est allée, en un clin d'œil, où vont les... vieilles lunes.

<blockquote>Tu ne fis que passer, et tu n'es déjà plus !</blockquote>

Paris est féroce en ces volte-face soudaines. Comme Saturne, il dévore ses enfants de prédilection. Il met autant de désinvolture à se reprendre qu'il a mis d'inconscience à se donner. Depuis hier, il a jeté plus de pierres dans le jardin de sa victime qu'il n'avait fait pleuvoir de fleurs sur l'autel de son idole. Il a changé la voie triomphale qu'il avait frayée, de ses propres mains, à sa favorite d'un jour, en un douloureux Golgotha. Il l'a couronnée d'épines à l'endroit même où il l'avait couronnée de roses. J'avoue que je ne suis pas à ce point Parisien ; je ne puis oublier qu'il s'agit d'une femme ; et j'ai pour ces créatures détestables et charmantes, infernales et divines, la superstitieuse religion du poète persan.

D'ailleurs, je n'assistais pas à cet égorgement. J'étais à la Renaissance, plus séduit — j'ose le dire, dût-on me traiter de Philistin — par cette tentative artistique que par l'exhibition d'une « petite merveille » surfaite dans une reprise surannée.

Mais si je n'ai pas vu, j'ai lu ; j'ai lu tout ce qui s'est écrit sur cette soirée émouvante ; et, malgré ma longue habitude de lire entre les lignes, il ne m'a pas encore été possible de me faire une conviction au milieu de tous ces racontars contradictoires.

Ce qui s'en dégage, c'est qu'au moment d'entrer en scène, mademoiselle Van Zandt s'est trouvée atteinte d'une sorte d'aliénation... physique. Mais ces accidents n'éclatent pas, en général, comme un coup de foudre. Il y a des prodromes à l'ivresse, des phases diverses dans son développement. Ça commence, d'ordinaire, par une gaieté fébrile ou, suivant les natures, par une sombre mélancolie. Il est inadmissible, étant donnés l'âge et la condition de la nouvelle Rosine, qu'elle ait atteint d'emblée, sans gradation aucune, le *summum* du délire alcoolique. Une intempérance invétérée, reconnue, expliquerait seule qu'elle ait ainsi pu donner le change à tant de sympathies éveillées autour d'elle. Et je ne sache point que ce soit ici le cas. Si donc mademoiselle Van Zandt était ivre, comment se fait-il que sa mère, si attentive ; que son habilleuse, si dévouée ; que M. Ponchard, le plus vigilant des régisseurs ; que M. Carvalho, le directeur à l'œil de lynx ; enfin qu'aucun de ses camarades ne s'en soient aperçus ? Et, s'ils s'en sont aperçus, comment se fait-il qu'ils n'aient pas conjuré le scandale ? Il était avéré dès le premier acte, dès la scène du balcon, que la jeune artiste n'était pas dans son état habituel : sa coiffure fripée, son air ahuri, ses propos incohérents, ses façons étranges, tout trahissait en elle une exaltation dangereuse. A ce moment, une annonce — annonce que le simple respect du public rendait nécessaire — pouvait tout sauver. Pourquoi ne pas la faire, cette annonce ? Pourquoi permettre à cette inconsciente d'aller au-devant du désastre certain ? Pourquoi la laisser elle-même se livrer aux bêtes et s'offrir en holocauste ? Pourquoi ne pas voiler ces hontes, comme les enfants de Noé la nudité de leur père, au lieu d'abandonner cette victime aux huées, aux sarcasmes, aux imprécations des fils de Cham ? Pourquoi ?... Pourquoi ?... Ce sont là des « pourquoi » qu'il eût été peut-être humain d'éclaircir avant de procéder à cette exécution brutale, et qu'il sera peut-être juste de résoudre avant que l'avenir d'une malheureuse artiste soit irrémédiablement perdu !

Mais ce ne sont pas là mes affaires. Je ne veux retenir de ce déplorable incident que la leçon qui en ressort, bien convaincu, d'ailleurs, qu'elle sera, cette fois encore, comme la précaution du *Barbier*, une leçon inutile.

Et je dis au public : — Le coupable, en l'espèce, ce n'est pas mademoiselle Van Zandt, c'est vous ! Eh ! quoi, voilà trois ans et plus que vous subissez patiemment ses fantaisies, que vous vous courbez humblement devant ses caprices ! Et parce qu'un beau soir cette domestication vous révolte, cette posture humiliée vous fatigue, vous vous croyez quitte envers elle ! Si, dans cette voie, elle a cru pouvoir aller jusqu'à l'outrance, à qui la faute, s'il vous plaît ! Il y a trois ans et plus qu'elle vous berne, trois ans et plus que ses pieds de nez vous paraissent des gamineries adorables et ses coups de pied au derrière des enfantillages exquis !.. Et pour quelques éclaboussures de gin ou de vin bleu, voilà que vous faites les dégoûtés ! Mais souvenez-vous-en, elle a fait pire encore. Elle a, grâce à vous, introduit sur le plus français de nos théâtres ce ragoût d'exotisme, ce rastaquouérisme artistique, dont nous sommes lentement empoisonnés ! Elle a, grâce à vous, inauguré le règne du charabia sur ces planches où, seule, depuis un siècle, avait droit de cité la belle mélodie française ! Elle a choqué votre oreille, offensé votre goût, macaronisé vos chefs-d'œuvre, transformé la mélomanie parisienne en dilettantisme auvergnat !... Tout cela, vous l'avez permis, vous l'avez trouvé drôle, piquant, excentrique, pas banal du tout .. tout cela, vous l'avez encouragé ! Et parce qu'elle a voulu voir jusqu'où pouvaient aller son empire et votre sottise, parce qu'elle a voulu tenter une dernière fumisterie, vous lancer un défi suprême, vous venez lui dire : « Vous sentez le vin !... Passez au large ! » C'est par trop d'inconséquence, vraiment, ou de naïveté.

Et ce n'est pas tout, ami public ! Si, petit à petit, à la longue, il s'est produit quelques tiraillements entre cette délicieuse perruche et le charmeur d'oiseaux qui, pour vous complaire, l'avait, à prix d'or, attachée à son perchoir, ces tiraillements, c'est vous qui les avez fait naître. Vous l'avez proclamée supérieure à tous les règlements, indépendante de tous les contrats, vous l'avez mise, non hors la loi, mais au-dessus de la loi ! Cette loi, qu'en argot de théâtre on appelle un *engagement*, cette loi si dure pour nos artistes à nous, qui, à la moindre infraction, les frappe dans leurs économies par les amendes, dans leur repos par des tyrannies sans nom, dans leur fierté par des mercuriales du premier sous-ordre venu, vous en avez fait une trame aux mailles largement ouvertes, par où pouvait passer, selon son bon plaisir, cette pensionnaire privilégiée ! Rentrées tardives après les vacances, répétitions manquées, bandes sur l'affiche à la dernière heure, ordre des spectacles bouleversé au gré d'un caprice, impertinence envers les auteurs, dédain des camarades, mépris de vous-même, — vous vous êtes fait le complice docile de ces... libertés que, partout ailleurs, on traiterait par le knout ou, du moins, par les douches ! Et, ce faisant, vous avez fait du théâtre, national entre tous, le théâtre d'une étrangère, une machine où, quand ce rouage s'arrête, la vie est fatalement suspendue, où les autres rouages, jadis essentiels, ne sont plus que d'onéreuses et gênantes superfluités !

Voilà votre œuvre, ami public ! Et, parce qu'elle porte ses fruits, vous prenez la mouche ! Tu te fâches, Jupiter ? Tu as tort. Tu l'as voulu, ne te plains pas ! Que la leçon, du moins, te profite. Elle est cruelle... il faudrait s'applaudir de l'avoir reçue, si, dans toutes les âmes et dans toutes les intelligences françaises, elle enfonçait cette conviction que « le rastaquouère, en art, c'est l'ennemi ! » Le rastaquouérisme, au théâtre, est le mal secret qui, lentement, mais sûrement, nous consume et nous ronge ! Evohé ! le rastaquouère est roi ! Quel génie ! Quel dentiste ! Il n'y a que lui ! Il n'y a que lui ! Tout ce que nous avons de personnel, d'original, de bien à nous — notre génie propre et nos traditions nationales — s'efface et disparaît dans le rayonnement de cette dictature envahissante. C'est une nouvelle invasion des barbares, mais dirigée, cette fois, contre les esprits ! Et si l'on ne se hâte d'opposer une digue à cette marée montante, un jour ou l'autre elle finira par nous submerger. Et, ce jour-là, ce sera fini de la France artistique.

J'ai lu quelque part chez les Goncourt : « Il y a des fortunes qui crient à l'honnête homme : « Imbécile ! Triple imbécile ! »

Il y a des tolérances qui crient à tout bon Français : « Idiot ! Triple idiot ! »

Quand donc aurons-nous à cœur d'être une lumière, non un reflet ; un foyer, non une auberge ; de réserver nos sympathies, nos engouements, nos indulgences pour ceux ou celles qui sont de notre race, de notre sang et de notre chair ?

UN NEZ EN LOCATION

18 novembre 1881.

Un monument à Gil Pérès !

L'opinion publique a qualifié comme il convient cette idolâtrie posthume. La question est jugée ;

et le pauvre garçon, que des amis maladroits veulent écraser sous un bloc de marbre, déclinerait assurément cet excès d'honneur... s'il avait voix au chapitre.

Car il était homme de sens autant qu'homme d'esprit. Il était loin d'apporter dans la vie l'« outrance » qu'il apportait au théâtre; et bien que, sur le tard, la Folie l'eût touché de son aile, j'ai rarement connu nature plus correcte et cerveau mieux équilibré.

Gil Pérès, entre autres mérites, eut celui d'être un des rares comédiens de ce temps-ci, qui, l'histrion dépouillé, le fard essuyé, n'emportent pas après eux le fumet âcre de leur profession. D'une éducation parfaite, aimable, distingué, point cabotin, homme du monde, causeur intarissable, il faisait aussi bonne figure dans un salon que sur les planches. Ayant le flair du théâtre, le sentiment exact des situations, la divination du mot juste, du mot qui porte, il fut, pour les auteurs dont il faisait valoir les œuvres, plus qu'un interprète hors de pair, un utile collaborateur. Lambert Thiboust, en particulier, dut beaucoup, et il le disait hautement, à sa fréquentation constante; il avait fait de lui le compagnon de toutes ses heures et l'auxiliaire de tous ses travaux.

Un soir qu'ils étaient ensemble à Mabille, ils y firent la rencontre d'une fille belle comme le jour et spirituelle comme... le rapport de M. Leroy. On s'en alla souper chez Vachette, — c'était Vachette alors, et on soupait encore. Au dessert, la grue voulut percer l'incognito de ses deux compagnons :

— Pourquoi donc qu'on t'a décoré ? demanda-t-elle à brûle-pourpoint à Lambert.

— Pourquoi qu'on l'a décoré ? répondit Gil Pérès. Ah! ma petite, en voilà un qui ne doit pas son ruban à l'intrigue !... Il travaille !... il travaille !...

— Et qu'est-ce qu'il fait de son état ?

— De ses deux états, tu veux dire!... Figure-toi qu'il est en même temps acteur à l'Odéon et commissaire de police...

— Où ça ?

— A Orléans !

Il avait de ces fantaisies imprévues et charmantes. Une autre fois — je n'ose dire la date, tant c'est loin ! — les artistes du Palais-Royal s'étaient réunis au café, voisin du théâtre, où Grassot débitait son fameux punch. Il y avait, en outre, quelques auteurs dramatiques, entre autres Barrière et Thiboust, déjà nommé, et quelques gens de lettres, entre autres Adolphe Dupeuty, mort récemment, et quelqu'un qui me tient de très près. Le nez d'Hyacinthe, comme toujours, était le point de mire, la cible de tous les lazzis. Ils s'y plantaient comme des épingles dans une pelote, si bien que, perdant patience, le propriétaire de ce mirifique appendice s'écria :

— Prenez-le donc, mon nez, et que ça finisse !

— C'est dit ! répliqua Gil Pérès.

Et hélant le garçon :

— Apportez, lui dit-il, tout ce qu'il faut pour écrire. Toi, Dupeuty, tu feras le notaire; ces messieurs feront les témoins. Ecris, je dicte.

Et il dicta :

« Entre les soussignés, Hyacinthe, artiste dramatique et propriétaire à Montmartre, d'une part; et Gil Pérès, également artiste et propriétaire d'une faible partie de l'île de Beauté, sise à Nogent, d'autre part ;

» Il a été convenu et arrêté ce qui suit :

» Article premier. — Le sieur Hyacinthe loue et cède son nez au sieur Gil Pérès pour toute la durée de leurs engagements, à l'effet de servir de *truc*, d'*emblème*, de *talisman* et, bref, à toutes les nécessités du répertoire.

» Art. 2. — Le nez précité sera mis à la disposition du sieur Gil Pérès à dater des répétitions dites *au quatuor*, afin qu'il puisse s'habituer au maniement dudit cartilage.

» Art. 3. — A la fin de chaque soirée, le nez, après avoir servi, sera placé dans une boîte à violon.

» Art. 4. — Il est expressément interdit audit sieur Gil Pérès de s'en servir pour bals masqués ou de l'employer comme éteignoir.

» Art. 5. — Ledit nez devra, chaque fois, être livré propre et parfaitement nettoyé ; mais, à partir de ce moment, le sieur Pérès sera chargé de vider, à ses frais, les deux fosses nasales.

» Art. 6. — Le sieur Pérès s'engage, sous peine de retrait dudit nez, à ne jamais placer l'objet dans un endroit humide et à ne jamais l'astreindre à d'autres usages que ceux dûment autorisés par la censure.

» Art. 7. — Dans le cas où les besoins du service appelleraient la troupe à Bade ou ailleurs, le sieur Pérès fera voyager le nez à ses frais. Cependant il lui sera loisible de s'en servir comme chancelière pendant toute la durée du trajet.

» Art. 8. — . . . .

» Art. 9. — Si le sieur Gil Pérès venait à rompre son engagement, il est bien entendu que ledit nez reviendrait, après expertise, à son véritable propriétaire.

» Art. 10. — En cas d'émeute, ledit nez ne peut, sous aucun prétexte, servir de barricade.

» Toutes ces réserves faites, le sieur Gil Pérès peut jouer avec l'objet selon les besoins de son art; il peut le grimer, l'aplatir, le relever, l'allonger, y suspendre des anneaux, le faire priser et même s'asseoir dessus, sans que le sieur Hyacinthe puisse, en aucune façon, s'opposer à ces aimables espiègleries.

» Fait double et de bonne foi, par devant et par derrière M° Dupeuty (Adolphe). »

De ceux qui signèrent en qualité de témoins, la plupart sont morts; et les quelques survivants ont divorcé, de longue date, avec la douce Folie qui dicta cet acte extra-légal.

Ceux-là me sauront gré de les avoir rajeunis de vingt ans et plus. Ces aubaines-là sont si rares !

LA GAGNOTTE DU PAUVRE

26 novembre 1884.

Le froid et la faim ! — Voilà le double problème qui surgit tous les ans, à cette époque, avec une effroyable périodicité, et que les menaces d'épidémie, aujourd'hui conjurées, grâce à Dieu, vont rendre, cette année, plus poignant encore.

Comment le résoudre ?

Quand le thermomètre est au-dessous de zéro, quand le travail est suspendu, quand l'outil est inactif dans les mains de l'ouvrier, quand des milliers de pauvres diables agonisent dans des galetas sans feu, devant des huches sans pain, c'est à ces termes étroits que se réduit la « question sociale ».

Tous les meetings, toutes les conférences, toutes les réunions publiques et privées, tous les discours, toutes les croisades en faveur des droits de l'homme et de la femme, ne sont que chimères plus ou moins généreuses quand l'inégalité des conditions met en péril tant d'existences humaines. Le premier droit de l'homme et de la femme, c'est de ne mourir ni de froid ni de faim. Le premier devoir de ceux qui sont à l'abri de cette double fatalité, c'est d'en défendre et d'en garantir leurs semblables.

On dit que la faim fait sortir le loup du bois. La faim, lorsqu'elle est aiguillonnée par le froid, fait sortir de leurs mansardes, glacées comme les huttes du pôle et famélique comme le radeau de la Méduse, ces hommes à visages pâles et ces femmes à demi-nues, tantôt seules, tantôt les bras chargées d'une marmaille en guenilles, qui, le soir, à la nuit tombante, vous accostent au coin des rues, se cramponnent à vos fourrures bien chaudes, et vous murmurent à l'oreille dans un sanglot : « Par pitié, monsieur, je n'ai pas mangé depuis vingt-quatre heures !... Monsieur, ma vieille mère grelotte devant le foyer éteint !... Monsieur, mon pauvre petit se tord de besoin après ma mamelle vide !... Monsieur, sauvez-moi de la honte !... La charité, s'il vous plaît ! »

Par une anomalie étrange, c'est à ces heures sinistres que les gardiens de l'ordre public appliquent avec le plus de rigueur les règlements relatifs à l'interdiction de la mendicité. Peut-être serait-il humain de choisir une heure plus opportune, celle, par exemple, où les aubépines sont en fleurs, où les oiseaux chantent dans les arbres, où l'air est tiède et le ciel bleu, où tout est chansons et sourires, où la vie est bonne et facile pour tous, où les cris de l'estomac se perdent dans les cris d'allégresse universelle, où le travail fleurit dans les chantiers, où la misère elle-même a des airs de fête ! Mais, par le froid, par le chômage, n'est-ce pas, vraiment, une pitié ?

Or, à ces trois causes d'anémie sociale, le chômage, la faim et le froid, une autre s'est venue joindre, qui, si le bon sens public ne l'avait paralysée, aurait fait, cet hiver, une vaste solitude de ce grand et généreux Paris, dans le cœur duquel toutes les misères trouvent un écho compatissant, et dont la charité féconde, ingénieuse, inépuisable, toujours en éveil, s'émeut et se multiplie en faveur de tous les déshérités.

Ce nouvel agent de démoralisation, c'est la panique, — la panique causée par le spectre noir du choléra !

Le choléra !... Il y a quinze jours, je n'aurais pas écrit ce nom à cette place, mon rôle étant d'amuser et non d'effrayer mes lecteurs. Aujourd'hui, je l'écris hardiment, car il a perdu sa vertu terrorisante, car il en reste à peine l'impression d'un cauchemar rapide, et l'angoisse de l'avoir subi se dissipe devant la certitude joyeuse d'en être définitivement délivrés.

Oui, définitivement ! Le sinistre voyageur n'a fait que prendre langue à Paris ; il n'a pas même ouvert ses malles, ayant vu d'un coup d'œil que, dans ce milieu peu sympathique et cuirassé contre ses entreprises, il aurait du mal à se faire adopter. Et il est parti dare-dare pour une destination inconnue. Bon voyage ! Mais, en le félicitant d'avoir abrégé sa visite, on ne lui peut reprocher qu'une chose, c'est de n'avoir pas gardé l'incognito.

On va crier au paradoxe, — mais, au lieu de s'affliger que cette visite ait été faite, on devrait s'en applaudir, car il en est résulté cette double preuve : que le choléra n'a plus aucune chance de s'acclimater chez nous, et que, grâce à ses admirables défenses hygiéniques, Paris est, de toutes les villes du monde, la plus sûre, la plus saine et la mieux gardée contre toutes les contagions.

Eh bien ! n'en déplaise aux alarmistes quand même, à ceux qui jouent du spectre noir comme on jouait jadis du spectre rouge, cette conviction fortifiante commence à s'imposer à tous les esprits, au dedans comme au dehors. Cela se sent, se devine, se voit à mille symptômes : aux hôtels qui, jadis vides, se peuplent ; aux boulevards qui s'égaient ; aux attardés de la villégiature qui rentrent ; aux trains qui, chaque jour, nous ramènent des myriades de provinciaux ou d'étrangers ; aux recettes des théâtres qui montent ; aux plaisirs qui s'organisent ; aux physionomies des négociants qui s'épanouissent ; à l'air de joie qui, tout à coup, a remplacé l'air de morne tristesse dont Paris était embrumé.

Paris est redevenu Paris ! Et son premier devoir, en reprenant possession de lui-même, est de songer à ses pauvres. Il faut qu'il organise le plaisir, car le plaisir est pour lui l'instrument le plus efficace et l'auxiliaire le plus puissant de la charité.

Il faut que Paris s'amuse, pour que ceux qui auront froid aient de quoi se chauffer, pour que ceux qui auront faim aient de quoi se nourrir.

Il faut que Paris s'amuse, parce que, quand il s'amuse, il a l'âme compatissante et la générosité facile ; parce qu'il paie volontiers à ceux qui souffrent et qui pleurent l'impôt de la fête et du plaisir.

Donc, qu'on reçoive, qu'on dîne, qu'on danse, qu'on donne la comédie, que les soirées succèdent aux raouts et les cotillons aux soirées.... mais que sur toutes ces joies mondaines, que sur toutes ces folies des heureux, on prélève l'obole des déshérités !

Pour donner à ma proposition une forme sensible, je voudrais que, dans toutes les maisons où l'on s'amuse, il y eût, comme dans certains cercles :

LA GAGNOTTE DU PAUVRE

Vous verriez la jolie somme que cela ferait au bout de l'hiver.

DÉCEMBRE

A LA SORBONNE

8 décembre 1881.

Ce matin, pour la rentrée de M. Caro, foule énorme à la Sorbonne. Dès neuf heures, le long de la vieille église, une queue ondoyante, où les âges et les sexes se mêlaient dans un coude à coude pittoresque, déroulait ses interminables anneaux. La chaire a ses fanatiques comme le théâtre, et l'auteur de l'*Idée de Dieu* fait recette à la salle Gerson autant que sa caricature à la salle Richelieu. Ici comme là, on refuse du monde au contrôle; ici comme là, on fait plus que le maximum.

Pour raconter cette belle première, on me permettra de m'approprier la méthode de mon excellent collaborateur, le Monsieur de l'Orchestre. Elle a pour elle, outre tant d'autres mérites propres à son ingénieux inventeur, le mérite inappréciable de la clarté.

1° Le décor. Un vaste rectangle, avec des banquettes disposées en amphithéâtre. Le long des frises, des bas-reliefs sans caractère pour tout ornement. Aux nudités qu'il énumère dans *Namouna*, Musset aurait pu joindre la salle Gerson. C'est le triomphe du nu, mais du nu déplaisant et maussade. Ça vous a des airs antiques, à faire croire qu'on n'y a rien changé depuis Abailard. Le jour y tombe en pluie d'un plafond vitré comme celui d'un atrium romain, un jour gris et blafard, qui filtre péniblement à travers les couches de poussière superposées et qui donne à toutes les physionomies un aspect falot et macabre. Au niveau du sol, faisant face aux gradins, une sorte de comptoir en bois luisant et criblé de lézardes, avec le verre d'eau traditionnel sur un plateau d'étain. C'est la tribune. Il faut vraiment que la pièce ait de l'estomac et que le premier rôle ait l'oreille du public pour résister à cette mise en scène dont ne voudrait pas un théâtre forain.

2º Le public. Ceux qui viennent à la salle Gerson, une fois par hasard, en curieux, sur la foi de racontars fantaisistes, risquent fort d'être cruellement déçus. Ce coin de la Sorbonne n'est pas, comme le prétendent de mauvais plaisants, une succursale du champ de courses ou de l'allée des Poteaux, et le cours de M. Caro ne figure pas, comme le *five o'clock*, parmi les mille et une obligations de la vie mondaine. Ce fameux parterre d'élégantes et de jolies femmes, devant lequel l'éminent professeur passe pour développer ses doctrines spiritualistes, est une pure fumisterie. D'ailleurs, dans ce milieu grisâtre, embrumé des vapeurs du matin, il n'y a ni élégantes ni jolies femmes ; — toutes — celles-là... et les autres — ressemblent à lady Macbeth, dans la scène du somnambulisme. Encore une légende à démolir.

Ce n'est pas que le faubourg Saint-Germain et les Champs-Elysées ne fournissent leur contingent à ces fêtes hebdomadaires de l'esprit et que M. Caro ne sente monter autour de sa chaire comme un parfum subtil des salons dont il est le leader écouté. Ce dilettantisme en vaut bien un autre. Mais toutes les « Carolines » ne viennent pas de ces régions extra-pschutt. Elles se recrutent un peu partout, notamment dans les sphères studieuses où les femmes — les jolies et... les autres, surtout les autres — commencent à risquer leur bas d'azur. Elles constituent, en somme, une agréable minorité qui se noie dans le flot mouvant des crânes chauves, des vieilles barbes et des jeunes moustaches, les illustres d'hier et les illustres de demain, venus là, les uns pour faire un cortège d'honneur à leur digne émule, les autres pour se former à ses éloquentes leçons.

3° L'artiste. Son portrait n'est plus à faire. Il est, dans la plus haute acception du mot, le *vir bonus dicendi peritus*. Ceux qu'il a conquis, il y a vingt ans, par la « probité » de sa doctrine, il les retient encore, après vingt ans, par le charme de sa parole, autour de sa chaire. Pas une désertion, et chaque jour de nouvelles recrues. On a cru l'amoindrir en le baptisant l'Octave Feuillet de la philosophie. Il n'est pas plus atteint par cet éloge à double tranchant qu'Octave Feuillet par la qualification ironique de Musset des familles. En ce qui concerne M. Caro, l'assimilation avec l'auteur de *M. de Camors* est des plus heureuses, et il y a des affinités frappantes entre la manière de l'orateur et celle du romancier. Sans entrer dans un parallèle déjà fait, et d'une façon définitive, ils possèdent au même degré, l'un et l'autre, cette qualité si française, et qui, par ce temps de démocratie envahissante, va s'affaiblissant chaque jour, — l'urbanité. Aussi je ne sache pas qu'à ce point de vue spécial, et d'ordre tout à fait supérieur, il y ait une meilleure école que le cours de M. Caro pour la jeunesse contemporaine.

Et il l'aime, cette jeunesse, la réserve de la France, comme il le disait ce matin au début de sa leçon. Il l'aime, parce que, selon la parole d'un grand écrivain, « elle est la page blanche sur laquelle s'écrira l'avenir »; et parce qu'il considère comme l'honneur de sa vie, comme sa plus haute ambition, de « pouvoir écrire quelques lignes sur cette page ».

M. Caro n'a pas de ces envolées, de ces coups d'aile, qu'avait son ancêtre en éloquence sorbonnienne, le grand Michelet. Michelet, dans son enseignement, était un tantinet révolutionnaire. Il saisissait au vol tous les incidents, soit intérieurs, soit extérieurs, pour attiser les passions ardentes dans l'âme de son jeune public. Un jour qu'il vaticinait — c'était sa méthode, — à la Sorbonne, presque à la porte de l'amphithéâtre éclata ce cri strident :

— Arrrchand d'balais !

L'orateur fit un soubresaut et, suspendant sa période.

— Vous l'avez entendu, messieurs ! s'écria-t-il

d'un ton de prophète inspiré... Cette voix est la même qui tonnait aux portes du Jeu de Paume, à l'époque de l'immortel serment de 89 !... La même qui murmurait sourdement, en 1815, au moment où le sol de la patrie était foulé par les hordes étrangères !... La même qui rugissait à l'heure de l'arrestation de Manuel et qui, plus tard, éclatait enfin, en 1830 !... Car, sachez-le bien, messieurs, cette voix, c'est la voix du peuple ! »

Et tout le public en chœur se mit à hurler la *Marseillaise !*

Tout ça pour un marchand de balais !

M. Caro n'est pas de cette école-là. Son œuvre est une œuvre d'apaisement, non d'excitation, de concorde, non de haine. Il est maître de son public comme de lui-même ; il sait où il va et ce qu'il veut, convaincu qu'il va vers la vérité et que ce qu'il veut est bon. Jamais la jeunesse de France ne hurlera la *Marseillaise* au cours de M. Caro.

En voyant, ce matin, avec quelle avidité sympathique cette jeunesse buvait la parole du maître, un rapprochement bizarre m'est venu dans l'esprit.

Le soir de la première du *Cousin Jacques*, au Gymnase, mademoiselle Angelo, après une scène où elle avait déployé tous ses charmes, rentrait dans la coulisse, lorsque Louis Leroy, l'auteur de la pièce, se précipitant à ses pieds, s'écria :

— Ce n'est pas Angelo que tu t'appelles, c'est Archangelo !

Eh bien ! tous ces jeunes gens, suspendus, dans une admiration muette, aux lèvres de l'orateur, semblaient lui dire :

— Ce n'est point Caro qu'on vous appelle, c'est Carissimo !

M. MANUEL, à la sortie. — Il va falloir modifier la maxime de l'Ecriture : *Et verbum Caro factus est !*

INTÉRIEUR D'ARTISTE

12 décembre 1884.

A peine habité depuis un an, l'hôtel que madame Judic s'est fait construire rue Nouvelle est mis en vente. Sur licitation, cela va sans dire, et pour satisfaire à la loi qui régit les héritages et qui rend si difficile l'indivision entre majeure et mineurs. Le « home » est le coin de la vie où l'être humain, la femme surtout, met le plus profondément son empreinte, où sa personnalité se révèle le mieux. Et il a fallu cette contrainte du Code pour que l'excellente artiste se résignât à livrer aux profanes le mystère de ses intimités.

Sa bonne fortune, en la tenant éloignée de Paris, a voulu qu'elle n'assistât point à la violation de cette demeure, dont la construction et l'agencement sont, à vrai dire, son œuvre propre. Car elle est sortie, pièce par pièce, de son cerveau ; on retrouve, dans les plus menus détails, l'exquise fantaisie et la capricieuse imagination de l'artiste. Elle a collaboré, des assises au faîte, avec son architecte, M. Drevet ; et cette collaboration a produit un des plus rares spécimens de l'architecture moderne, et des plus séduisants. Le style, c'est l'homme, a dit M. de Buffon ; on peut dire, après avoir visité l'hôtel de madame Judic : le logis, c'est la femme.

Je l'ai visité comme tout le monde depuis hier, et je tiens à consigner ici le procès-verbal de cette visite. C'est un document humain, au premier chef, qui servira plus tard à reconstituer certains aspects de la vie artistique sous le consulat de Jules Grévy.

L'hôtel, construit dans le goût du seizième siècle, rappelle les petits châteaux du Blaisois. Sa façade monumentale est percée d'une immense fenêtre avec grand balcon en saillie, et, à l'entresol, de deux larges baies, dont une au-dessus de la porte-cochère en bois de chêne, semée de clous qu'on pourrait appeler de Tolède.

Voilà pour le dehors. Entrons. Au bout d'un couloir immense, ouvrant sur une vaste cour, sont les écuries et les remises, dont une partie en sous-sol — de sorte que les voitures montent au moyen d'un truc très ingénieux, comme les décors de l'Opéra.

Le seuil franchi, nous sommes en pleine Renaissance. Au vestibule pavé de mosaïque aboutit un escalier rond en bois sculpté, tournant dans une cage éclairée par de vieux vitraux français du XVIe siècle, où se déroulent d'admirables tapisseries de Felletin, qui forment une série continue du premier au quatrième étage.

A l'entresol, dans la salle à manger gothique, avec cheminée monumentale, même luxe de tapisseries. Cette pièce est en contrebas d'un petit salon, dont elle est séparée par quelques marches. Dans cette loggia tout à fait originale, on peut mettre un orchestre de musiciens. Ici, commence l'orgie des bibelots, les faïences surtout, dont madame Judic est fanatique. C'est un éblouissement de plats de Ginori, d'Urbino, d'étains gravés qui valent une précieuse argenterie ; un entassement de bahuts splendides, dont un seul, qui sort de chez Recapey, est estimé trente mille francs !

Au premier, c'est le hall et la galerie de tableaux. Ce hall, aux proportions de cathédrale, paraîtrait froid, sans une cheminée large de trois mètres, où brûle — quand elle brûle — une bûche qui est un chêne tout entier. Au fond, sur la rue, un vitrail d'église, signé Champigneulle, le premier verrier de Paris. Le plafond est en pierre, rechampi de bleu et d'or ; et, à la hauteur de trois mètres, s'arrondissent des loggias à l'italienne, où l'on peut s'accouder nonchalamment pour causer avec les visiteurs du hall. Un ressouvenir de Véronèse. Tentures sombres, meubles sévères, hormis le piano d'Erard caché sous un vieux velours de Gênes.

De ce clair obscur mystérieux, on entre en pleine lumière, dans la galerie, longue et gaie, avec le jour aux deux pôles. Aux murs, des tableaux ; sur les socles, des bronzes ; et, dans les vitrines, tous les souvenirs que Judic a rapportés de ses voyages, les objets rares qu'elle a dénichés chez les antiquaires dont elle est la cliente adorée : vieilles dentelles, guipures du temps d'Henri III, bijoux anciens, dont le récent inventaire a révélé la valeur à l'artiste, qui ne la soupçonnait pas ; ivoires japonais d'un prix inestimable ; Saxes sans rivaux ; infinie variété d'orfèvrerie russe ; miniatures dont la plupart sont signées par les maîtres du dix-huitième siècle ; cristaux de roche, etc., etc. C'est l'apothéose du bibelot. Mais la merveille des merveilles, c'est le plafond de Clairin, où le peintre a représenté Judic dans tous ses rôles, depuis la Charbonnière jusqu'à la Roussotte. Quinze ans, ou la vie d'une diva !

Un corridor à franchir, et nous voici dans le jardin d'hiver, en pleine flore tropicale. Pour tous meubles, des sièges bas, un métier à tapisserie, un échiquier et l'indispensable piano. La lumière tombe, du plafond à ciel ouvert, tamisée par un immense velum en soie des Indes. Maincent a jeté sa fantaisie charmante sur les murs, où les panoramas de Saint-Germain, de Bougival et de Chatou forment une succession de frais paysages, et donnent l'illusion de la campagne au cœur de Paris.

C'est dans la chambre à coucher que Judic a mis le plus d'elle-même. Des boiseries sombres encadrent des tapisseries, au point, qu'elle a brodées de sa propre main. Un vrai travail de Pénélope... parisienne. Le reste de la tenture est rouge. Le lit, à colonnes, est en noyer, avec lambrequin à vieille dentelle de Venise. J'en ai vu d'admirables spécimens chez Jesurum, mais pas de cette magnificence-là.

Le reste à l'avenant, même dans les chambres réservées aux petits. Celle du garçon est copiée sur un dessin du château de Pau ; celle de la fillette est du plus pur Louis XVI.

Les simples curieux borneront là leur visite : mais ceux qui cherchent « l'âme des pierres » pousseront plus loin, ou, pour mieux dire, plus haut. Il y a, sous les combles, deux vastes pièces, aux murailles froides et nues, avec des armoires en bois blanc pour tous meubles et des rideaux de mousseline pour toutes tentures. L'une est la chambre aux costumes, l'autre, la chambre aux chapeaux. Quelque chose comme un parfum évaporé s'exhale de ces armoires où sont rangées, dans l'ordre chronologique, toutes les robes et toutes les coiffures dont chacune marque une étape dans la vie artistique de madame Judic. Tout est là, depuis ses premiers atours des *Grandes Demoiselles*, jusqu'à la tunique en perles de la *Cosaque*, toute la gamme des amertumes savourées et des joies ressenties depuis les déceptions du début jusqu'aux enivrements de l'apogée. Ici, l'on n'admire plus, on se recueille. Et j'imagine que, plus d'une fois, l'artiste doit, avec un battement de cœur, gravir ces quatre étages, pour aller relire ces poèmes de velours ou de satin fané, où revit toute son histoire, de création en création, et se retremper dans l'atmosphère de ces souvenirs à la fois radieux et mélancoliques.

Ce sont là des trésors dont on ne se sépare pas. Aussi, dès à présent, est-il facile de prévoir au bénéfice de qui sera faite l'adjudication à laquelle les affiches convient les amateurs. Et je suis convaincu que, s'il s'en présente, ils seront trop galants pour abuser du droit d'enchère.

NOEL D'ALSACE

25 décembre 1884.

Je viens d'assister à la plus touchante entre toutes les fêtes de famille dont le 25 décembre est, chaque année, le pieux prétexte, au Noël des Alsaciens-Lorrains.

C'est à l'Hippodrome qu'ont lieu ces meetings commémoratifs. On en connaît le programme qui n'a pas varié depuis l'origine. Ce serait tomber dans les redites que d'y revenir. Grâce aux développements qu'ils ont pris d'année en année, les organisateurs ont dû choisir un cadre plus vaste, et, successivement, ils ont émigré de l'Alcazar à l'Élysée-Montmartre, de l'Élysée-Montmartre au Châtelet, du Châtelet au Cirque d'Hiver, et, enfin, du Cirque d'Hiver à l'Hippodrome. C'était forcé, mais c'est regrettable : car, à chaque étape nouvelle, la fête perdait un peu de son caractère intime et délicieusement familial.

Aussi tout à l'heure, au milieu de ce festival grandiose, n'ai-je pu me défendre d'un retour mélancolique vers ce *Christ Kindl* de 1872, qui en fut le modeste mais inoubliable embryon.

C'est à l'Association d'Alsace-Lorraine qu'en appartient l'initiative, et surtout à l'un des membres les plus zélés du Comité directeur, M. Eugène Seinguerlet, notre excellent confrère de la *Revue alsacienne*. Mais la réussite en doit être attribuée au Comité des Dames, et notamment à sa vénérable présidente, madame Charles Kestner — mère de mesdames Charras, Scheurer-Kestner et Floquet et grand'mère de madame Jules Ferry — qui, chaque année, fait venir de sa propriété de Thann le sapin de quinze mètres planté dans la terre d'Alsace. Cette noble femme, dont l'âge n'a pas refroidi l'ardeur patriotique, a trouvé d'infatigables auxiliaires en mesdames Andrieux, Dalsan, Engel-Dollfus, Alfred et Jules Kœchlin, Norberg, Sée, Schlumberger, Siebecker, Trèves, Kastler, etc.

La première fête, dont le souvenir me revenait tantôt, fut donnée à l'Alcazar du faubourg Poissonnière. Elle eut toute la gravité solennelle et triste d'un bout de l'an. N'était-ce pas, en effet, le bout de l'an de la cession de l'Alsace-Lorraine à l'Allemagne? Il me semble que c'est hier. Lorsque, la toile levée, on vit, étincelant de lumières, paré des trois couleurs, l'arbre symbolique du pays natal, et que Siebecker s'écria de sa voix vibrante :

> Salut, noble envoyé des forêts éternelles,
> Toi qui viens nous porter les parfums du pays,
> Baisers discrets et purs, caresses maternelles
> De l'Alsace enchaînée à ses enfants bannis!

tous les yeux se mouillèrent, tous les cœurs battirent à l'unisson. Le vieux Paulus sanglotait en dirigeant la musique de la garde républicaine !

Et quelle émotion, lorsque 1,200 marmots blancs et roses, les vrais héros de la fête, défilèrent, pendus aux jupons maternels, devant les dames du Comité, qui remettaient à chacun un paquet de vêtements, des joujoux et des friandises ! On n'avait pas prévu pareille affluence, et la manne manqua. Pour que les derniers ne s'en allassent pas les mains vides, on dévalisa les boutiques du voisinage. A l'orchestre, Gambetta cassait des tablettes de chocolat dont il bourrait les poches des pauvres petits. Au dehors, la foule stationnait, attendrie, devant des groupes de mioches qui comptaient leurs richesses sur le trottoir, avec des explosions de joie enfantine.

Tel est l'humble origine de la Fête de l'Arbre de Noël à Paris.

La veille de ce grand jour, vers onze heures du soir, tous les préparatifs étant terminés, il ne restait plus au siège de l'Association que le directeur de service. Un gamin d'une douzaine d'années se présente, un méchant havre-sac sur le dos :

— *Do bin i !* Me voilà ! dit-il d'un petit air crâne.

— Ah ! répond le directeur interloqué, te voilà ?... Et d'où viens-tu ?

— Parbleu !... je viens de Mulhouse !

— En chemin de fer ?

— Cette bêtise !... Non, à pied.

— Tu es seul?

— Oui, tout seul au monde!... Au début de la guerre, père est parti pour aller se battre dans les Vosges... Il n'est jamais revenu!... Mère est morte, il y a trois semaines, à l'hôpital de Mulhouse!... Alors, les voisins qui m'avaient pris chez eux pendant qu'elle était malade m'ont dit: « Va-t'en en France, petiot!... Il y a là-bas des compatriotes qui se chargeront de toi... Tu leur remettras cette lettre... » Et je me suis mis en route.

— Et tu as mendié?

— Ah bien oui!... Je disais: « Je suis d'Alsace! » Et l'on me donnait des vivres, et même de l'argent... Tenez, il me reste une paire de souliers de rechange... Voici mes papiers...

— Et maintenant que veux-tu faire?

— Je veux être soldat!

Il n'avait pas l'âge. Un marchand de vin du quartier le prit à son service. Un an plus tard, il l'adoptait. Aujourd'hui, le petit orphelin de 1872 dirige l'établissement de son père adoptif.

Dans la nuit du 24 au 25 décembre, petit Noël avait visité ses souliers de rechange.

DEMOISELLES D'EXTRA

28 décembre 1884.

Cette semaine, le Bonbon est roi.

Sous ces enveloppes multiples — depuis le simple sac aux marrons glacés jusqu'aux plus merveilleux raffinements de l'art moderne, depuis le modeste cartonnage jusqu'aux élégants cornets de Sèvres, de Saxe ou du Japon — sa Souveraineté s'impose. Quiconque passe — riche ou pauvre — devant les vitrines où il trône, lui paie un inévitable tribut. Evohé ! le Bonbon est roi !

A quoi tient son omnipotence ? Est-ce à son bon marché relatif qui le met à la portée de toutes les bourses, ou bien à ce qu'il évite aux affairés les ennuis et les tergiversations d'un choix difficile ? Ne faut-il pas plutôt en chercher le secret dans un réveil général, à cette heure psychologique, du goût inné chez les femmes pour les friandises ? Il y a, assurément, un peu de tout cela.

Comme tout le monde, j'ai subi cette attraction irrésistible, et je suis allé, comme tout le monde, porter mon offrande au roi du jour. La chambrée était pleine ; et, sous l'étincellement des lustres, un flot de courtisans, hommes et femmes, assiégeaient les comptoirs où des demoiselles accortes — je ne dis pas des demoiselles d'honneur — minaudant avec de jolies grâces, faisaient leur gentil commerce, et, à tout les galants propos dont on payait leurs services, répondaient, le sourire aux lèvres, par le traditionnel : « Voici, monsieur ! voici, madame ! »

En attendant mon tour, je m'amusais de ce spectacle et suivais en juge désintéressé ces coquets manèges. Et je me demandais d'où pouvaient bien venir ces jolies filles, si bien nippées, qu'on voit, aux premiers jours de décembre, apparaître chez les confiseurs, et qui, fin janvier, s'envolent vers des régions inconnues.

A tout prix, je voulus avoir le mot de ces énigmes vivantes. Et, avisant une vieille dame, aux allures de camerera-mayor qui, de son fauteuil, ne perdait pas un seul geste du gracieux escadron volant, je me mis à causer avec elle :

Elle me dit :

— D'où elles viennent, où elles vont, comment elles vivent pendant les dix autres mois de l'année, elles seules, monsieur, pourraient vous le dire. Ce que je sais, c'est que ce sont des Parisiennes, et des Parisiennes pur sang, car il faut des Parisiennes pour cette besogne. Le public est ainsi fait qu'il dédaigne les meilleures choses, si elles lui sont servies par des laiderons sans bonne grâce et sans entregent. A défaut d'autres, nos demoiselles d'extra — c'est ainsi qu'on les appelle — ont, au degré suprême, ces deux vertus-là. Chaque année, dès novembre, il en vient en foule, de tous les coins de Paris, pour se faire inscrire. Il y a du choix, allez, monsieur, ce qui nous permet d'ouvrir entre les concurrentes un véritable concours de beauté. Mais ne croyez pas que le triage soit facile. Il ne suffit pas d'être avenante et jolie, il faut encore n'être ni gauche, ni timide, sans être pour cela trop effrontée. Et puis, quel rude apprentissage! Certaines ont la tête dure; d'autres l'ont... ailleurs... Il y en a, comme cette petite, là-bas, avec un ruban rose au cou, qui ne sauront jamais assortir une boîte ni faire proprement un sac...

Et, s'interrompant pour morigéner la délinquante, elle lui dit d'une voix sèche :

« Vous savez bien, madem'selle, qu'il ne faut pas mêler ainsi les fruits glacés et les fondants !... C'est avec des violettes cristallisées qu'on remplit les vides !... »

— Ah ! monsieur, reprit-elle sans plus s'occuper de la petite blonde, la rude tâche que j'ai là ! Car c'est moi qui suis chargé de dégrossir et d'instruire ces ignorantes. Et c'est un crève cœur de penser que c'est peine perdue, et que les trois quarts s'en iront au moment où elles seraient bonnes à quelque chose ! Beaucoup même prennent les devants !... Ainsi, pas plus tard que ce matin, deux ont joué la fille de l'air et, pour avoir un prétexte honnête, elles ont mangé des marrons à mon nez, sachant que je suis impitoyable pour les gourmandes !

— Et où sont-elles allées, madame ? fis-je en mettant toute la candeur possible dans cette interrogation.

— *Chi lo sa?* Cherchez l'homme !... Des messieur, vous savez... pas d'honnêtes messieurs comme vous qui viennent, en tout bien tout honneur, rien que pour les bonbons... Mais les autres, les enjôleurs, les Don Juan de boutique !... Pour sûr, ils n'ont ni mère ni sœurs, ces galvaudeux-là !... Dire qu'il y a, comme ça, un tas de jeunesses qui se mettent dans la confiserie, comme d'autres se mettent au théâtre, pour s'en faire un marchepied et devenir des créatures !... Ah ! monsieur, je ne suis pas bégueule, mais je rougis pour la corporation!

. . . . , ...

Evohé! le Bonbon est roi.,. et les filles d'Eve sont ses ministres!...

FIN

TABLE DES MATIÈRES

JANVIER

Le jour de l'an de M. Grévy	1
M. Emilio Valesco	5
Les dimanches de la princesse Mathilde	11
Le plus parisien des Ambassadeurs	17
Paris honteux	22
Troueurs de lunes	25
Les Femmes et l'escrime	31
Ce que coûte la gratuité	35
Le Midi à Paris	40
Madame de Païva	46
Le bal de l'Opéra	53
La retraite des Vingt	58

FÉVRIER

Eugène Rouher	64
Le Chic et la Tenue	74
Une Crémaillère	79
Feu la Reine-Blanche	83
Much ado about nothing!	87
M. Macé	92
Les mânes de Falcon	96
Le royaume des Arts	102
Mardi-Gras mouillé	107
Janvier de la Motte	108
A l'Elysée Grévy	115

MARS

Les modèles femmes	119
Les tribulations de Sapho	124
Gayarré	129
Comment Son Excellence devint bachelier	132
Le Dentiste	136
Grandeur et décadence	141

Olympe Audouard. 147
Le citoyen Talleyrand-Périgord 153
Chez Arsène Houssaye 158
Carême mondain. 169

AVRIL

Le chef de la Sûreté malgré lui. 173
A l'Hippique. 177
Dîner gras. 182
Frascuelo. 185
Mademoiselle Garat. 189
Le roi des Félibres. 193
Chez la duchesse de Bisaccia 198
Guyot-Montpayroux. 203
La Sûreté sous la Commune 211
La justice de Dieu. 216
Le Monôme du vernissage 220

MAI

Les modèles au Salon 229
La vicomtesse Vigier. 233
Bionne ou de Bionne. 238
Dans la haute finance. 243
Henri Rivière. 246
Grâce pour la forêt de Saint-Germain 251
Et l'on revient toujours. 254

JUIN

Nos bons Territoriaux. 258
Un duel de M. Got. 261
Passion 266

JUILLET

Mariage d'actrice. 271
Les gaietés du télégraphe 275
Le Lit de Procuste. 281

AOUT

Sapho 287
La première cartouche 293
Oscar II 296

George Sand intime 299
Trop de palmes 303
Un coup de balai. 310
Le dernier roi de Bade. 314
Noces de tous les... métaux 320
Le planton noir 324
Un joli début. 328

SEPTEMBRE

Monologue-morbus 336
Sport académique. 341
Bancs de bois et culs de bouteilles 346

OCTOBRE

Pour le cheval ! 350
Les Dessous d'un à-propos. 354
La Dame aux épingles 359
L'impératrice Wanda. 363
Le départ d'Ulysse 371
Ulysse en Ithaque. 375
L'Amour fou. 379

NOVEMBRE

Mors-Vita ! 385
Le rastaquouérisme dans l'art. 389
Un nez en location 394
La cagnotte du pauvre 399

DÉCEMBRE

A la Sorbonne 404
Intérieur d'artiste. 409
Noël d'Alsace. 414
Demoiselles d'extra. 417

FIN DE LA TABLE

Imprimerie de Poissy — S. Lejay et Cie.

L. BOULANGER, Éditeur, 83, rue de Rennes, PARIS

DERNIÈRES PUBLICATIONS
COLLECTION IN-18 JÉSUS, 3 FR. 50 LE VOLUME

E. CADOL. — Tout seul!
1 volume.

F. DU BOISGOBEY. — Le Billet rouge.
1 volume.

ÉMILE BERGERAT. — Mes Moulins.
1 volume.

A. RACOT & G. PRADEL
Les Drames de l'honneur.
1 volume.

P. MAHALIN
Les Allemands chez nous.
METZ, STRASBOURG, PARIS
1 volume.

H. DE KOCK
Les Douze Travaux d'Ursule.
1 volume.

ARMAND SYLVESTRE. — Le Falot.
1 volume.

PHILIBERT AUDEBRAND
La Dot volée.
1 volume.

É. BLAVET. — La Vie parisienne.
1 volume.

JULES MARY. — Les Faux Mariages.
1 volume.

C. CHINCHOLLE
Les Survivants de la Commune.
1 volume.

J. Lermina. — **HISTOIRES INCROYABLES**
Illustrées par A. Denisse. 1 vol. grand in-16 br. 5 fr.

IMPRIMERIE DE POISSY. — S. LEJAY ET Cⁱᵉ.

www.ingramcontent.com/pod-product-compliance
Lightning Source LLC
Chambersburg PA
CBHW071112230426
43666CB00009B/1930